Sammlung 〈Ausführliche Praktische Deutsche Grammatik〉 8
Herausgeber : Nagatoshi Hamasaki, Jun Otomasa, Itsuhiko Noiri
Verlag : Daigakusyorin

Aussprache und Schreibung

発音・綴字

枡田 義一 著

浜崎長寿・乙政 潤・野入逸彦編集〈ドイツ語文法シリーズ〉8

東京 大学書林 発行

「ドイツ語文法シリーズ」刊行のことば

　ドイツ語の参考書も時代とともにいつしか種類が大いに変わって，初心者向きのものが多彩になるとともに，中級者や上級者のためのものは種類が減ってしまった．かつては書店のドイツ語参考書の棚でよく見かけた著名な中・上級向けの参考書はほとんど姿を消してしまっている．

　ドイツ語の入門者の要求がさまざまであることに対応して，さまざまに工夫された参考書が刊行されていることは，ドイツ語教育の立場からして大いに歓迎されるべきことである．しかし，入門の段階を終えた学習者がその次に手にするべき参考書の種類が乏しいことは，たんに中・上級へ進んだ人々が困るという問題であるばかりでなく，中・上級の学習者層が育たない原因にもなりかねず，その意味ではドイツ語教育の立場から憂わしい状態であると言うことができよう．

　私たちは，ドイツ語文法の入門課程を終えた人々が中・上級者としての知識を身につける基礎を提供することによって今日のわが国におけるドイツ語教育に寄与したいと考えた．そして，『ドイツ語文法研究概論』と題するハンドブックを第1巻として，他は品詞を単位に，あるいは「格」や「副文」のような文法項目を単位に，またあるいは「語彙」，「造語」，「発音」，「綴字」，「表現」，「文体」など中級者が語学力のうちに数えるべき分野を単位に，すべてを10巻にまとめ，「ドイツ語文法シリーズ」のタイトルのもとに刊行することにした．

　また，第II期分として，第I期に盛ることができなかった品詞や文法項目や分野を網羅してさらに引き続いての10巻にまとめる計画も立てている．

　初級の文法知識をマスターして実地にそれらの知識を適用しながらさらに勉強を続けている人は，勉強して行くうちにさまざまな問題に出会って，自分の持っている知識をさらに深めたいと思っているはずである．あるいは特定の品詞や項目や分野について体系的な知識を得たいと望んでいると思われる．あるいはまた，自分が教えている現代ドイツ語の語形がどのようにして成立したのかという歴史的な由来も中級的な知識の一端として知りたいと考えられることもあろう．そのような希望に応えて，中・上級学習者の実地に役立つ知識を提供することが私たちの第一の願いである．そして，その際に

刊行のことば

　記述がみだりに固くて難解にならないよう配慮し，いわば嚙んで含めるように述べ，かつまた，きちんと行き届いた説明をすることが，私たちが心がけた第一の点である．

　各巻には巻末に参考文献を挙げ，索引を付けた．読者はこれらの文献を利用すれば，問題の品詞や項目や分野についてさらに広範で深い知識を得ることができる．読者はまた索引によって，日頃出会う疑問に対する解答を容易に見つけることができるであろう．そして索引はそればかりではなく，問題の品詞や項目や分野についてどのような研究テーマがあるのかを知るためにも役立てることができるであろう．

　私たちの「文法シリーズ」は，こうして，なによりも中・上級ドイツ語の学習者に実地に役立つことを目指してはいるけれども，同時にそれは現在すでに教壇に立たれ，ドイツ語を教えておられる方々にも必ずやお役に立つと信じる．授業を進められるうちに，自分の知識を再度くわしく見直したり，体系的に整理されたりする必要はしばしば生まれると考えられるからである．各巻の詳しい説明はその際にきっと役に立つであろう．また，各巻に添えられた文献表や索引もさらに勉強を深められるうえでお役に立つと信じる．

　私たちのこのような意図と願いは，ドイツ語学の若手研究者として日々篤実な実績を積まれている方々の協力によって，ここに第Ⅰ期10巻として実り，逐次刊行されることとなった．各執筆者の協力を多とするとともに，このような地味なシリーズの刊行を敢えて引き受けて下さった大学書林の御好意に対して深く謝意を表明するものである．

1999年　夏

浜崎長寿

乙政　潤

野入逸彦

はしがき

　本書は，ドイツ語の音声とその発音と綴字について解説したものである．
　ドイツ語の発音を正しく習得するためには，ドイツ語の音声についてのまとまった知識を欠くことができない．そしてドイツ語の音声について学ぶ場合には，人間が発することの出来る音声全般についてある程度知識がなければ，ドイツ語の音声を十分に理解することは出来ない．しかし音声一般に関する知識を与えてくれる音声学，ましてやドイツ語の音声に関するドイツ語音声学の授業は，近年の大学改革による学科及び授業科目の改編のために，大学ではきわめて少なくなった．さらに(一般)音声学及び英語音声学に関する書籍はいろいろと出版されているが，ドイツ語の音声に関する体系的な解説書は1959年に恩師である故塩谷饒先生の「ドイツ語発音の研究」が上梓されて以来出版されていない．
　このような事情から，本書は内容的には「ドイツ語の音声学の入門」ともなるように心がけて執筆した．音声学についての前提知識を全く持たない読者も対象として，平易を旨として，基本から解説するように努めた．一般音声学の基礎をふまえ，さらに必要に応じて音韻論や音響学の説明も行った．
　ドイツ語の音声を理解する手がかりとして，随所で日本語や英語の音声と比較して正しい発音をするコツを示し，日本人が陥りやすい誤りを指摘した．ドイツ語の標準的な発音について解説をしたが，ドイツ語の主要な方言の音声で特徴のあるものも言及した．綴りは固定的であるが，音声は歴史の経過とともに変化を被りやすい．現代のドイツ語の音声をより良く理解するために，必要と思われる箇所には歴史的な解説を行った．
　綴字と発音の関係が一目で理解できるように，母音と子音の章の後に一覧表を掲載した．巻末には事項索引と音声記号索引を添えたので，検索の便に活用していただきたい．
　なお，本書によってドイツ語音声学のさらに詳しい知識を得たいと思われた方は，巻末の参考文献を参照されたい．
　最後に，原稿の完成を辛抱づよくお待ちくださった編集の先生方と大学書林の佐藤政人氏に深く感謝を申し上げる．

2006年　春

著　者

本書の発音表記について

　本書では原則としてすべての例語に1996年に更新された国際音声記号（IPA）（→8.1.4.1.）による発音表記をほどこしている．
　本書での発音表記は，主として Duden 編集部編《発音辞典 *Das Ausspracheworterbuch* 第 4 新訂版，2000》に拠っている．この Duden 発音辞典第 4 新訂版の大きな特色は，日常の言語活動における現実の発音を反映した表記が行われていることである．たとえば語末などに位置する -r -er -or での r の発音は，日常では普通「舌先の [r]」でも「口蓋垂の [ʀ]」でもなく，「母音化された [ɐ]」で行われている．またアクセントのない音節での -el- -em- -en- -er- でのいわゆる曖昧母音の [ə] は，脱落して発音されないことが多い．このような実際の発音状況を考慮して，Duden 発音辞典第 4 新訂版の発音表記では，母音化されやすい r 音には音声記号 [ɐ] を用い，e [ə] が脱落して発音されない -el- -em- -en- -er- では e を略して，成節的な子音を表す補助記号 [̩] を付した [l̩] [m̩] [n̩] [r̩] が用いられている．この他にも日本のこれまでのドイツ語発音指導や各種独和辞典における発音表記にいまだ採用されていない点が多く取り入れられている．本書では日本人学習者を考慮して，また各種独和辞典をも参考にして，Duden 発音辞典第 4 新訂版の音声表記を一部改変している．
　本書では，音声表記が煩雑になるのを恐れて，わが国の独和辞典にならい代表的な発音を簡略な表記で示した．必要と思われる場合には，補助記号を用いた精密な表記を心がけた．しかし語頭の母音にいつも伴われる声門閉鎖音のような，特定の環境で規則的に現れる音声的特徴の表記は略した．
　外来語は一般にはドイツ語化されて発音されるが，ドイツ語化の程度はその語のドイツ語への同化の度合いによって異なる．すでにドイツ語へ同化したものは借用語としてドイツ語の音韻体系に基づいて発音され，同化されていないものは外来語として原語の発音が保持される．本書ではドイツ語学習者にとって煩雑にならないように，借用語と外来語とを厳密に区分しないで，同化が十分ではなく未だ外国語と意識されるものを「○○○語系外来語」として取り扱った．借用語から外来語への過程で発音の変種のある「外来語」では，ドイツ語化した発音を優先している．

目　　次

8.1. 言語音と音声器官 ……………………………………………………………… 1
8.1.1. 言語音 ………………………………………………………………………… 1
8.1.2. 音声器官 ……………………………………………………………………… 1
8.1.2.1. 肺 …………………………………………………………………………… 3
8.1.2.2. 喉頭 ………………………………………………………………………… 3
8.1.2.3. 声帯と声門 ………………………………………………………………… 4
8.1.2.4. 調音器官 …………………………………………………………………… 6
8.1.2.5. 咽頭 ………………………………………………………………………… 7
8.1.2.6. 口腔 ………………………………………………………………………… 7
8.1.2.7. 口蓋 ………………………………………………………………………… 7
8.1.2.8. 舌 …………………………………………………………………………… 8
8.1.2.9. 歯 …………………………………………………………………………… 9
8.1.2.10. 唇 ………………………………………………………………………… 9
8.1.2.11. 鼻腔 ……………………………………………………………………… 9
8.1.3. 音の物理的性質 ……………………………………………………………… 9
8.1.4. 音声の表記 …………………………………………………………………… 11
8.1.4.1. 国際音声記号(IPA) ……………………………………………………… 12
8.1.4.2. ドイツ語の発音のカナ表記 ……………………………………………… 15

8.2. 母音 …………………………………………………………………………… 17
8.2.1. 母音とは ……………………………………………………………………… 17
8.2.1.1. 母音の調音 ………………………………………………………………… 17
8.2.1.2. 母音と子音の区別 ………………………………………………………… 17
　　　　　　1　音節主音か非音節主音か　2　楽音か噪音か
8.2.2. 母音の特徴 …………………………………………………………………… 19
8.2.2.1. 母音の音響的性質 ………………………………………………………… 19
8.2.2.2. 母音の音質 ………………………………………………………………… 19
8.2.2.3. 母音の長短 ………………………………………………………………… 20
8.2.2.4. 母音の明度 ………………………………………………………………… 21
8.2.3. 母音の分類 …………………………………………………………………… 21
8.2.3.1. 舌の位置による母音の分類 ……………………………………………… 22

目　　次

8.2.3.1.1.　舌の最高点の前後位置による母音の分類·················22
8.2.3.1.2.　舌の最高点の上下位置による母音の分類·················23
8.2.3.2.　唇の形状による母音の分類·······························23
8.2.3.3.　母音の名称···24
8.2.4.　基本母音···24
8.2.5.　二重母音···28
8.2.6.　口母音と鼻母音···29
8.3.　ドイツ語の母音···31
8.3.1.　母音体系···31
8.3.2.　ドイツ語母音の特徴·····································32
8.3.3.　単母音···34
8.3.3.1.　長母音と短母音·······································34
8.3.3.2.　母音の長短とアクセント·······························35
　　　　　1　アクセントのある音節　2　アクセントのない音節
8.3.3.3.　非円唇(張唇)前舌母音 [i] [ɪ] [e] [ɛ]·····················38
8.3.3.3.1.　非円唇前舌狭母音 [i]··································38
8.3.3.3.2.　非円唇前舌半狭母音 [ɪ]································40
8.3.3.3.3.　非円唇前舌半狭母音 [e]································41
8.3.3.3.4.　非円唇前舌半広母音 [ɛ]································43
8.3.3.4.　円唇前舌母音 [y] [ʏ] [ø] [œ]·····························44
8.3.3.4.1.　円唇前舌狭母音 [y]····································45
8.3.3.4.2.　円唇前舌半狭母音 [ʏ]··································46
8.3.3.4.3.　円唇前舌半狭母音 [ø]··································47
8.3.3.4.4.　円唇前舌半広母音 [œ]··································48
8.3.3.5.　円唇後舌母音 [u] [ʊ] [o] [ɔ]·····························49
8.3.3.5.1.　円唇後舌狭母音 [u]····································49
8.3.3.5.2.　円唇後舌半狭母音 [ʊ]··································51
8.3.3.5.3.　円唇後舌半狭母音 [o]··································51
8.3.3.5.4.　円唇後舌半広母音 [ɔ]··································53
8.3.3.6.　中舌母音 [a] [ə]·······································54
8.3.3.6.1.　非円唇中舌広母音 [a]··································54
8.3.3.6.2.　中舌半狭母音 [ə]······································56
8.3.3.6.2.1.　[ə] の脱落··57

目　　次

　　　　　　1　-el -em -en　　2　-er

- 8.3.4.　二重母音 [aɪ] [aʊ] [ɔʏ] ……………………………………59
  - 8.3.4.1.　二重母音 [aɪ] ……………………………………………60
  - 8.3.4.2.　二重母音 [aʊ] ……………………………………………60
  - 8.3.4.3.　二重母音 [ɔʏ] ……………………………………………61
  - 8.3.4.4.　その他の二重母音 ………………………………………62

　　　　　　1　二重母音 [uɪ]　　2　上昇二重母音 [iə] [uɪ]

- 8.3.5.　鼻母音 …………………………………………………………62
  - 8.3.5.1.　鼻母音 [ã] ………………………………………………62
  - 8.3.5.2.　鼻母音 [ɛ̃] ………………………………………………63
  - 8.3.5.3.　鼻母音 [õ] ………………………………………………64
  - 8.3.5.4.　鼻母音 [œ̃] ………………………………………………64
- 8.3.6.　母音の量的変化 ………………………………………………65
  - 8.3.6.1.　短母音の非成節母音化 …………………………………65
  - 8.3.6.2.　長母音の短母音化と短母音の長母音化 ………………65
- 8.3.7.　[ər] と [r] の母音化 …………………………………………65
- 8.3.8.　母音と綴字一覧表 ……………………………………………67

8.4.　子音 ……………………………………………………………73
- 8.4.1.　子音とは ………………………………………………………73
- 8.4.2.　子音の調音 ……………………………………………………73
  - 8.4.2.1.　子音の調音体 ………………………………………………74
- 8.4.3.　子音の調音方式 ………………………………………………74
  - 8.4.3.1.　閉鎖音 …………………………………………………………74
  - 8.4.3.2.　鼻音 ……………………………………………………………75
  - 8.4.3.3.　摩擦音 …………………………………………………………76
  - 8.4.3.4.　破擦音 …………………………………………………………76
  - 8.4.3.5.　接近音 …………………………………………………………77
  - 8.4.3.6.　側面音 …………………………………………………………77
  - 8.4.3.7.　ふるえ音 ………………………………………………………78
  - 8.4.3.8.　子音の属性による分類 ………………………………………79

　　　　　　1　阻害音と自鳴音　　2　硬音と軟音

- 8.4.4.　子音の調音位置 ………………………………………………80
  - 8.4.4.1.　声門音 …………………………………………………………80

目　　次

　　8.4.4.2.　咽頭音……………………………………………80
　　8.4.4.3.　口蓋垂音…………………………………………80
　　8.4.4.4.　軟口蓋音…………………………………………80
　　8.4.4.5.　硬口蓋音…………………………………………81
　　8.4.4.6.　硬口蓋歯茎音……………………………………81
　　8.4.4.7.　そり舌音…………………………………………81
　　8.4.4.8.　歯音及び歯茎音…………………………………81
　　8.4.4.9.　唇歯音……………………………………………82
　　8.4.4.10.　両唇音……………………………………………82
　8.4.5.　有気音と無気音………………………………………82
8.5.　ドイツ語の子音………………………………………………84
　8.5.1.　子音体系…………………………………………………84
　8.5.2.　ドイツ語子音の特徴…………………………………85
　8.5.3.　ドイツ語子音の分類…………………………………87
　　8.5.3.1.　閉鎖音……………………………………………87
　　　8.5.3.1.1.　両唇閉鎖音 [p] [b]…………………………88
　　　8.5.3.1.2.　歯茎閉鎖音 [t] [d]…………………………89
　　　8.5.3.1.3.　軟口蓋閉鎖音 [k] [g]………………………91
　　　8.5.3.1.4.　声門閉鎖音 [ʔ]………………………………94
　　8.5.3.2.　鼻音………………………………………………95
　　　8.5.3.2.1.　両唇鼻音 [m]…………………………………95
　　　8.5.3.2.2.　歯茎鼻音 [n]…………………………………96
　　　8.5.3.2.3.　軟口蓋鼻音 [ŋ]………………………………98
　　8.5.3.3.　摩擦音……………………………………………99
　　　8.5.3.3.1.　唇歯摩擦音 [f] [v]…………………………100
　　　8.5.3.3.2.　歯茎摩擦音 [s] [z]…………………………102
　　　8.5.3.3.3.　硬口蓋歯茎摩擦音 [ʃ] [ʒ]…………………105
　　　8.5.3.3.4.　硬口蓋摩擦音 [ç] [ʝ]………………………107
　　　8.5.3.3.5.　軟口蓋摩擦音 [x] [ɣ]………………………109
　　　8.5.3.3.6.　口蓋垂摩擦音 [χ] [ʁ]………………………111
　　　8.5.3.3.7.　声門摩擦音 [h] [ɦ]…………………………111
　　8.5.3.4.　破擦音……………………………………………114
　　　8.5.3.4.1.　唇歯破擦音 [pf]………………………………114

— viii —

目　　次

8.5.3.4.2.　歯茎破擦音 [ts] ……………………………………115
8.5.3.4.3.　硬口蓋歯茎破擦音 [tʃ] [dʒ] …………………………116
8.5.3.5.　側面音 …………………………………………………117
8.5.3.5.1.　歯茎側面音 [l] …………………………………118
8.5.3.6.　ふるえ音 ………………………………………………119
8.5.3.6.1.　舌尖歯茎ふるえ音 [r] ……………………………119
8.5.3.6.2.　後舌面口蓋垂ふるえ音 [R] ………………………120
8.5.3.6.3.　r の発音について ………………………………121
8.5.4.　二次的調音 ……………………………………………122
　　　　　1　唇音化　2　口蓋化　3　軟口蓋化
8.5.5.　子音の発音記号一覧表 ………………………………124
8.5.6.　子音綴字の読み方一覧表 ……………………………132
8.6.　音節 …………………………………………………………135
8.6.1.　音節とは ………………………………………………135
8.6.2.　音声学的音節 …………………………………………135
8.6.2.1.　生理的な説明 …………………………………………136
8.6.2.2.　聴覚的な説明 …………………………………………136
8.6.3.　音韻論的音節 …………………………………………139
8.6.4.　音節構造 ………………………………………………140
8.6.5.　ドイツ語の音節構造 …………………………………141
8.6.5.1.　音節主音 ………………………………………………142
8.6.5.2.　非音節主音 ……………………………………………144
8.6.5.2.1.　頭部の子音配列 …………………………………144
8.6.5.2.2.　尾部の子音配列 …………………………………147
8.6.5.3.　音節構造のパターン …………………………………152
8.6.5.4.　音節の境界 ……………………………………………153
8.7.　アクセント …………………………………………………155
8.7.1.　アクセントとは …………………………………………155
8.7.2.　語アクセント …………………………………………155
8.7.3.　ドイツ語のアクセント …………………………………157
8.7.3.1.　単音節語のアクセント ………………………………157
8.7.3.2.　多音節語のアクセント ………………………………157
8.7.3.2.1.　単一語のアクセント ……………………………157

目　　次

- 8.7.3.2.2.　派生語のアクセント ……………………………………159
- 8.7.3.2.2.1.　接頭辞による派生語のアクセント …………………159
  - 1　名詞　形容詞の接頭辞　2　動詞の接頭辞
- 8.7.3.2.2.2.　接尾辞による派生語のアクセント …………………163
  - 1　名詞の接尾辞　2　形容詞の接尾辞　3　動詞の接尾辞　4　接尾辞の付加によるアクセントの移動
- 8.7.3.2.3.　複合語のアクセント ……………………………………164
- 8.7.3.2.4.　合接語のアクセント ……………………………………166
- 8.7.3.2.4.1.　合接された副詞のアクセント ………………………166
- 8.7.3.3.　固有名詞のアクセント ………………………………………167
- 8.7.3.4.　外来語のアクセント …………………………………………168
- 8.7.3.5.　略語のアクセント ……………………………………………170
- 8.8.　文字 ……………………………………………………………………171
  - 8.8.1.　音声と文字 ………………………………………………………171
  - 8.8.2.　ドイツ語のアルファベート ……………………………………172
  - 8.8.3.　文字の字体 ………………………………………………………173
  - 8.8.4.　大文字書き ………………………………………………………175
  - 8.8.5.　綴字法 ……………………………………………………………176
  - 8.8.6.　発音と綴りの乖離 ………………………………………………176
  - 8.8.7.　正書法 ……………………………………………………………177
  - 8.8.7.1.　表記法の変遷 …………………………………………………177
  - 8.8.7.2.　正書法の成立 …………………………………………………179
  - 8.8.7.3.　新正書法の概要 ………………………………………………180
    - 1　音声の文字表記　2　分かち書き　3　大文字書き

ドイツ語の標準発音について ……………………………………………183
参考文献 ……………………………………………………………………185
事項の索引 …………………………………………………………………187
音声記号の索引 ……………………………………………………………193

8.1. 言語音と音声器官

8.1.1. 言語音

　われわれの感情や意思や思考内容を伝達するための，すなわちコミュニケーションのための手段である**言語**(Sprache)において用いる音を**言語音**(Sprachlaut)または**音声**(Laut)と呼んで，われわれの聴覚器官によって知覚される音波一般をさす「オト」と区別する．「静粛に！」を意味する咳払いの音や嫌悪を表す舌打ち音などはコミュニケーションの手段とはなりえても，そのような音は**非言語音**あるいは自然音といって，言語音とは区別される．われわれが話し言葉によるコミュニケーションにおいて用いる音だけを言語音と呼び，一般的な音と区別する．

8.1.2. 音声器官

　言語音を作るために必要なはたらきをする身体器官を**音声器官**(Sprachorgane, Sprechwerkzeuge)という．発声器官(Sprechorgane)と呼ばれることもある．しかしわれわれの身体には音声器官として独立した器官はなく，それらはいずれも他の器官の二次的なはたらきを借用して言語音を生成している．たとえば肺は呼吸器官であり，歯や舌は消化器官である．

図1　音声器官の全体図と言語音が作り出される過程

発音・綴字

　図1は顔の断面を左から見た音声器官の全体図である．人間の音声器官は，言語音を作り出す過程に応じて，三つの部分からなっている．言語音を作り出す源となる空気の流れである**気流**(Luftstrom)を供給する呼吸器(Atmungsorgan)の部分と，気流から声となる言語音を作り出す喉頭(→8.1.2.2.)の部分と，喉頭を通過して上がってくる気流に対して共鳴室の役割を果たす喉頭より上方の部分とである．喉頭より上部の諸器官はさまざまな位置をとったり運動をして気流に対してさまざまな加工をして，特定の言語音を作る条件を整える．このような加工を**調　音**(→8.1.2.4.)といい，音声器官のうちこの調音に直接関わる器官を特に調音器官(→8.1.2.4.)と呼ぶ．喉頭内の声門で呼気から言語音を作り出し，この言語音を調音器官で調音して特定の言語音を生み出すことを**発音**(Aussprache)という．図2に喉頭より上部の音声器官の詳細図(陰の部分は骨組織，斜線部は口蓋帆が下降した状態)を示す．なお，音声器官の名称は音声学上のものであって，解剖学上のものではない．斜線の左はドイツ語の名称，右はラテン語あるいはギリシャ語の名称である(諸器官の名称の表示については，以下においても同じ)．

```
1   鼻腔      Nasenraum
2   唇        Lippen / Labia
3   歯        Zähne / Dentes
4   歯茎      Zahndamm / Alveolen
5   硬口蓋    harter Gaumen / Palatum
6   軟口蓋    weicher Gaumen / Velum
7   口蓋垂    Zäpfchen / Uvula
8   口腔      Mundraum
9   舌        Zunge
  a   舌端    Zungenblatt
  b   前舌面  Vorderzunge
  c   中舌面  Mittelzunge
  d   後舌面  Hinterzunge
  e   舌根    Zungenwurzel
10  舌尖      Zungenspitze / Apex
11  舌背      Zungenrücken / Dorsum
12  咽頭      Rachen / Pharynx
13  喉頭      Kehlkopf / Larynx
14  声門      Stimmritze / Glottis
15  声帯      Stimmbänder
16  気管      Luftröhre
17  咽頭壁    Rachenwand
```

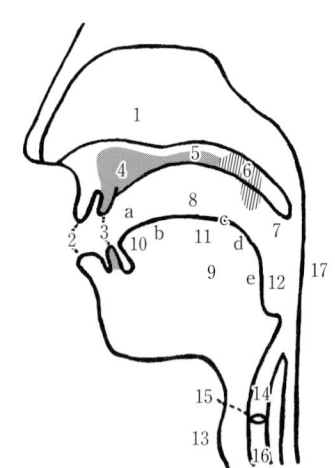

図2　音声器官の詳細図

8.1. 言語音と音声器官

言語音が作り出される過程にしたがって，それぞれの音声器官のはたらきについて，次項以下で概観を行う．

8.1.2.1. 肺

肺[臓](Lungen)は，呼吸運動にとって主要な呼吸器官である．呼吸運動には二つの面がある．肺の下にある横隔膜が下がり肋骨がもち上がり，胸郭が拡大されて肺の容積が大きくなると，外気が鼻孔または口から吸い込まれ，気管を通って肺に入ってくる．これを吸気(Inspiration)という．逆に横隔膜がもち上がり肋骨が下がると，肺の容積が減少して，肺内の空気は大部分肺から押し出され，気管を通って鼻孔または口から体外に排出される．これを呼気(Exspiration)という．言語音はすべて音声器官内での空気の流れ，すなわち気流によって作り出され，普通は肺からの呼気を気流として用いて音声のエネルギー源としている．これによって生じる音を［肺気流］呼気音(exspiratorischer Laut)と呼ぶ．

言語音は普通呼気によって作り出される音であるが，吸気による発音も不可能ではない．これを吸気音(inspiratorischer Laut)という．ドイツ語での吸気音の例として Schubiger は，「それではさて」という気持ちを表すときに，ja が吸気によって発音されることがあることを挙げている．しかし吸気による発音は音声器官(特に声帯)の構造上長く続けることはできないので，言語に利用されるのはごくまれである．

8.1.2.2. 喉頭

肺からの呼気流は左右一対の気管支(Bronchien)から1本の気管(Luftröhre)にまとまり上部の喉頭に至る．気管支と気管は肺と喉頭とを結ぶ呼気の通路であり音声器官の一部といえるが，言語音の生成には直接的には参加しない．これに対して気管の上端にある軟骨で囲まれた筒状の箱のような喉頭は言語音の生成にとって重要な器官である．

喉頭(Kehlkopf / Larynx)(→図3)は指輪状の輪状軟骨(Ringknorpel)が土台となり，その上に甲状軟骨と披裂軟骨がのっている軟骨組織である．甲状軟骨(Schildknorpel)は輪状軟骨に接続し，喉頭を支える最も大きな軟骨であり，その上部は後方に広く開き盾のような形状をしている．その前部の突出部は俗にのどぼとけ(Adamsapfel)と呼ばれる．盾形のおおいのような

甲状軟骨の内側には声帯が収まっている．**披裂軟骨**(Stellknorpel)は一対の
ピラミッド状の小さな軟骨で，喉頭筋肉によっていろいろな方向に動く．

図3　喉頭

8.1.2.3. 声帯と声門

　声帯(Stimmbänder, Stimmlippen)は，喉頭の中にある前後に水平に張られた左右一対の筋肉(声帯筋)と弾力的な組織(声帯靱帯)からなる粘膜で覆われた唇状のヒダである．声帯の一方の端は甲状軟骨前方の角に固定されているが，もう一方の端は披裂軟骨下部の内側に付着している．声帯は披裂軟骨の動きと周囲の筋肉の運動によってさまざまな形をとることができる．このことが，有声音と無声音の区別，母音の音源，音の高さや音質の変化などの音の源に由来する言語音の諸特徴にとって重要な役割を演じる．この声帯のはたらきにわれわれの言語音は大きく依存しているのである．

　左右一対の披裂軟骨が外側に回転すると，左右の声帯は引き離され声帯間に間隙が生じる．この声帯間の間隙を**声門**(Stimmritze / Glottis)という．反対に披裂軟骨が内側に回転すると，左右の声帯は接近し，ついには左右の声帯は接触して声門が閉鎖される．図4は後ろ上部から見た声門とその略図である．

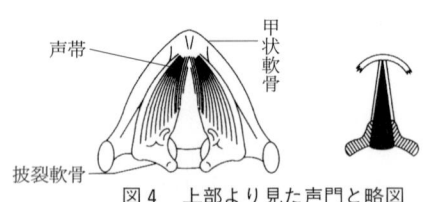

図4　上部より見た声門と略図

　話者の意思によって，声門は披裂軟骨の動きによりいろいろな大きさに開いたり閉じたりして，いろいろな形をとることができる．正常の呼吸の場合

8.1. 言語音と音声器官

は声帯が図5のAのように離れ，声門は三角形に開いている．このような状態で肺からの呼気流が声門を通過すると，呼気流は阻害されずにごくかすかな息だけの音が生じる．これを**無声音**(stimmloser Laut)という．披裂軟骨を閉じ声帯を接近させると，図5のCのように声門はほとんど閉じられる．このような状態で呼気流がこの狭い隙間を通過すると，呼気流の力で弾力的な声帯は周期的に振動し，ある音が生じる．このとき生じる音が**声**(Stimme)と呼ばれる．声を伴う言語音を**有声音**(stimmhafter Laut)という．言語音は一般に，声門が開き，声帯が振動しないで声を伴わない無声音と，声門が閉じ，声帯が振動して声を伴う有声音との二つに分けられる．たとえば，のどぼとけの上の少しくぼんだところに指先を軽くあてて，「プ」[pu]と「ブ」[bu]を交互に発音してみると，それぞれはじめの音の[p]のときには喉に振動がないが，[b]のときには声帯の振動が指先に伝わってくるのがわかる．[p]は無声音であり，[b]は有声音である．

図5のBのように，軟骨声門(Knorpelglottis)と呼ばれる声帯下部の左右の披裂軟骨の間の部分だけが開いて，呼気流がそこを通過すると，**ささやき音**(flüsternde Stimme)が生じる．

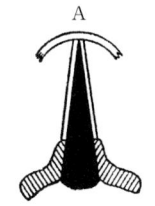 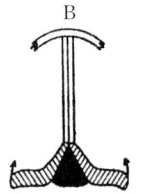 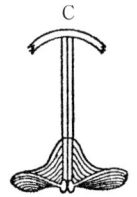

図5 声門の開閉の状態
（Malmbergによる）

声帯が周期的に振動することにより，肺からの呼気はそこで振動する空気の流れとなる．声帯がさまざまな程度の開放の状態を作って呼気流を通過させ，さまざまな言語音を生み出すはたらきを**発声**(Phonation)という．

言語音の音源である声帯の振動の状況によって，声の三つの主要な要素，すなわち音の高さ　音の大きさ　音質のうち高さと大きさが影響を受ける．音の高さは，声帯の長さと緊張度，呼気の圧力などによる声帯の振動数に関係する．たとえばバイオリンなどの弦の場合，短い弦が長い弦よりも高い音を出すように，声帯の長さが短いとその振動数が増して高い音になる．一般に男性よりも女性の方が声が高いのは，女性の方が声帯が短いためである．

声帯の長さは，男性では20〜27mm，女性では15〜20mmといわれている．音の大きさは，呼気の強さと声帯をはじめとする各音声器官の筋肉の運動の強さによる振幅の大きさに関連する．肺から強い呼気流が送られ，声帯が両側から強く近づけられて強く振動すると，振幅が大きくなり大きな音になる．呼気の圧力が弱く，声帯が両側から強く近づけられずに弱く振動すると，振幅は小さくなり小さな音になる．

8.1.2.4. 調音器官

　声門を通過した呼気は，息のままかあるいは声を伴って，それより上部の音声器官へと移動する．喉頭から上の，口腔あるいは鼻腔を経て唇あるいは鼻孔へと抜ける呼気の通路を**声道**（Ansatzrohr，Vokaltrakt）と呼ぶ．図6の右の図が示すように，単純化して左から見れば反転したF字型の管である．

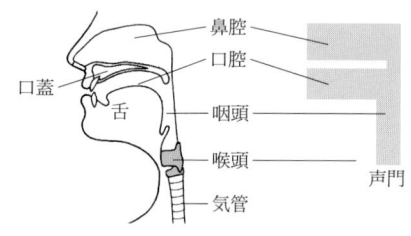

図6　声道

　声道には舌　唇　口蓋帆など動かすことのできる器官があり，その形はさまざまに変えられる．声道では，話者の意思によって，通過する呼気に対してさまざまな妨害をしていろいろな**噪音**が加えられる．また声を伴う有声音の場合には，声道はさまざまな形をとって共鳴室の役割を果たし，呼気にさまざまな響きが加えられる．

　声道では各音声器官がさまざまな位置をとったり，さまざまな形をとって，通過する呼気に対してさまざまな加工を加えて，ある特定の言語音が作り出される．このようなはたらきを**調音**（Artikulation）といい，調音に関与する喉頭から上部の音声器官を特に**調音器官**（Artikulationsorgan）と呼ぶ．

　8.1.2.3.で述べたように，喉頭は声帯の振動によって言語音の音の源を生み出すだけではなく，有声音と無声音という音韻的に対立する言語音を作る

ことができるので，このはたらきを特に**喉頭調音**(Kehlkopfartikulation)と呼ぶことがある．

8.1.2.5. 咽頭

咽頭(Rachen / Pharynx)は喉頭の上部にあり，後側の**咽頭壁**(Rachenwand)と前側の舌根とで囲まれた管状の空間である．咽頭壁は，口を大きく開けて前から見たときの突き当たりの部分である．咽頭は，舌を動かすことによって，その形や容積を変えることができ，発音の上では呼気に対して共鳴器のはたらきをしている．咽頭を通過した呼気の通路は二つある．口腔と鼻腔である．

8.1.2.6. 口腔

口腔(Mundraum)(口むろ，医学では「こうくう」ともいう)は，咽頭の上部から両唇の間に至るまでの空間で，上限を口蓋，下限を舌面で仕切られている．口腔は舌の動きによって形と容積をいろいろに変えることができる．咽頭や鼻腔に比べて複雑なはたらきをして，言語音の音質の違いを生み出すうえできわめて重要な共鳴器のはたらきを果たしている．

8.1.2.7. 口蓋

上の歯茎から後ろのアーチ状の部分を**口蓋**(Gaumen)(口のふたという意味)という．口腔の天井を構成する口蓋は比較的広いが，舌先で前方から後方へとなぞってみると，硬さの違いを感じとることができる．歯茎の直後から口蓋が最も高くなる辺りまでの前方の硬い部分を**硬口蓋**(harter Gaumen / Palatum)と呼び，その後方の軟らかい部分を**軟口蓋**(weicher Gaumen / Velum)と呼ぶ．硬口蓋は骨を粘膜が覆っているので運動させることができないが，軟口蓋は粘膜の下に筋肉があるので軟らかく上下に多少運動させることができる．軟口蓋後部の上下に動かすことのできる筋肉の部分を特に**口蓋帆**(Gaumensegel)と呼ぶ．

口蓋帆が上がって咽頭壁に付くと，鼻腔への入り口が閉ざされてしまう．その際には呼気はもっぱら口を通って出ることになり，このときに発せられる言語音は**口音**(Oral)と呼ばれる．これに対して口蓋帆が下がり，鼻腔への通路が開かれて，口腔のどこかで呼気が遮断されると，呼気はもっぱら鼻

腔へと流出する．このとき発せられる言語音は鼻音(→8.1.2.11.)と呼ばれる．図7は口蓋帆の上下運動による口音と鼻音の違いを示したものである．

口蓋帆の末端の垂れ下がっている小さな突起部分を**口蓋垂**(Zäpfchen / Uvula)(のどひこ　**懸雍垂**ともいう)と呼ぶ．

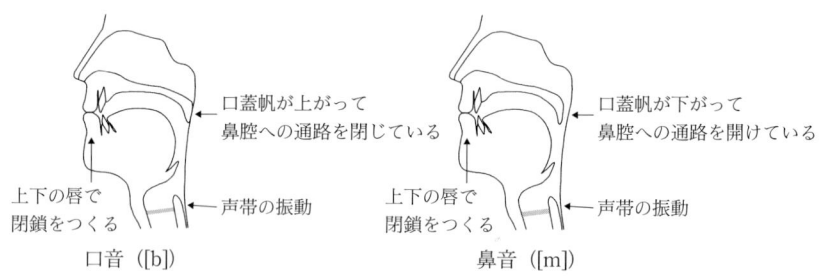

図7　口蓋帆の上下による口音と鼻音

8.1.2.8. 舌

　舌(Zunge)は最も重要な調音器官である．舌は多くの筋肉からなっていて，かなり自由にそして繊細に動かすことができるので，調音に際しては重要な役割を演じて，言語音の多様性に大きく寄与している．舌は口腔のほとんど全部を満たし，かなり自由に位置と形を変えることができる．舌の上下や前後の運動によって，共鳴器としての口腔の形と容積が変わり，そこでの共鳴効果の違いによってさまざまな母音の音質が生み出される．さらに，多くの子音の生成に際しても舌は大きな役割を果たしている．舌は言語音の調音に非常に重要な役割を演じているので，多くの言語で「言語」そのものを意味するようになった．ドイツ語の Länder deutscher *Zunge* ドイツ語圏の国々 in fremder *Zunge* sprechen 外国語で話す，また英語の mother *tongue* 母国語 / 母語　などの言い回しに見られるように．

　舌は各部分が多彩に動くので，舌による調音を正確に記述するために，舌は五つの部分に分けられる．最先端の最も柔軟性に富む部分を**舌尖**(Zungenspitze / Apex)という．その後ろの歯茎に対面する部分を**舌端**(Zungenblatt)という．舌尖と舌端を一緒にして**舌先**と呼ぶことがある．広い舌面がしゃべったり物を食べたりしていない静止の状態のときに，硬口蓋に面している舌面の前の部分を**前舌面**(Vorderzunge)，軟口蓋に面している後ろの部分を**後舌面**(Hinterzunge)と呼ぶ．また前舌面と後舌面の境界部分

を中舌面(Mittelzunge)と呼ぶことがある．特に後舌面の表面を舌背(Zungenrücken / Dorsum)ということがある．舌の最も奥の咽頭に面する部分は舌根(Zungenwurzel)と呼ばれる．

8.1.2.9. 歯

歯(Zähne / Dentes)も調音に関与するが，その際に問題となるのは主として上の前歯である．歯茎(Zahndamm / Alveolen)というときも上の前歯の付け根からその奥の盛り上がった部分の頂点までの表面を指す．

8.1.2.10. 唇

唇(Lippen / Labia)は，音声器官としては口腔および声道の末端をなしている．上下の唇は，左右に広げたり，円めたり，前方へ突き出したりしていろいろな形をとることができる．このことによって言語音，特に母音にさまざまな音質が与えられる．

8.1.2.11. 鼻腔

鼻腔(Nasenraum)(鼻むろ，医学では「びくう」ともいう)は，咽頭上部から鼻孔に至る奥の方が広い空間で，口蓋によって口腔と隔てられている．8.1.2.7.で述べたように，口蓋帆の上下運動によって，声道から鼻腔への通路が開かれたり閉ざされたりする(→図7)．この通路が開かれている状態で口腔のどこかで呼気が遮断されると，呼気は鼻腔へと流れ込み，ここでの共鳴によって鼻音が生じる．口蓋帆が幾分下がって口腔への通路が完全に遮断されずに，呼気が鼻腔へも部分的に流出する状態を鼻音化という．口蓋帆の動きによって，鼻音および鼻音化の程度が調節される．鼻腔自身は形を変えることはないので，そこでの共鳴は一様であり，共鳴室としては音の響きにとって口腔ほど効果的なはたらきはしない．

8.1.3. 音の物理的性質

音が波動となって空気中を毎秒約340メートル(摂氏15度)の速さで伝わることは知られている．その波動は，ある振動体の周期的な振動によって空気が周期的に濃縮されたり，希薄になったりしてできる空気の周期的な縦波で

ある．これが音波(Lautwelle)である．音波は，時間を横軸にとり，振動の際に動く距離を縦軸にとれば，図8のように表される．

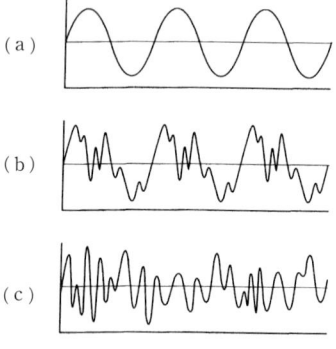

図8　音波

　(a)のように正弦曲線で表される音は純音(einfacher Ton)，(b)(c)のような音は複合音(zusammengesetzter Laut)と呼ばれる．純音は音叉の音のように他の振動を含まない純粋な振動による単純音であって言語音には存在しない．複合音はいくつかの純音が合わさったものであり，それぞれの純音を複合音の成分音という．われわれの知覚する大多数の音は複合音である．振動の一つの繰り返しを周期と呼び，(a)(b)のように振動に同じパターンの繰り返しがある音を周期音といい，振動に決まったパターンのない音を非周期音という．

　振動の数とゆれの大きさ，すなわち振動数と振幅はわれわれが音に感じる「高さ」と「大きさ」に関係する．音の高さ(Höhe)は振動数によって決定される．1秒間に繰り返される振動数を周波数(Frequenz)といい，ヘルツ(Hz)という単位で表す．周波数が高い，すなわち繰り返しが速く多いほど音は高く，遅く少ないほど音は低く感じられる．音の大きさ(Lautheit)は，主に音の物理的な強さと関係があり，強い音は大きく，弱い音は小さく感じられる．音の物理的な強さは振幅(Amplitude)によって決定されるので，振幅が大きいほど音は大きく，振幅が小さいほど音は小さく感じられると言い換えることができる．音の大きさはデシベル(dB)という単位で表す．

　これに対して音の音質は，複合音を構成する成分音によって決定される．成分音の違いが音質の違いとして知覚されるのである．図9は日本語の「ア」と「イ」の波形を比べたものである．波形が異なるのは，「ア」と

8.1. 言語音と音声器官

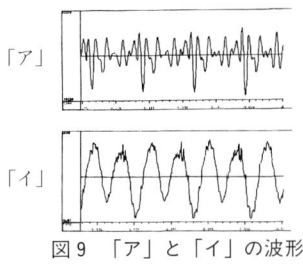

図9 「ア」と「イ」の波形

「イ」の成分音が異なっているためである．二つの音は成分音が異なるために，波形も異なる．

われわれが音に感じる「高さ　大きさ　音質」という三つの特性は，音の物理的な属性なのである．

8.1.4. 音声の表記

音声は発せられた直後に消え去ってしまうので，何らかの形で視覚的に書き留められると便利である．この目的のために文字が考案され，現在は一般にそれぞれの言語で定められた綴字とその綴り方，すなわち正書法(→8.8.7.)が用いられている．しかし正書法は個々の言語社会において慣習的に使用されているものなので，同じ綴字が同じ音を表すとは限らない．たとえばアルファベットで記述した場合 ja という綴りは，ドイツ人は「ヤ」に近い音，イギリス人は「ジャ」に似た音，スペイン人は「ハ」のような音で発音するであろう．また発音は歴史的経過の中で変化をこうむるが，綴りは固定的であるために，正書法は長い年月の間に実際の音声とそれを表す綴りとの間の対応にずれが生じて，一対一の関係が保たれなくなる．たとえば，ドイツ語で Buch [buːx] 本　Milch [mɪlç] ミルクのように同じ綴り ch が異なった音 [x] と [ç] を表したり，mein [maɪn] 私の　Mai [maɪ] 五月のように同じ音 [aɪ] が異なった綴り ei と ai で表される場合がある．また Ofen [ˈoːfən] 暖炉と offen [ˈɔfən] 開いているでの o ははっきりと区別されて発音され知覚されるが，この二つの音には同一の文字 o が当てられている．正書法に見られるこのような不統一を除き，音声を目に見える形で正確に記述するために，**音声記号**(Lautzeichen)を用いた特別な表記方法が考案されてきた．現在国際的にも，日本でも，もっともよく普及し，もっとも整備されている音

声の記号体系は，**国際音声学会**(the International Phonetic Association) (IPA と略す)が定めた**国際音声記号**(Internationales Phonetisches Alphabet)(国際音声字母ともいう，IPA と略す)である．国際音声学会も国際音声記号も IPA で略記されることが多いが，本書では混同を避けるため，記号の方を IPA と略称する．

　この IPA 記号は，それぞれの記号がどのような調音による言語音かを明確に定義して，世界中のどの言語(そして方言)のどんな言語音も客観的に共通に表記することができるように，国際的に統一された音声記号として制定された．これは音声の最小単位である一つの単音に対して一つの記号を与えて，言語音と記号との間に一対一の対応関係が成り立つようにしたものである．この音声記号を使用すれば，言語(方言)を問わず，同じ言語音は同じ記号で表すことができる．記号としては，ローマ字が広く用いられていて都合がよいために，主として従来のアルファベット文字を基礎として，それに [ʌ][ɔ] のように文字を逆さや裏返しにしたものや，[ɸ][θ] のようなギリシャ文字に由来するもの，さらに補助的な記号を付け加えて構成されている．音声表記はブラケット [　] に入れて示される，たとえば [ˈlɛrnən] のように．IPA 記号に従えば，Ofen の o は [oː] と，offen の o は [ɔ] と実際の音に即して正確に再現することができる．

　IPA 記号は1888年に制定されてから，世界中のさまざまな言語の記述が進むにつれて，何回か改良が加えられ改訂されている．現在は1993年に改訂され，1996年に微調整が加えられ更新された版が最新のものである．本書で用いている IPA 記号は，1996年に更新されたものである．なお，本シリーズ第1巻1.2.1.3.に挙げられている IPA 記号との相違については8.5.1.を参照されたい．

8.1.4.1.　国際音声記号(IPA)

　1993年改訂版，1996年更新の IPA 記号を以下に挙げる．

　表1の中で記号が i　y のように対になっているものは，左側は非円唇母音，右側は円唇母音である．それぞれの母音が調音される際の，舌の前後の位置関係(→8.2.3.1.1.)を横軸が，舌の上下の位置関係(→8.2.3.1.2.)を縦軸が示している．唇の形状および舌の前後と上下の位置関係によって，たとえば [ɔ] は「円唇後舌半広母音」のように，母音は調音音声学的な名称で呼

8.1. 言語音と音声器官

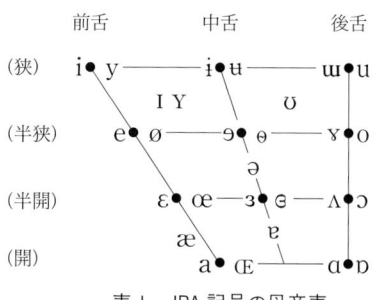

表 1　IPA 記号の母音表

	両唇音	唇歯音	歯音	歯茎音	後部歯茎音	そり舌音	硬口蓋音	軟口蓋音	口蓋垂音	咽頭音	声門音
破裂音	p b			t d		ʈ ɖ	c ɟ	k ɡ	q ɢ		ʔ
鼻音	m	ɱ		n		ɳ	ɲ	ŋ	ɴ		
ふるえ音	ʙ			r					ʀ		
たたき音あるいははじき音				ɾ		ɽ					
摩擦音	ɸ β	f v	θ ð	s z	ʃ ʒ	ʂ ʐ	ç ʝ	x ɣ	χ ʁ	ħ ʕ	h ɦ
側面摩擦音				ɬ ɮ							
接近音		ʋ		ɹ		ɻ	j	ɰ			
側面接近音				l		ɭ	ʎ	ʟ			

表 2　IPA 記号の子音表

ばれる．

　表 2 の中で記号が p　b のように対になっている欄は，左側は無声子音，右側は有声子音である．網掛けの欄は，調音不能と考えられる．子音が調音される際の，「どこで」を表す調音位置を横軸が，「どのように」を表す調音方法を縦軸が示している．この二つの組み合わせによって，たとえば [m] は「両唇鼻音」のように，子音も調音音声学的な名称で呼ばれる．

　大部分の言語において鼻音は有声音なので，上記の子音表では鼻音に対しては有声音しか与えられていない．しかし日常の会話では鼻音は無声音の後で半ば無声化されて発音されることがしばしばある．このような無声の [m] には，有声の [m] と区別するために，[̥] をつけて [m̥] のように表す．このように基本となる音のさまざまな変種を表すために用いられる記号を**補助記号**（diakritisches Zeichen）（区別的発音符ともいう）といい，IPA 記号の上や下などに小さく付けられる．本書では詳しい音声表記のために以下の補助記

発音・綴字

号を用いた．

- [ː]　長音（→8.2.2.3.）を表す．たとえば，[aː] は長母音の [a]．
- [͜]　二つの音ではなく一つの音であることを示す．二重母音（→8.2.5.）および破擦音（→8.5.3.4.）を表す．たとえば，[a͜ʊ] [p͜f]．
- [̪]　歯音（→8.4.4.8.）を表し，歯茎音と区別する．たとえば，[t̪] は歯音の [t]．
- [ʔ]　声門閉鎖音（→8.5.3.1.4.）を表す．たとえば，[bɛˈʔaxtən]．語頭の母音の前では普通は省略される．
- [̃]　鼻音化（→8.2.6.）を表す．たとえば，[ã] は鼻音化した [a]．
- [i̥]　無声化を表す．たとえば，[i̥] は無声化した [i]．
- [ʰ]　有気音（→8.4.5.）を表す．たとえば，[pʰ] は気音を伴う [p]．
- [ʷ]　唇音化（→8.5.4.）を表す．たとえば，[kʷ] は唇の円めを伴った [k]．
- [ʲ]　（硬）口蓋化（→8.5.4.）を表す．たとえば，[tʲ] は（硬）口蓋化された [t]．
- [ˠ]　軟口蓋化（→8.5.4.）を表す．たとえば，[ɫ] は軟口蓋化された [l]．
- [̩]　音節主音（→8.6.5.1.）を表す．たとえば，[n̩] は音節主音となる [n]．
- [̯]　非音節主音を表す（→8.2.5.）．たとえば，[a̯]．
- [ˌ]　音節の境界（→8.6.5.4.）を表す．たとえば，[ˈɡarˌtən]．
- [ˈ]　第一アクセント（→8.7.2.）を表す．
- [ˌ]　第二アクセント（→8.7.2.）を表す．

　言語音を詳細に観察してみると，同一と考えられている音が，実際にはその現れる環境によって少しずつ異なっていることが多い．たとえば tippen [ˈtɪpn̩] タイプを打つの t [t] は，後ろに続く母音 [ɪ] の影響で tappen [ˈtapn̩] おぼつかない足取りで歩くの t [t] よりも舌が前寄りの硬口蓋に接近して発音される（→8.5.4.）．この微細な特徴は IPA 記号では補助記号 [ʲ] を用いて [ˈtʲɪpn̩] のように表記される．このようなより細かな違いを含めた音声の詳しい表記を**精密音声表記**（enge Transkription）という．これに対して微細な特徴を無視した簡単な表記を**簡略音声表記**（weite Transkription）という．ドイツ語の母音が語頭でいつも声門閉鎖音を伴うような，ある特定の環境で必ず現れる特徴などは普通は略されて表記される．

　一般に独和辞典ではドイツ語の代表的な音が簡略な表記で示されている．たとえば上例の [t] のように，厳密に見れば現れる条件によって異なる音も

同一の音声記号で表されていることがしばしばあるので，十分に注意しなければならない．また英和辞典や仏和辞典などでも，独和辞典と同じく，それぞれの代表的な音が IPA 記号によって簡略表記されている．異なる言語で同じ IPA 記号 [ə] が用いられていても，それぞれの言語では調音のされ方が異なるために異なった音である（→8.3.3.6.2.）．異なる言語の類似の音に同じ IPA 記号があてられているのである．したがって，ドイツ語の音声表記で英語やフランス語と同じ音声記号が使用されていても，知っている英語やフランス語から安易に類推しないように注意しなければならない．

8.1.4.2. ドイツ語の発音のカナ表記

1990年代以降各種の独和辞典が相次いで出版された．これらの辞書の多くは初級者を対象としたドイツ語学習辞典的な性格を持ち，さまざまな配慮がほどこされている．その一つとしてドイツ語の発音表記に「カナ」表記が用いられたり，あるいは IPA 記号とカナ表記とが併用されているのが特徴である．このカナ表記によって初学者は IPA 記号の予備知識がなくてもドイツ語の発音を容易に習得することができるようになった．しかしカナ文字は日本語の音韻構造を背景として成立したものであるため，日本語とは異なる音韻構造を持つドイツ語の発音を必ずしも正確には表記することができない．たとえば，Fuchs [fʊks] 狐を「フクス」とカナ表記した場合，二つの子音連続 chs [ks] は「クス」と二音節を形成して，単音節語の Fuchs がカナ表記では三音節語として表記される．またドイツ語の母音 [ʊ] は唇の円めを伴う後舌母音であるが，日本語（特に東日本）の「ウ」は [ʊ] より舌の位置が前寄りで唇の円めを伴わない [ɯ] である．さらに日本語「フ」の子音は，ドイツ語の [f] が唇歯摩擦音であるのに対して，ドイツ語には存在しない両唇摩擦音 [ɸ] である．唇歯摩擦音 [f] が日本語には存在しないため，カナでは調音位置の最も近い近似音によって表記されているのである．日本語「フ」はさらに Hund [hʊnt] 犬の発音表記ではドイツ語の声門摩擦音 [h] に対しても用いられる：「フント」．ドイツ語の [h] 音は日本語のハ行音のうちハ ヘ ホにおける子音にほぼ等しいが，ヒ フの子音とは異なる．日本語のカナの「フ」はドイツ語の [f] 音と [h] 音の表記に用いられるため，カナ表記を見ただけでは，両者の区別がつかない．日本語には [ra ri ru re ro] だけで [la li lu le lo] がない．したがって Land [lant] 土地も，Rand [rant] 縁も，カ

ナで表記すると「ラント」であり、この両者を区別することができない。kennen [ˈkɛnən] 知っているも、können [ˈkœnən] できるも、カナで表記すると「ケネン」である。日本語の「エ」は [e] と [ɛ] の中間音であって、ドイツ語の [ɛ] と [œ] の二つの音を区別しない。さらに日本語の「エ」の唇の形は、[ɛ] 音のように張唇でもなく、[œ] 音のように円唇でもない。したがって、唇の円めを伴う前舌母音 [œ] は日本語にはないので、[œ] に対しても円唇の前舌母音 [ɛ] の近似音「エ」があてられる。日本語にないドイツ語音には調音的あるいは聴覚的に最も近い近似音によってカナ表記がなされているので、正確な調音を習得して発音の区別をしなければならない。

　上記の kennen あるいは können は二音節の単語であり、音節の切れ目に立っている子音 [n] は前の音節と後ろの音節の両方にまたがっている（このような音を**関節音**(Gelenklaut)という）。これに対して日本語の「ケネン」は CVCVN という構造で二番目の音節の頭音 [n] は前の音節とは完全に切り離されている。ドイツ語の二重母音 [aɪ] と [aʊ] では二番目の母音は非音節主音で一音節であるが、日本語の「アイ」愛と「アオ」青は二つの母音の連続した二音節である。このようにカナ表記はドイツ語と日本語の音節構造の違いも表すことができない。日本語のカナの多くは子音と母音からなる開音節(CV)なので、ドイツ語のように子音の連続や閉音節(VC)の多い言語の発音表記には不向きな点が多い。

　初級者用の独和辞典では、子音を小文字のカナで表したり、l音とr音をカタカナとひらがなで区別したり、二重母音で音節をなさない母音を小文字で表すなど、独自のカナ表記の工夫をして、ドイツ語の発音を初心者に分かりやすく表す努力が行われている。しかし未だ音声学的基盤に立ったカナ表記の提案と議論が十分になされていないのが実情である。

8.2. 母　　音

8.2.1.　母音とは

8.2.1.1.　母音の調音
　母音(Vokal, Selbstlaut)は，調音に際して肺からの空気の流れである呼気が声道で何らの妨害を受けずに，口腔もしくは口腔と鼻腔とから流出して生成される言語音であり，一般に声帯の振動を伴う有声音である．ドイツ語の母音は英語と同じく常に有声音である．声道で調音器官による妨害あるいは干渉を受けていないことで子音と区別される．

　母音は，声帯の振動を伴った呼気が声道を通過する際に，声道を共鳴腔として十分に共鳴して調音される．その響きには安定性がある．声道はそこにある舌や唇などの動かすことのできる調音器官のはたらきによってその形状をさまざまに変えることができる．声道の形状が違えば，そこでの共鳴特性も異なる．この共鳴特性の相違が母音の音質を決定する(→8.2.2.1.)．母音の音質は，子音のように呼気の流れを妨害しなくても，呼気の通り道である声道の形を変えることによって決定されるのである．

8.2.1.2.　母音と子音の区別
　言語音は普通母音と子音とに二分される．しかしそれは便宜上の分類に過ぎず，しかもその分類の基準は厳密なものではない．前項で述べた調音上の基準以外にもこれまでさまざまな基準による分類が試みられてきた．ここではそれらの中で二つの代表的な分類基準を紹介しよう．
1　**音節主音か非音節主音か**(機能的分類)
　　言語音の連続において，単語よりも小さく(または単語と等しく)，個々の音よりも大きな発音上の一つの単位として音節(→8.6.1.)が形成される．その際にその音節の中心となり音節を担う音を音節主音(→8.6.4.)，音節主音に付属してその前後に位置する音を非音節主音という．この観点

から，音節主音となるのが母音であり，音節主音とならないのが子音であると一般には定義される．つまり，音が一つあるいは二つ以上集まって作られる音のかたまりの単位である音節の中心となるのが母音であるという基準である．しかし hm [hm̩] さあのような間投詞の場合，Mantel [ˈmantəl] → [ˈmantl̩] 外套のように語末音節中の [ə] が脱落して発音されないとき（→8.3.3.6.2.1.），あるいは Vater [ˈfaːtɐ] 父親のように語尾の -er が母音化されて [ɐ] と発音されるとき（→8.3.3.6.2.1.）には，[m̩] [l̩] [ɐ] がそれぞれ音節を担って音節主音となる．したがって，これらは機能的に見れば，母音に分類されなければならない．

2 楽音か噪音か（音響学的分類）

音響学では空気振動のあり方によって「オト」を，周期的振動をする**楽音**(がく)(Klang, musikalischer Ton) と非周期的振動をする**噪音**(そうおん)(Geräusch) とに二大別する．音声を可視的な波形で示す**オシログラフ**(Oszillograph) でこの二つの音を観察すると，楽音は同じ波形が規則的に間隔をおいて反復して現れるが，噪音は波形に繰り返しがなく全く不規則である．たとえば，笛などの楽器の音は楽音であり，ドアの閉まる音は噪音である．言語音については，母音は声帯の振動と声道での共鳴により作り出され周期的振動をするので楽音，これに対して子音は声帯の振動によらずに調音器官での閉鎖や摩擦などによって作り出されるので噪音と一般にはみなされている．

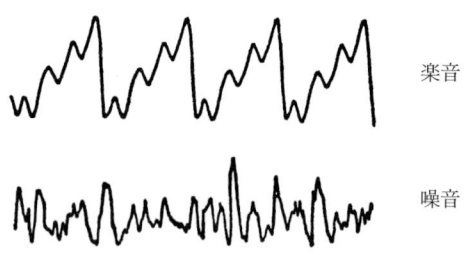

図10　楽音と噪音の波形

しかし，たとえば [i] や [u] という母音をささやくと，声門の状態は声を生み出すときのように閉鎖しているが，左右の披裂軟骨の間に三角形の隙間が生じて，呼気がこの隙間を通過し摩擦の噪音が生じる（→8.1.2.3.）．このように母音が無声化されて噪音となることがある．他方 [l] [m]

[n] のように楽音となる子音もある．したがってこの基準も矛盾を抱えている．

このように母音と子音を分類する客観的な基準を設定することにはさまざまな困難がある．本書では，国際音声学会のとっている調音上の基準，すなわち声道における呼気に対する妨害の有無に従って，母音と子音を分類している．

8.2.2. 母音の特徴

8.2.2.1. 母音の音響的性質

喉頭で作り出された言語音はその上部から口腔を経て唇に至る声道を通過する際に，その間の調音器官で共鳴作用を受ける．声道における共鳴の性質によって言語音のうちある成分音が他の成分音より強められる．このようにして強められた比較的振幅の大きな部分を**フォルマント**(Formant)と呼ぶ．フォルマントは声道の形状によるものであり，その周波数は共鳴腔である声道での固有の振動によって決まる．母音の場合には四つないし五つのフォルマントが検出される．その周波数の低いものから順に，第1フォルマント(F1)，第2フォルマント(F2)，第3フォルマント(F3)…と呼ばれる．母音のフォルマント構造は，子音の場合に比べて，周期性があり規則的であるので，それぞれの母音を特徴づける．

8.2.2.2. 母音の音質

たとえば [i] と [u] という母音の音質の相違は，母音が調音される際に呼気に対して共鳴腔のはたらきをする声道の形と容積によって生じる(→図12)．声道における調音器官の中でも特に口腔は，母音のさまざまな音質の決定にとって大きな役割を果たしている．共鳴腔である口腔は，舌の上下・前後の動きと唇の動きとによって，その形と容積が変わる．共鳴腔の形と容積が異なれば，そこでの共鳴も異なり，その結果それぞれ独自の共鳴特性が生じる．この共鳴特性の相違が母音の音質を決定するのである．

音響学的に見れば，母音の音質の違いはフォルマントの周波数の違いである．その周波数は声道の形によって決まる．フォルマントの中でそれぞれの母音を特徴づけるのは，第1フォルマントと第2フォルマントである．第1

フォルマントの値は舌の高さを反映し，第2フォルマントの値は舌の前後位置による口腔での共鳴腔の長さを反映している．舌の位置が高ければ第1フォルマントの値は低くなり，共鳴腔が長くなれば第2フォルマントの値も低くなる．それぞれの母音の第1フォルマントを縦軸に，第2フォルマントを横軸にとって座標体系を図示してみると，舌の位置によって作られた母音四角形(→8.2.4.)に相似した図形ができ，母音の音響面と調音面との対応が示される．

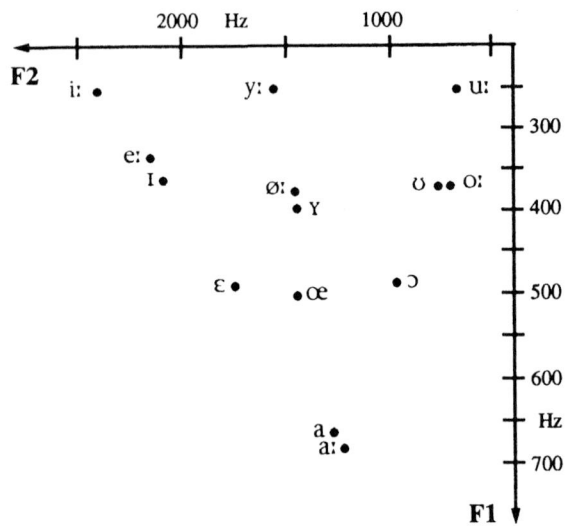

図11　ドイツ語の母音のF1／F2フォルマント座標図
(Wodarz／Wodarz-Magdicsによる)

　また，同じ母音であっても，ある人が発音した母音と別の人が発音した母音とでは異なって聞こえることがある．これは，発声の違いも作用するが，個人個人の共鳴腔を形成する音声器官の形状的な特徴によるのである．

8.2.2.3. 母音の長短

　母音では，声道内での調音の構えと共鳴の持続時間の長短の違いにより，母音の音量の長さが異なってくる．通常の長さの母音を**短母音**(kurzer Vokal)といい，それよりも長い母音を**長母音**(langer Vokal)と呼ぶ．母音の長短の違いは，長母音が短母音よりも何倍長いという絶対的な長さの差異

8.2. 母音

としてではなく，相対的な差異として存在している．また長母音は短母音を単に長く引き伸ばしたものではなく，長母音と短母音では舌の高低や唇の開閉の度合いなどの調音も異なる．したがって音質も異なっている．同じ母音であっても，その長さが異なれば，音質も異なるのである．IPA 記号では長母音には補助記号 [ː] を用いるが，短母音には特に補助記号を付けない．たとえば，[iː] は長母音，[ɪ] は短母音である．

8.2.2.4. 母音の明度

母音は調音の相違によって，音質という質的違いと長短という量的違いが区別されるが，聴覚的には「明るい(hell)」感じと「暗い(dunkel)」感じとが区別される．母音はより広く比較的遮りのない口腔で生成されると，奥深く暗い印象を与える．したがって舌の位置が後ろ寄りで調音される [u] では共鳴腔が長くなるので，最も鈍く響き暗い印象を与え，**暗音**（あんおん）となる．これに対して前寄りで調音される [i] では共鳴腔が短くなるので，明るく響き**明音**（めいおん）となる．この聴覚上の明度の差異は音響学的には，舌の前後位置による共鳴腔の長さを反映する第2フォルマントの値の差異として現れる（→図11 の [iː] と [uː] を参照）．第2フォルマントの値が高ければ明るい感じを与え，低ければ暗い感じを与える．

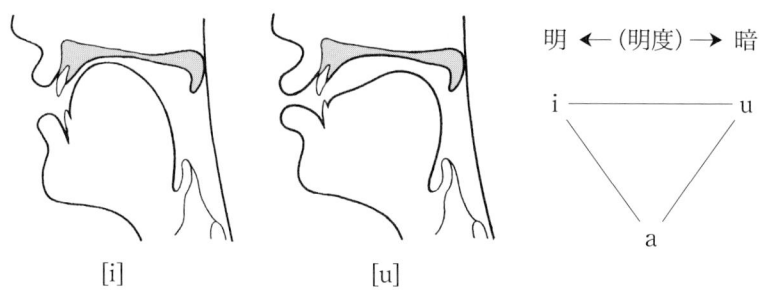

図12 母音 [i] と [u] の発音断面図と母音の明度

8.2.3. 母音の分類

母音が調音される際には，口腔で動かすことのできる調音器官である舌の構えが主たる役割を果たす．母音の質（＝種類）は，舌の最ももち上がってい

る部分(=最高点)がどこにあるかによって決まる．さらに，舌の状態と並んで，呼気流の体外への流出口である唇の状態が母音の調音に決定的な役割を果たす．母音は舌と唇との状態によってさまざまに特徴づけられて分類される．

8.2.3.1. 舌の位置による母音の分類

　母音が作り出される際に呼気に対して共鳴室のはたらきをする口腔は，口蓋　咽頭壁　歯および唇によって仕切られ，舌の前後という水平方向と上下という垂直方向の動きによって，その形と容積が変わる．舌はそれぞれの母音に対して特定の位置をとり，それぞれの母音に固有な音質を与えるのである．

8.2.3.1.1. 舌の最高点の前後位置による母音の分類

　舌は下顎の中にある舌骨に支えられて，その長さは一定である．調音の際に，舌を前へ出すと，舌面の前方の前舌面が硬口蓋に向かって多少もち上がって接近し，これに対して後ろへ引っ込めると，舌面の後方の後舌面が軟口蓋に向かって多少もち上がって接近する．舌の前後の位置関係とは，口蓋のどの部分に対して舌のどの部分が最ももち上がって接近するかということである．硬口蓋に対して舌の前舌面がもち上がり接近する母音を前舌母音(Vorderzungenvokal, vorderer Vokal)，軟口蓋に対して舌の後舌面がもち上がり接近する母音を後舌母音(Hinterzungenvokal, hinterer Vokal)と呼ぶ．そして両者の中間となる母音を中舌母音(Mittelzungenvokal, mittlerer Vokal)と呼ぶ．IPA記号の中で代表的な前舌母音は [i] [e] [ɛ] [a] であり，舌の前舌面の高さはこの順に低くなっていく．同じく代表的な後舌母音は [u] [o] [ɔ] [ɑ] であり，舌の後舌面の高さはこの順に低くなっていく．前舌母音では舌の最高点が前方へ移動するためにその奥に比較的広い共鳴室が生じるが，後舌母音では舌の最高点が後方へ移動するためにその前後に二つの共鳴室が生じる．この共鳴室の形状の相違により，前舌母音と後舌母音とでは音響学的な特徴も異なり，第2フォルマントの値が前舌母音では高く，後舌母音では低くなる．

8.2.3.1.2. 舌の最高点の上下位置による母音の分類

母音は，舌の最ももち上がっている部分がどの位高くもち上がっているかによっても分類される．[i] [u] のように舌が高くもち上げられる母音では，口腔内の舌面と口蓋との間の呼気の通路が狭くなるので，**狭母音**(enger Vokal)（狭_{きょう}母音ともいう）または**高母音**(hoher Vokal)と呼ばれる．これに対して，[a] のように舌が低い位置に留まっている母音では，舌面と口蓋との間の空間が広まるので，**広母音**(offener Vokal)（広_{ひろ}母音ともいう）または**低母音**(niedriger Vokal)と呼ばれる．IPA 記号ではさらに狭母音と広母音の間に中間段階として半狭母音と半広母音を設定して，舌の最高点の高い方から低い方まで四つの種類に分類している．舌の上下の位置は口の開き，すなわち顎の開閉度（＝顎角_{がくかく}という）とも関連している．口の開きの大きい母音ほど舌の位置は低く，舌面と口蓋との間の空間が広くなり，また普通には顎の開きも大きくなるので，広母音または低母音は**開母音**(offener Vokal)とも呼ばれる．これに対して狭母音または高母音は**閉母音**(geschlossener Vokal)と呼ばれることがある．

舌の位置	舌面と口蓋の間の間隔によって	舌の位置によって	口の開きによって
高い母音：	狭母音	高母音	閉母音
低い母音：	広母音	低母音	開母音

狭母音と広母音とでは舌面と口蓋の間の形状が異なるので，その間での共鳴による振動も異なり音響学的な特徴も異なる．第1フォルマントの値が広母音では高く，狭母音では低くなる．

8.2.3.2. 唇の形状による母音の分類

母音は唇の形状によっても分類される．調音の際に，[u] [o] のように唇が多少とも前へ突き出て唇全体が前から見て円い形になる母音を**円唇母音**_{えんしん}(gerundeter / labialer Vokal)といい，これに対して，[i] [e] のように唇が円い形にならない母音を**非円唇母音**(ungerundeter / illabialer Vokal)（または平唇母音）という．さらに非円唇母音は，[i] [e] のように唇の両端が積極的に左右に引かれる場合の**張唇母音**_{ちょうしん}と，[a] [ɛ] のように唇を積極的に左右に動かさない場合の**弛唇母音**_{ししん}とが区別される．

8.2.3.3. 母音の名称

母音は調音される際の，1　唇の円めの有無　2　舌の最高点の前後位置　3　舌の最高点の上下位置という三つの特徴に従って呼ばれる．たとえば [i] は非円唇前舌狭母音，[u] は円唇後舌狭母音のように．

8.2.4. 基本母音

母音の音質は，呼気の通り道である声道全体の形によって決定される．この声道の形を変えるのに大きな役割を果たしている舌と唇の特徴に注目して，母音がどのように分類されるかを見てきた．しかしこれらの分類は相対的なものであり，母音をより正確に記述するためには，何らかの絶対的基準が必要となってくる．絶対的基準が設定されれば，それと比較することによってどの言語の母音であっても正確に記述することができる．

世界の諸言語のさまざまな母音を客観的に記述し分類するための絶対的基準として，イギリスの音声学者 Daniel Jones(1881-1967)は，声道の形を変えるのに大きな役割を果たしている舌の位置と唇の形との基本的な組み合わせによって設定された八つの基準となる理論上の母音 [i] [e] [ɛ] [a] [ɑ] [ɔ] [o] [u] の音質とその音声記号を定めた．これを**基本母音**(Kardinalvokal)という．

これらの基準となる母音は次のように定められている．まず，舌をできるだけ前にそして高くもち上げて，これ以上高くすると硬口蓋付近で狭めが強くなり硬口蓋摩擦音 [j] になってしまう限界点ぎりぎりの母音を基準と定めて，それを [i](基本母音 1)とした．[i] は前舌・狭母音の限界となる母音である．次に，舌をできるだけ低くそしてできるだけ後ろ寄りにおき，これ以上後ろに引かれ過ぎると咽頭摩擦音 [ʕ] になってしまう限界点ぎりぎりの母音を基準と定めて，それを [ɑ](基本母音 5)とした．[ɑ] は後舌・広母音の限界となる母音である．この二つの母音を基準に，[i] から [ɑ] に向かって舌を前方に保ちながら徐々に下げ，これ以上舌を下げればもはや前舌性が保たれなくなる限界の母音を [a](基本母音 4)と定めた．[i] と [a] との間の聴覚的に等間隔となる位置に二つの母音を設定して，それぞれを [e] [ɛ](基本母音 2 , 3)とする．基本母音 1～5 は唇の円めを伴わない非円唇母音である．さらに [ɑ] から舌を後方に保ちながらもち上げるのと同時に唇を徐々に円

8.2. 母音

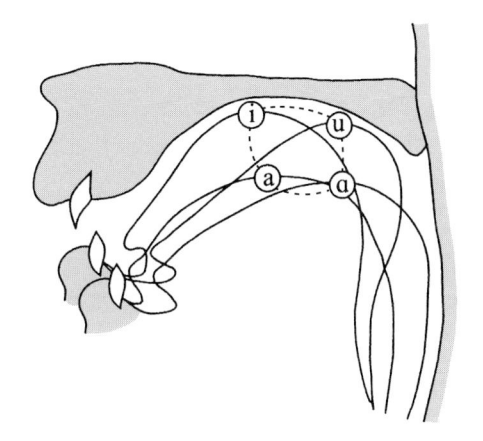

図13 限界点の母音の舌の形状と舌の位置
（国際音声学会ハンドブックより）

め，これ以上舌をもち上げ唇を円めると円唇化した軟口蓋摩擦音 [ɣ] になってしまう限界点ぎりぎりの母音を [u]（基本母音8）とする．やはり [ɑ] と [u] との間の聴覚的に等間隔となるような位置に二つの母音を設定して，それぞれを [ɔ][o]（基本母音6，7）とする．基本母音6～8は唇の円めを伴う円唇母音で，円めの度合いはこの順に増大していく．これら八つの母音を**第一次基本母音**という．

舌の位置は [i] のままで唇を前に突き出して [u] のように円唇化して発音することも可能である，たとえばドイツ語のüの発音を参照されたい．このように第一次基本母音の舌の位置を保持しながら，唇の形だけを円唇化あるいは非円唇化した母音も当然考えられる．このような考えから第一次基本母音にそれぞれ対応する唇の形だけが異なる母音が設定される．基本母音1 2 3 5をそれぞれ円唇化した母音 [y][ø][œ][Œ] と，基本母音6 7 8をそれぞれ非円唇化した母音 [ʌ][ɣ][ɯ] が，**第二次基本母音**として加わる．

Jonesはそれぞれの基本母音を発音する際に舌が最も高くなる位置をX線写真で確認し，これに基づいて第一次基本母音の舌の相対的な位置を図14(左)のように図式化した．この図は実用上便利なように一般には簡略化した不等辺四角形で表され(→図14(右))，単に**母音四角形**(Vokalviereck)と呼ばれる．この母音四角形図は母音領域の最も外側に位置する母音を表している．これらの母音は，ある特定の言語の母音ではなく，個々の言語の母音

が関係づけられる標準となる母音（Standardvokal）であることに注意しなければならない。母音四角形図は、これを基準として今日では一般にそれぞれの言語の母音体系を表示するために用いられている。基本母音に対しては、[i] [ɑ] [a] [u] は調音の位置によって定められたが、他は聴覚的印象によって決められたため、さらに「聴覚的印象上の等距離」という概念の不明確さや、個人的にも異なる「舌の高さ」による記述の不正確さのために、批判的な意見もある。しかし基本母音という区分は実用上非常に有効なので、基本母音間の相互関係を図式的に表す不等辺四角形図は外国語教育の場でよく用いられている。

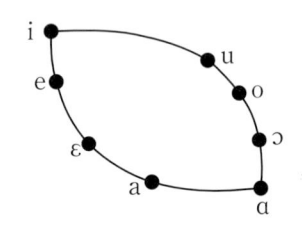

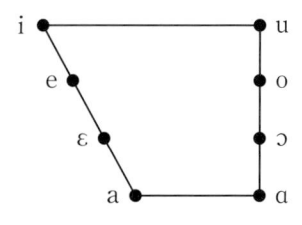

図14　第一次基本母音の舌の位置と実用的な基本母音図

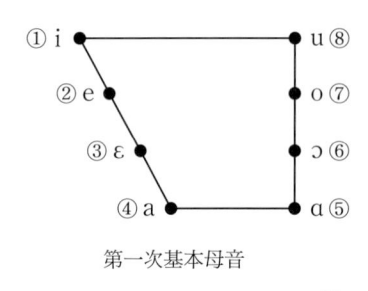

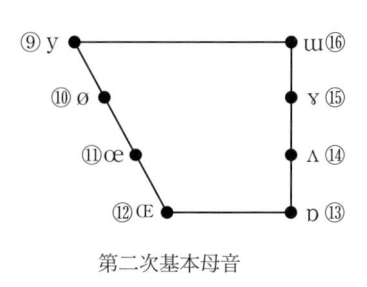

図15　基本母音

第一次および第二次基本母音のそれぞれの名称とドイツ語の例を以下に挙げる。

第一次基本母音
 基本母音1 [i] 非円唇前舌狭母音（→8.3.3.3.1.） Bibel [ˈbiːbl]
                    聖書
 基本母音2 [e] 非円唇前舌半狭母音（→8.3.3.3.3.） Weg [veːk] 道
 基本母音3 [ɛ] 非円唇前舌半広母音（→8.3.3.3.4.） Bett [bɛt] ベット

8.2. 母　　音

基本母音 4	[a]	非円唇前舌広母音(→8.3.3.6.1.)	Tat [taːt] 行為
基本母音 5	[ɑ]	非円唇後舌広母音	※
基本母音 6	[ɔ]	円唇後舌半広母音(→8.3.3.5.4.)	Post [pɔst] 郵便局
基本母音 7	[o]	円唇後舌半狭母音(→8.3.3.5.3.)	Brot [broːt] パン
基本母音 8	[u]	円唇後舌狭母音(→8.3.3.5.1.)	Mut [muːt] 勇気

第二次基本母音

基本母音 9	[y]	円唇前舌狭母音(→8.3.3.4.1.)	Wüste [ˈvyːstə] 荒地
基本母音10	[ø]	円唇前舌半狭母音(→8.3.3.4.3.)	Öl [øːl] 油
基本母音11	[œ]	円唇前舌半広母音(→8.3.3.4.4.)	können [ˈkœnən] 出来る
基本母音12	[Œ]	円唇前舌広母音	(実例なし)
基本母音13	[ɒ]	円唇後舌広母音	(実例なし)
基本母音14	[ʌ]	非円唇半広母音	(実例なし)
基本母音15	[ɤ]	非円唇半狭母音	(実例なし)
基本母音16	[ɯ]	非円唇後舌狭母音	(実例なし)

　　※　ドイツ語の非円唇広母音は前舌でも後舌でもないので，両者の区別をしないで，[a] で表記される(→8.3.3.6.1.)．

　基本母音は記述の基準としてあくまでも音声学の理論の上に立って人為的に設定されたものであって，ある特定の言語の具体的な母音を示すものではない．したがって，母音によってはドイツ語に実例がないものや実例が挙げにくいものもある．ここに挙げた例はそれぞれの基本母音に比較的近いものである．ドイツ語の個々の母音をこれらの基本母音を基準にして，日本語あ

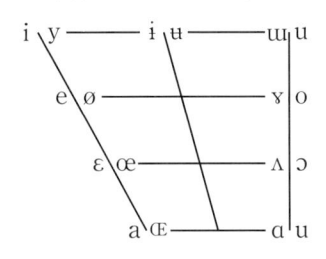

図16　国際音声学会の基本母音図
（左右に並んでいるものは，左が非円唇，右が円唇である）

— 27 —

るいは英語の母音とも比較して，正しく理解することが重要である．

上記の基本母音に加えて，ドイツ語ではさらに次のような母音が用いられる．

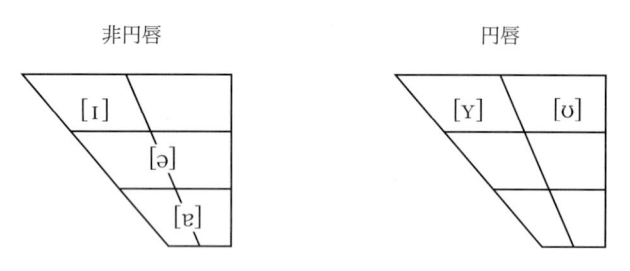

非円唇　　　　　　　　円唇

図17　基本母音以外の母音図

[ɪ]（→8.3.3.3.2.）は基本母音 [i] [e] [ɨ] の三つ領域が交わるところに位置する非円唇母音であり，基本母音2 [e] を中舌寄りにした母音(Kind [kɪnt] 子供)である．[ʏ]（→8.3.3.4.2.）は基本母音 [y] [ø] [ʉ] の三つの領域が交わるところに位置する円唇母音であり，非円唇の [i] に唇の円めを加えた母音といえる(fünf [fʏnf] 数詞 5）．[ə]（→8.3.3.6.2.）は図17の基本母音図のほぼ中央部に位置する非円唇の中舌母音(Name [ˈnaːmə] 名前）．[ɐ]（→8.3.7.）は半狭母音と半広母音の中間に位置する非円唇の中舌母音(Uhr [uːɐ̯] 時計)である．[ʊ]（→8.3.3.5.2.）は基本母音 [u] [o] [ʉ] の三つの領域が交わるところに位置する円唇母音であり，中舌母音と後舌母音の中間の性質を持つ(Hund [hʊnt] 犬）．

8.2.5.　二重母音

母音には，それが発音されているあいだ調音器官の調音位置が比較的安定して保たれて，一定の音質が持続するものと，調音位置が移動して，音質が変わるものとがある．前者を**単母音**(Monophthong)，後者を**二重母音**(Diphthong)という．二重母音は単に二つの母音が連続したものではなく，ある母音の調音位置から別の母音の調音位置へと切れ目なくなめらかに移行しながら発音される母音である．これは，舌あるいは舌と唇が一緒になって，一方の母音から他方の母音へのわたり運動が行われる**わたり音**(Gleitlaut)というべきものである．したがって二重母音は発声のあいだに音質が

変わり，はじめに聞く音色と終わりに聞く音色は異なって聞こえる．二重母音の二つの母音の間には切れ目がないので，二つの音節を形成しないで，単母音と同じく一つの音節を構成する．

ドイツ語では二つの母音が並んで現れることはまれではない．たとえば，beirren [bəˈɪrən] 惑わすのような母音で終わる接頭辞を伴う派生語の場合には，動詞部分の語頭の母音 [ɪ] が発音される前に，ドイツ語の発音上の習慣として，呼気の流れが声門で一時的に妨げられる（これを**声門閉鎖**という，→8.5.3.1.4.）ので，二つの母音の切れ目がはっきりと知覚される．このような場合には一つの音節とは認められないので，二重母音ではなく二つの母音の連続した**母音接続**（Hiatus）とみなされる．

二重母音では，普通二つの母音のうちの一方がより強く明瞭に，他方がより弱く発音される．より強く発音される方を音節主音，より弱く発音される方を非音節主音と呼ぶ．二重母音は音節主音と非音節主音の位置関係によって二つの種類が分類される（→8.3.4.，8.6.5.1.）．第一要素が音節主音で第二要素が非音節主音であり，始めの部分に音節の核音があるためにより強く際立っているものを**下降二重母音**（fallender Diphthong），これに対して第一要素が非音節主音で第二要素が音節主音であり，終わりの部分がより強く目立っているものを**上昇二重母音**（steigender Diphthong）という．IPA 記号では二重母音の非音節主音には補助記号 [̯] を付けて，たとえば [au̯] のように表す．本書では，二つの母音による母音接続との区別を明瞭に表すために，Duden 発音辞典にならって二重母音をスラー記号 ‿ によってつなぎ，[au̯] のように表記する．

8.2.6. 口母音と鼻母音

口蓋帆がもち上げられ咽頭壁との間に閉鎖ができて鼻腔への呼気流の通路が遮断され，呼気が口腔だけを通るようにして発音される母音を**口母音**(こう)（Mundvokal，Oralvokal）という．母音の発音と同時に口蓋帆が下がり咽頭壁との間の閉鎖がゆるむと，呼気の一部は鼻腔へも流れ出る．このような場合，母音は鼻腔での共鳴が加わって，口腔だけでの共鳴による母音とは異なる音質を持つことになる．本来の口腔音に鼻腔での共鳴が加わることを**鼻音化**（Nasalierung）という．鼻音化されて口腔と鼻腔との共鳴によって生じる

母音を**鼻母音**(Nasalvokal, Nasenvokal)あるいは**鼻音化母音**(nasalierter Vokal)と呼ぶ．鼻母音はIPA記号では記号の上に補助記号[˜]を付けて表される．たとえば[ã]は鼻母音である．

8.3. ドイツ語の母音

8.3.1. 母音体系

　ドイツ語の母音には，[i] [ɪ] [e] [ɛ] [y] [ʏ] [ø] [œ] [u] [ʊ] [o] [ɔ] [a] [ə] の14種の単母音と，[aɪ] [aʊ] [ɔʏ] の3種の二重母音がある．ドイツ語の単母音はすべて口母音であり，鼻母音はドイツ語本来の単語には現れず，フランス語からの外来語に見られる．単母音は調音上の基準(→8.2.3.)に基づいて分類される．舌の前後の位置により，前舌母音 [i] [ɪ] [e] [ɛ] [y] [ʏ] [ø] [œ]　後舌母音 [u] [ʊ] [o] [ɔ]　中舌母音 [a] [ə]．舌の上下の位置により，狭母音または高母音 [i] [y] [u]　半狭母音または中高母音 [ɪ] [ʏ] [ʊ] [e] [ø] [o]　半広母音または中低母音 [ɛ] [œ] [ɔ]　広母音または低母音 [a]．唇の形により，円唇母音 [y] [ʏ] [ø] [œ] [u] [ʊ] [o] [ɔ]　非円唇母音 [i] [ɪ] [e] [ɛ]．これらの単母音には，常に短母音としてあるいは長母音として発音されるものと，短母音としても長母音としても発音されるものがある．詳細については，8.3.2.および8.3.3.以降のそれぞれの母音の説明を参照されたい．表3はこのような分類に基づいてドイツ語の単母音を示したものである．
　ドイツ語の単母音を母音四角形に配置すると図18のようになる．

舌	前後		前舌		中舌	後舌
高低			非円唇	円唇	非円唇	円唇
高	狭	閉	i: i	y: y		u: u
中高	半狭	開	ɪ	ʏ		ʊ
		閉	e: e	ø: ø	ə	o: o
中低	半広	開	ɛ: ɛ	œ		ɔ
低	広		a a:			

表3　ドイツ語の単母音

発音・綴字

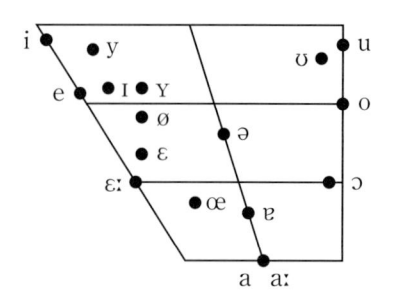

図18　ドイツ語単母音の四角形図
（国際音声記号ガイドブックによる）

8.3.2. ドイツ語母音の特徴

ドイツ語の母音体系には，以下のような特徴がある．
1　ドイツ語の母音はすべて口腔音，すなわち口母音である．
　鼻母音は本来のドイツ語にはなく，たとえばフランス語からの外来語などに現れる（→8.3.5.）．
2　前舌母音には非円唇と円唇とが対応している．
　ドイツ語の前舌母音には非円唇母音 [i:] [ɪ] [e:] [ɛ] と並んで，これにそれぞれ対応する円唇母音 [y:] [Y] [ø:] [œ] がある．円唇の前舌母音は日本語にも英語にもないので，発音に当たっては特に注意が必要である．
3　一般に単母音の長母音は短母音よりも舌の位置が高く，口の開きが狭い．
　したがって，長母音は閉母音，短母音は開母音となる（→8.3.3.1.）．それぞれの長閉母音と短開母音の表記には同じ文字が用いられる．

綴字	i	e	o	u	a	ü	ö
長閉母音	[i:]	[e:]	[o:]	[u:]	[a:]	[y:]	[ø:]
短開母音	[ɪ]	[ɛ]	[ɔ]	[ʊ]	[a]	[Y]	[œ]

　これらに長母音でありながら唯一の開母音である ä [ɛ:] が加わる．
4　長閉母音はアクセントが置かれないと，短母音で発音される．
　このことは英語にも見られるが，日本語には見られない特徴である．

8.3. ドイツ語の母音

言い換えれば，短母音の [i] [e] [y] [ø] [u] [o] はアクセントのある音節には現れないので，それぞれの長母音の非アクセント位置における変種とみなすことができる．

アクセント有	長母音	[iː]	[eː]	[yː]	[øː]	[uː]	[oː]
アクセント無	短母音	[i]	[e]	[y]	[ø]	[u]	[o]

5 長閉母音は開音節(母音で終わる音節，たとえば Sie [ziː] あなた(方))にも閉音節(子音で終わる音節，たとえば Sieg [ziːk] 勝利)にも現れるが，短開母音は常に閉音節(Sinn [zɪn] 感覚)にしか現れない．

6 ドイツ語の低舌母音 [a] は，前舌でも後舌でもなく中立的であり，[a] と [ɑ] との区別をしない(→8.3.3.6.1.)．

したがって，母音四角形図(→図18)ではその底辺 a―ɑ の中間に a が置かれて，その図は底辺を点 a にかえ，a―i―u を結ぶ三角形に形を変えることになる(→図19)．

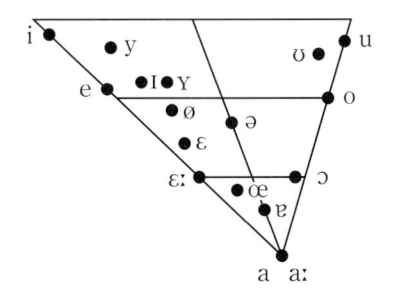

図19 ドイツ語の母音図

7 曖昧母音と呼ばれる中舌母音 [ə] の音色は，英語やフランス語とは異なり，[ɛ] に近い音である(→8.3.3.6.2.)．

8 英語，ことにアメリカ英語では，舌尖を歯茎または硬口蓋の方へもち上げながらそり返らせて調音をするそり舌母音(retroflexer Vokal)[ɚ] がある(たとえば bird [bɚːd] 鳥)．しかしドイツ語には，舌尖と歯茎後部あるいは硬口蓋前部との間で調音されるこのような母音はない．

9 語頭(厳密には形態素の頭位)の母音は，声門閉鎖音 [ʔ] で始まる．

英語では bread and butter [bred ənd bʌtər] バターをぬったパンは日常会話では通常「ブレドゥンバター」のように発音される．しかしドイツ語

では原則として母音で始まる語が前に位置する語の最後の子音と結びついて続けて発音されることはなく，一語一語がはっきりと発音されて，英語に比べると歯切れがよい．

　ドイツ語では語頭の母音のように子音を前に伴わずに母音を単独で発音するときは，まず声門を閉じて呼気流をたくわえて，ついで一気に閉鎖を破って発音される．これを**堅い声立て**(fester Stimmeinsatz)という．この声立ては常に声門閉鎖音[ʔ](→8.5.3.1.4.)を伴う．このような母音の声立てがドイツ語の発音の大きな特徴となっている．

10　本来のドイツ語の単母音を表す文字(母音字)は，a o u e i の五つの文字である．これらは長閉母音にも短開母音にも用いられるが，他の異なる単母音に用いられることはない．

　英語ではたとえば母音字 a は [ɑː] [ɒː] [eɪ] [æ] [ɛ] [ə] [ɪ] とさまざまな母音を表すために用いられるが，これに対してドイツ語での母音字 a は [aː] と [a] だけを表す．したがってドイツ語では「一つの母音に対しては一つの文字」が原則である．これは現在の日本語のローマ字による書記法と同じであるので，ドイツ語の発音指導でしばしば「ドイツ語はローマ字のように読めばよい」といわれることの根拠となっている．

11　ドイツ語の二重母音はすべて下降二重母音である(→8.3.4.)．

8.3.3.　単母音

8.3.3.1.　長母音と短母音

　単母音の多くは日常の発話において長く発音されたり，短く発音されたりする．長く発音される母音は長母音と呼ばれ，短く発音される母音は短母音と呼ばれる(→8.2.2.3.)．長母音は短母音を単に長く引き伸ばしたものではなく，長母音と短母音では声道や唇の形状が異なる．調音的には長母音はそれに対応する短母音(たとえば，[iː] に対する [ɪ])よりも舌の位置が高く前寄りで，口の開きは小さい．一般に長母音の方が対応する短母音よりも口の開きが狭いことから，長母音は閉母音，短母音は開母音であり，また調音する際の調音器官の緊張度の相違から，長母音を**はり母音**(gespannter Vokal)，短母音を**ゆるみ母音**(ungespannter Vokal)と呼ぶことがある．長母音と短母音の対立は，単に長さの違いに限らないのである．

8.3. ドイツ語の母音

　母音の長短は，アクセント　子音との結びつき　音節が開音節か閉音節かなどと密接な関連を持つ．一般にアクセントのある音節にある母音は長母音になる場合と短母音になる場合があり，これに対してアクセントのない音節の母音は短母音になる．長母音は開音節にも閉音節にも現れるが，短母音は主として閉音節に現れて，後続の子音と密接な結びつきを示す．

	口の開き	緊張度	アクセント	音節の種類
長母音	閉母音	はり母音	ある音節	開音節 閉音節
短母音	開母音	ゆるみ母音	ある音節 ない音節	閉音節

8.3.3.2. 母音の長短とアクセント

　母音の長さと音節のアクセントの有無との関連は，次のようにまとめられる．

1　アクセントのある音節
(1)　長母音となるもの
　(a)　同じ母音字が重ね書きされた，いわゆる重母音 aa [aː]　ee [eː]　oo [oː]：
　　Saal [zaːl] 広間　See [zeː] 海，湖　Moos [moːs] 苔
　　　i の重母音は ii ではなく，ie [iː] と綴る(たとえば Lied [liːt] 歌)．また uu は中高ドイツ語までは重母音ではなく w の音を表していた．今日では u の重母音はない．
　(b)　後ろに黙字(＝発音されない文字)となる h を伴う母音：
　　Zahn [tsaːn] 歯　Weh [veː] 悲しみ　ihr [iːɐ̯] 君たち　Sohn [zoːn] 息子　Kuh [kuː] 雌牛　Fähre [ˈfɛːrə] 渡し舟　Höhe [ˈhøːə] 高さ　früh [fryː] 早い
　(c)　開音節の母音(ˌは音節の境界を示す，以下同じ)：
　　Vaˌter [ˈfaːtɐ] 父　leˌgen [ˈleːɡən] 置く　Iˌgel [ˈiːɡəl] ハリネズミ　Poˌlen [ˈpoːlən] ポーランド　Uˌfer [ˈuːfɐ] 岸　Käˌse [ˈkɛːzə] チーズ　Gröˌße [ˈɡrøːsə] 大きさ　Tüˌte [ˈtyːtə] 紙袋　ja [jaː] はい　wo [voː] どこ
　(d)　一音節語で母音に続く子音が一つの閉音節の母音：

この場合，後ろに母音を初頭音とする屈折語尾などの音節が付加すると，子音は付加された音節に移り，上記(c)のように開音節となる．Tag [ta:k] 日（>Ta͵ges [ˈta:gəs] 2格形）　Weg [ve:k] 道（>We͵ge [ˈve:gə] 複数形）　groß [gro:s] 大きい（>gro͵ßer [ˈgro:sɐ] 変化形）　Buch [bu:x] 本（>Bu͵ches [ˈbu:xəs] 2格形）
　　　これに対して，開音節とならないものは短母音となる（→下記(2)(d)）．
　（e）　後ろに閉鎖音 [b p d t g k]+[l] あるいは [r] が来る母音：
　　　Adler [ˈaːdlɐ] 鷲　Zebra [ˈtseːbra] シマウマ　Koblenz [ˈkoːblɛnts]（地名）　Gudrun [ˈguːdruːn]（人名）
（2）短母音となるもの
　（a）　同じ子音字が重ね書きされた，いわゆる二重子音の前の母音：
　　　Wasser [ˈvasɐ] 水　retten [ˈrɛtn̩] 救う　wissen [ˈvɪsn̩] 知っている　Hoffnung [ˈhɔfnʊŋ] 希望　Mutter [ˈmʊtɐ] 母　fällen [ˈfɛlən] 切り倒す　Götter [ˈɡœtɐ] 神（複数形）　Stück [ʃtʏk] 部分
　（b）　上記(1)(e)以外の二つ以上の子音の前の母音：
　　　kalt [kalt] 冷たい　Kern [kɛrn] 核　Post [pɔst] 郵便　Hund [hʊnt] 犬　Gäste [ˈɡɛstə] 客（複数形）　östlich [ˈœstlɪç] 東の　rüsten [ˈrʏstn̩] 準備する
　　　この規則が発音指導でしばしば言われる「母音の後に子音が一つのときは長母音，二つ以上のときは短母音」の根拠となっている．
　（c）　子音字 x [ks] の前の母音：
　　　Taxi [ˈtaksi] タクシー　Hexe [ˈhɛksə] 魔女　mixen [ˈmɪksn̩] 混ぜる　Luxus [ˈlʊksʊs] 贅沢
　（d）　一音節語で母音に続く子音が一つの閉音節の母音：
　　　ab [ap] 離れて　an [an] ～の表面で　bis [bɪs] ～まで　in [ɪn] ～の中で　mit [mɪt] ～と一緒に　von [fɔn] ～から　es [ɛs] それ
　　　この場合上記(1)(d)のように，屈折語尾などが付加して開音節となる語形を作らない．したがって，名詞 Weg は長母音 [eː] であるのに対して，副詞 weg および接頭辞 weg- は短母音 [ɛ] であることに注意しなければならない．
（3）長母音および短母音になるもの

8.3. ドイツ語の母音

（a） ch [x] [ç] の前の母音：
　　長母音：nach [naːx] 〜の方へ　hoch [hoːx] 高い　Tuch [tuːx] 布地　nächst [nɛːçst] 最も近い　höchst [høːçst] 最も高い　Bücher [ˈbyːçɐ] 本（複数形）
　　短母音：Dach [dax] 屋根　noch [nɔx] まだ　Spruch [ʃprʊx] 格言　mächtig [ˈmɛçtɪç] 権力のある　Köcher [ˈkœçɐ] 矢筒　tüchtig [ˈtʏçtɪç] 有能な　ich [ɪç] 私　Pech [pɛç] ピッチ
　　最後の二つの例のように，i と e は ch の前では常に短母音である．

（b） st [st] の前の母音：
　　長母音：Trost [troːst] 慰め　husten [ˈhuːstn̩] 咳をする　Wust [vuːst] 混乱　rösten [ˈrøːstn̩] あぶる　düster [ˈdyːstɐ] 薄暗い
　　短母音：Osten [ˈɔstn̩] 東　Brust [brʊst] 胸　List [lɪst] 策略　rüstig [ˈrʏstɪç] 壮健な　Ast [ast] 大枝
　　a は st の前では常に短母音である．

（c） r＋歯茎音 [t d s z] の前の母音：
　　長母音：Art [aːɐ̯t] 種類　Arzt [aːɐ̯tst] 医者　Gebärde [ɡəˈbɛːɐ̯də] 身振り　werden [ˈveːɐ̯dn̩] なる　Wert [veːɐ̯t] 価値　erst [eːɐ̯st] 最初の　Erz [eːɐ̯ts] 鉱石　Geburt [ɡəˈbuːɐ̯t] 出産
　　短母音：Karte [ˈkartə] カード　Herz [hɛrts] 心臓　Wirt [vɪrt]（飲食店の）主人　Wort [vɔrt] 語　Furt [fʊrt] 浅瀬

2　アクセントのない音節

（1）長母音となるもの
　（a）接尾辞 -ei で終わる派生語での母音 [a] [o] [u] [e]：
　　Malerei [maːləˈraɪ] 絵画　Mogelei [moːɡəˈlaɪ] いかさま　Hudelei [huːdəˈlaɪ] ずさんな仕事　Eselei [eːzəˈlaɪ] 愚行
　（b）特定の派生接尾辞での母音 [a] [o] [u]：
　　langsam [ˈlaŋzaːm] ゆっくりと　Schicksal [ˈʃɪkzaːl] 運命　denkbar [ˈdɛŋkbaːr] 考えられる　Doktor [ˈdɔktoːɐ̯] 博士　Altertum [ˈaltɐtuːm] 古代

（2）短母音となるもの
　（a）母音 [a] [i] [o] [u] は通常は短母音として発音：
　　Monat [ˈmoːnat]（暦の）月　Diplom [diˈploːm] 資格証書　desto

[ˈdɛsto] それだけいっそう　Musik [muˈziːk] 音楽
　　　この場合，開母音にはならないで，閉母音のままである(→8.3.2.
　　の4.)．
　（b）　特定の接頭辞での母音字 e :
　　　この場合，開母音 [ɛ] となるか曖昧母音 [ə](→8.3.3.3.4.)となる．
　empfehlen [ɛmˈpfeːlən] 推薦する　entdecken [ɛntˈdɛkn̩] 発見する
　erhalten [ɛɐ̯ˈhaltn̩] 受け取る　verlieren [fɛɐ̯ˈliːrən] 失う　zerbre-
　chen [tsɛɐ̯ˈbrɛçn̩] 壊す；　beginnen [bəˈɡɪnən] 始まる　gelingen [ɡə-
　ˈlɪŋən] うまくゆく
　（c）　本来アクセントの置かれた音節がアクセントの移動によってアクセ
　　　ントを失ったときの長閉母音：
　　　この場合，閉母音の短母音となる．
　lebendig [leˈbɛndɪç] 生きている(本来は leben [ˈleːbən] 生存する)
（3）　曖昧母音 [ə] となるもの
　（a）　語末の e+l m n r での e :
　Mantel [ˈmantəl] 外套　großem [ˈɡroːsəm] 大きい(変化形)　Bal-
　ken [ˈbalkən] 角材　Vater [ˈfaːtər] 父親
　　　語末の上記子音と結合した曖昧母音 [ə] は，普通の日常会話では発
　　　音されないで，脱落するか母音化する傾向が強い(→8.3.3.6.2.1.)．
　（b）　屈折語尾での e :
　　　(kommen [ˈkɔmən] 来る＞) komme [ˈkɔmə]，käme [ˈkɛːmə]
　　　(mein Haus [maɪn haʊs] 私の家＞) meines Hauses [ˈmaɪnəs ˈhaʊzəs]

8.3.3.3.　非円唇(張唇)前舌母音 [i] [ɪ] [e] [ɛ]

8.3.3.3.1.　非円唇前舌狭母音 [i]

　舌背のもち上がっている部分(以下，舌の位置という)は高く前舌が硬口蓋
に最も接近し，舌は緊張している．両唇の間の開きは最も小さい．基本母音
の [i] よりも舌の位置はやや低く，日本語の「イ」よりもわずかに高めであ
る．日本語では発音の際にあまり唇を動かさない習慣があるので，日本語の
「イ」を発音するときよりも唇の両端を後ろに引くようにして緊張させて，
はっきりと発音しなければならない．関東地方や東北地方では，無声子音の

8.3. ドイツ語の母音

間の [i] は無声化して kita [ki̥ta] 北のように発音されることがあるので，無声化しないように気をつけなければならない．

アクセントのある音節では長母音 [i:] として現れる．短母音 [i] となるのは，たとえば vielleicht における viel- のように本来長母音 [fi:l] であったものが，合成されてその第一要素となり，アクセントが置かれずに発音される [fiˈlaɪçt] ときや，外来語での開音節でアクセントが置かれないときである．冠詞や代名詞での長母音 [i:] は，日常の発音では普通アクセントが置かれないので，しばしば短く発音される．たとえば die [di]＜[di:](定冠詞)　sie [zi]＜[zi:] 彼女 彼ら(は)．

図20　[i] の唇と声道の形
（母音が発音される際の唇と声道の形を示した図は，Wängler を参考にした）

長母音・短母音		長母音 [i:]		短母音 [i]	
音節のアクセント		有	無	有	無
綴　字	ドイツ語	i, ie, ih, ieh	i, ie		i, ie
	外来語	i, ie, ea, ee, y			ee, ey, y

(1)　長母音 [i:]
　i　　Bibel [ˈbi:bl̩] 聖書　Benzin [bɛnˈtsi:n] ガソリン　gibt [gi:pt](彼は)与える　wider [ˈvi:dɐ]～に反して
　　　（アクセントのない音節で）Edwin [ˈɛtvi:n](人名)　Hölderlin [ˈhœldɐli:n](人名)

-in で終わる人名は英語では短母音 [ɪ] で発音されるが，ドイツ語では通常長母音 [i:] で発音する．地名の Berlin も長母音である：[bɛrˈli:n]．

長母音 [i:] を単一の i で綴ることは少ない．i を長母音で発音するのは古い中部ドイツ語の語法をならったものであり，現在では Bibel wider の

ようにアクセントのある開音節に残されている．さらに i [i:] は，wir [vi:ɐ̯] われわれ(は)や mir [mi:ɐ̯] 私(に)のような r の前の i に見られる．その他の場合には長母音 [i:] は以下のように ie ih ieh と記されるのが普通である．

 ie Miete [ˈmi:tə] 賃貸，bieten [ˈbi:tn̩] 提供する　die [di:] (定冠詞) wie [vi:] どのように
   （アクセントのない音節で）Spielerei [ʃpi:ləˈraɪ] ふざけ　Ziererei [tsi:rəˈraɪ] 気取り
 ih Ihle [ˈi:lə] (産卵後の)鰊　ihrzen [ˈi:ɐ̯tsn̩] ihr で話す　ihn [i:n] 彼(を)
 ieh Vieh [fi:] 家畜　ziehen [ˈtsi:ən] 引く
 外来語では，i ie ea ee y で記される．
 i Kasino [kaˈzi:no] カジノ　Brasilien [braˈzi:li̯ən] ブラジル
 ie Philosophie [filozoˈfi:] 哲学　studieren [ʃtuˈdi:rən] (大学で)勉強する
 ea ee （英語系外来語）Team [ti:m] チーム　Jeep [dʒi:p] ジープ
 y （ラテン語系外来語）Ysop [ˈi:zɔp] ヤナギハッカ；(スイスの人名，地名で) Spyri [ˈʃpi:ri]

(2) 短母音 [i]
 i （アクセントのない音節で）Minute [miˈnu:tə] 分　ideal [ideˈa:l] 理想的な　Universität [univɛrziˈtɛ:t] 大学
 ie （アクセントのない音節で）vieleicht [fiˈlaɪçt] ひょっとしたら wieviel [viˈfi:l] どれだけ
 ee ey y （英語系外来語）（アクセントのない音節で）Toffee [ˈtɔfi] トッフィー　Hockey [ˈhɔki] ホッケー　Zylinder [tsiˈlɪndɐ] 気筒

8.3.3.3.2.　非円唇前舌半狭母音 [ɪ]

 基本母音にはない非円唇の半狭母音であり，基本母音 2 の [e] を中舌寄りにした母音．[ɪ] は [i] よりも舌の位置は低く，舌は弛んでいる．横に引かれた唇の張りもやや弱い．[i] に対して調音器官の緊張はすべて弛む．したがって舌の力を抜いて [i] と次の [e] との中間で短く発音するとよい．日本語には狭母音の [i] しかなくこの半狭母音 [ɪ] はないので，日本語の「イ」と異

なるこの母音の響きを特に習得しなければならない．
　アクセントのある音節でも，アクセントのない音節でも，常に短母音 [ɪ] として現れる．

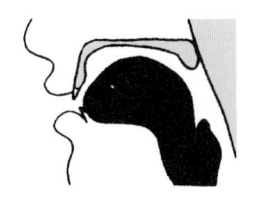

図21　[ɪ] の唇と声道の形

長母音・短母音	長母音（なし）		短母音 [ɪ]	
音節のアクセント	有	無	有	無
綴字　ドイツ語			i, ie	i
外来語				

（1）短母音 [ɪ]
　　i　　List [lɪst] 策略　bitten [ˈbɪtn̩] 頼む　mild [mɪlt] 穏やかな
　　　　（アクセントのない音節で）Köchin [ˈkœçɪn]（女性の）コック
　　　　fixieren [fɪˈksiːrən] 固定する　hinaus [hɪˈnaʊs] 外へ
　　ie　vierzehn [ˈfɪrtseːn] 数詞14　Viertel [ˈfɪrtl̩] 4分の1
　　基数の 4 vier [fiːɐ̯] の綴字 ie は長母音 [iː] であるが，接尾辞として -zehn　-zig　-tel が付加されると，発音が短縮されて短母音 [ɪ] となることに注意しなければならない．もっとも電話番号など特に強調する場合には [ˈfiːrtseːn] も許される．

8.3.3.3.3.　非円唇前舌半狭母音 [e]

　舌の位置は [ɪ] よりも低く，舌は緊張している．前舌はやはり前方へ出るが，[i] の場合ほど硬口蓋に接近しない．唇は左右への張りが強く半閉なので，次の [ɛ] に対して「閉じた e」と呼ばれることがある．[e] は日本語の「エ」とは違い，両唇の開きがもっと狭く，むしろ「イ」に近い音である．日本語の「エ」よりは舌と唇の緊張度が強いので，日本人にとっては難しい発音である．

発音・綴字

アクセントのある音節では長母音 [eː] として現れる．短母音 [e] となるのは，本来長母音であったものが，合成されてその第一要素となりアクセントが置かれないときや，外来語での開音節でアクセントが置かれないときである．短母音 [e] には決してアクセントが置かれないことで，この長閉母音 [eː] に対する短開母音の [ɛ] と区別しなければならない．

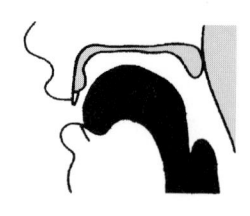

図22　[e] の唇と声道の形

長母音・短母音		長母音 [eː]		短母音 [e]	
音節のアクセント		有	無	有	無
綴字	ドイツ語	e, eh, ee	e, ee		e, ee
	外来語	a, ai, ea, ay, é, et	é		ay, é, ee

（1）長母音 [eː]

　　e　　Weg [veːk] 道　　beten [ˈbeːtn̩] 祈る　　ewig [ˈeːvɪç] 永遠な
　　　　（アクセントのない音節で）Weberei [veːbəˈraɪ] 機織　Eugen [ˈɔygeːn]（人名）

　　e は r＋歯茎音が後続すると，長母音で発音される（→8.3.3.2.）：Erde [ˈeːɐ̯də] 土　erst [eːɐ̯st] 最初の　Wert [veːɐ̯t] 価値．

　　regnen [ˈreːgnən] 雨が降るでは本来語幹 (reg-) が長母音なので，e は長く発音される．定冠詞 der dem den の e は長閉母音 [eː] であるが，短母音 [e] でも発音される．これに対して des の e は短開母音 [ɛ] である．同様に er [eːɐ̯] に対して es [ɛs] にも注意せよ．

　　eh　　Ehre [ˈeːrə] 名誉　　sehen [ˈzeːən] 見る　　Weh [veː] 悲しみ
　　ee　　Tee [teː] 茶　　Idee [iˈdeː] 理念　　leer [leːɐ̯] 空の
　　　　（アクセントのない音節で）Leererei [leːrəˈraɪ]
　　英語系外来語では a ai ea ay などさまざまに記される：Cape [keːp] ケ

8.3. ドイツ語の母音

ープ　Claim [kleːm] 請求権　Steak [steːk] ステーキ　Okay [oˈkeː] 承認

　　　　フランス語系外来語では é et：Café [kaˈfeː] 喫茶店　Negligé [negliˈʒeː] ネグリジェ　Cachet [kaˈʃeː] 印章

（2）短母音 [e]

　　e　（アクセントのない音節で）lebendig [leˈbɛndɪç] 生きている
　　　　jedoch [jeˈdɔx] しかしながら　elegant [eleˈgant] 洗練された
　　　　Theater [teˈaːtɐ] 劇場

　　ee　（アクセントのない音節で）Porree [ˈpɔre] セイヨウネギ
　　　　paneelieren [paneˈliːrən] 壁板を張る
　　　英語系外来語では ay，フランス語系外来語では é ee：Essay [ˈɛse] エッセイ　Séance [zeˈãːs(ə)] 会合　Kanapee [ˈkanape] カナッペ

8.3.3.3.4. 非円唇前舌半広母音 [ɛ]

舌の位置は中位であるがやや低めである．唇の左右への張りがやや強く半開で，[eː] よりも口の開きは大きいので，「開いた e」と呼ばれることがある．日本語の「エ」に近い音ではあるが，両唇はもう少し開き加減になる．多くの場合短母音 [ɛ] として現れる．長母音 [ɛː] はドイツ語の長母音の中で唯一の開母音（ゆるみ母音）である．

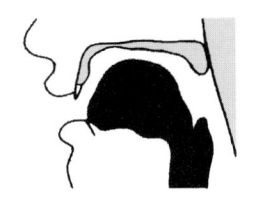

図23　[ɛ] の唇と声道の形

長母音・短母音	長母音 [ɛː]		短母音 [ɛ]	
音節のアクセント	有	無	有	無
綴　字　ドイツ語	ä, ae, äh	ä	ä, e	ä, e
外来語	ai, e, ê		a, ea, ai	

（1）長母音 [ɛː]

　　ä　Bär [bɛːɐ] 熊　gemäß [gəˈmɛːs] 〜に従って　nächst [nɛːçst] 最も

— 43 —

発音・綴字

近い

　　　（アクセントのない音節で）Scheusäler [ˈʃɔyzɛːlɐ] 怪物　Quälerei [kvɛːləˈraɪ] 虐待
　Stadt [ʃtat] 都市の複数形 Städte は長母音 [ˈʃtɛːtə] もしくは短母音 [ˈʃtɛtə] で発音される．
　　人名では ae と綴られることがある：Baer [bɛːɐ̯]
　äh　　Ähre [ˈɛːrə] 穂　Nähe [ˈnɛːə] 近く　zählen [ˈtsɛːlən] 数える
　ai　　（英語系外来語）fair [fɛːɐ̯] フェアな
　e ê　（フランス語系外来語）Dessert [dɛˈsɛːɐ̯] デザート　tête-à-tête [tɛtaˈtɛːt] 二人きりで
（2）短母音 [ɛ]
　e　　Ende [ˈɛndə] 終わり　lernen [ˈlɛrnən] 学ぶ　gelb [gɛlp] 黄色の
　　　（アクセントのない音節で）Ressort [rɛˈsoːɐ̯] 管轄　elend [ˈeːlɛnt] 哀れな　zentralisieren [tsɛntraliˈziːrən] 集中する
　　　（接頭辞 emp- ent- er- ver- zer- で）empfinden [ɛmˈpfɪndn̩] 感じる　entschuldigen [ɛntˈʃʊldɪgn̩] 赦す　erfahren [ɛɐ̯ˈfaːrən] 知る　vergessen [fɛɐ̯ˈgɛsn̩] 忘れる　zerbeißen [tsɛɐ̯ˈbaɪsn̩] 噛み砕く
　これに対して，接頭辞 be- ge- の e は中舌母音 [ə]（→8.3.3.6.2.）である．
　　前項の半狭長母音 [eː] はアクセントが置かれないと，[ɛ] になることがある：her [heːɐ̯] こちらへに対して heraus [hɛˈraʊs]（こちらへ向かって）外へ
　ä　　Fässchen [ˈfɛsçən] 小さな樽　fällen [ˈfɛlən] 切り倒す　älter [ˈɛltɐ] より古い
　　　（アクセントのない音節で）präsent [prɛˈzɛnt] 居合わせている
　a　　（英語系外来語）Camping [ˈkɛmpɪŋ] キャンピング
　ea　　（英語系外来語）Readymade [ˈrɛdimeːt] 既製品
　ai　　（フランス語系外来語）Baiser [bɛˈzeː] ベーゼ

8.3.3.4.　円唇前舌母音 [y] [ʏ] [ø] [œ]

　前舌母音は一般に非円唇（張唇）のことが多いが，ドイツ語の前舌母音には非円唇母音 [i] [ɪ] [e] [ɛ] と並んで，これらに対応する円唇母音 [y] [ʏ] [ø] [œ]

8.3. ドイツ語の母音

がある．舌の位置は対応する非円唇母音とほぼ同じように硬口蓋の方へ高められるが，唇を円めている点が大きな相違である．これらの円唇母音は対応する非円唇母音よりもやや後ろ寄りで発音される．円唇前舌母音は日本語にはない母音なので，発音に当たっては特に意識して留意することが大切であろう．

これらの円唇前舌母音は ü または ö によって表されるので，一般に**変母音**あるいはウムラウトと呼ばれることが多い．しかし変母音は厳密には**変母音化**(Umlaut)された母音である．**ウムラウト**すなわち変母音化は後続音節の母音への逆行同化現象を表す用語なので，母音自体の名称としてはふさわしくない(→1.1.4. Umlaut)．

8.3.3.4.1. 円唇前舌狭母音 [y]

非円唇の [i] とほぼ同じく，舌の位置は高く(狭母音)，舌は緊張している．唇を円くすぼめて前へ突き出す．標準的な日本語ではこの母音は用いられない．舌は [i] の位置を保って，唇を十分に円めて [u] の形で，高い音で口笛を吹くときの要領で発音するとよい．

長母音 [y:] はアクセントのある音節にもアクセントのない音節にも現れる．短母音 [y] はアクセントのない開音節で主として外来語に見られる．古典ギリシャ語に起源を持つ語では長母音と短母音とも y で綴られる．

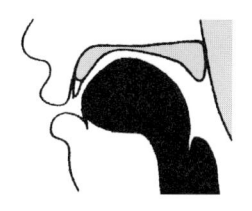

図24　[y] の唇と声道の形

長母音・短母音	長母音 [y:]		短母音 [y]	
音節のアクセント	有	無	有	無
綴字　ドイツ語	ü, üh, y, ue, ui	ü, üh		ü, y
外来語	u, ue			u

—45—

発音・綴字

(1) 長母音 [y:]
 ü Wüste [ˈvyːstə] 荒地 hüten [ˈhyːtn̩] (の)番をする über [ˈyːbɐ] 〜の上の方に
  （アクセントのない音節で）Bücherei [byːçəˈraɪ] 蔵書 demütig [ˈdeːmyːtɪç] 謙虚な altertümlich [ˈaltɐtyːmlɪç] 古い時代の
 üh Schühchen [ˈʃyːçən] 小さな靴 führen [ˈfyːrən] 導く früh [fryː] (時期の)早い
 y Typ [tyːp] 型 Analyse [anaˈlyːzə] 分析 Mythos [ˈmyːtɔs] 神話
  地名では綴字 ue ui も用いられる：Duesterberg [ˈdyːstɐbɛrk] Duisburg [ˈdyːsbʊrk]
  フランス語系外来語での綴字は u（しばしばドイツ語風に ü とも綴られる）ue：Parvenu, -nü [parveˈnyː] 成り上がり者 Debüt [deˈbyː] 初登場 Avenue [avəˈnyː] 並木道 Bellevue [bɛlˈvyː] 展望台

(2) 短母音 [y]
 ü （アクセントのない音節で）Büro [byˈroː] 事務所 debütieren [debyˈtiːrən] デビューする amüsant [amyˈzant] 楽しい
 y （アクセントのない音節で）Dynamik [dyˈnaːmɪk] 力学 Psychologe [psyçoˈloːgə] 心理学者
 u （フランス語系外来語）Refugié [refyˈʒi̯e] 亡命者 Kommuniqué [kɔmyniˈkeː] コミュニケ
  古典ギリシャ語に起源を持つ語での y [y] は，ドイツ語化に際して [i] に移行する傾向がみられる：Zylinder [tsyˈlɪndɐ] → [tsiˈlɪndɐ] 気筒．

8.3.3.4.2. 円唇前舌半狭母音 [ʏ]

 基本母音にはない母音である．前項の [y] よりも舌の位置は狭母音と半狭母音の中間でやや低く中舌寄りで，舌は弛んでいる．唇のすぼめは [y] より弱い．[y] の緊張をやや弱くした音である．弛んだ [y] と理解するとよい．
 アクセントのある音節でもアクセントのない音節でも常に短母音 [ʏ] である．[y] と同じく古典ギリシャ語に起源を持つ語では y で綴られる．字母 Y のドイツ語の名称「イュプスィロン [ˈʏpsilɔn]」の最初の音である．

(1) 短母音 [ʏ]
 ü Glück [glʏk] 幸運 füllen [ˈfʏlən] 満たす gebürtig [gəˈbʏrtɪç] 〜

8.3. ドイツ語の母音

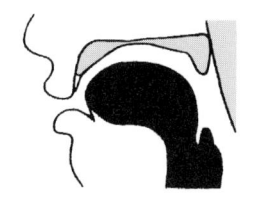

図25 [ʏ] の唇と声道の形

長母音・短母音	長母音（なし）		短母音 [ʏ]	
音節のアクセント	有	無	有	無
綴字 ドイツ語			ü, y, ue	ü, y
外来語			u	u

　　　　生まれの　Küste [ˈkʏstə] 海岸
　　　　（アクセントのない音節で）Künstelei [kʏnstəˈlaɪ] 不自然な態度
y　　　Hymne [ˈhʏmnə] 頌歌　lynchen [ˈlʏnçn̩] リンチを加える
　　　　（アクセントのない音節で）Gymnastik [gʏmˈnastɪk] 体操　System [zʏsˈteːm] システム　abyssal [abyˈsaːl] 深海の
　　人名では ue と綴られることもある：Mueller [ˈmʏlɐ]
u　　（フランス語系外来語）Nocturne [nɔkˈtʏrn] 夜想曲　（アクセントのない音節で）Budget [byˈdʒeː] 予算案

8.3.3.4.3. 円唇前舌半狭母音 [ø]

[e] とほぼ同じ舌の位置を保つが，[y] よりも前舌面は低く中程度の高さ（半狭母音）で，舌は緊張している．唇の円めは強く，前へ突き出る．この母音も標準的な日本語では用いられない．

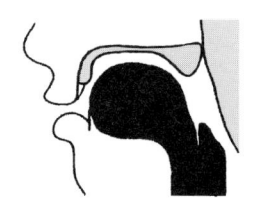

図26 [ø] の唇と声道の形

発音・綴字

長母音・短母音	長母音 [ø:]		短母音 [ø]	
音節のアクセント	有	無	有	無
綴字 ドイツ語	ö, öh, oe	ö		ö
外来語	eu, œu, öe			eu

　アクセントのある音節では常に長母音 [ø:] である．短母音 [ø] は [y] と同じくアクセントのない開音節で主として外来語に見られる．

（1）　長母音 [ø:]

　　ö　　Öl [ø:l] 油　　hören [ˈhø:rən] 聞く　　böse [ˈbø:zə] 悪い
　　　　（アクセントのない音節で）Blödelei [blø:dəˈlaɪ] ばかげた行為
　　öh　Öhr [ø:ɐ̯] 針穴　　löhnen [ˈlø:nən] 報酬を払う　　höhnisch [ˈhø:nɪʃ] 嘲笑的な

　　　人名では oe と綴られることもある：Goethe [ˈgø:tə]　　Schroeder [ˈʃrø:dɐ]

　　eu œu（フランス語系外来語）　Friseur [friˈzø:ɐ̯] 理髪師　　Milieu [miˈli̯ø:] 環境　　Cœur [kø:ɐ̯]（トランプの）ハート
　　öe　　（古典ギリシャ語系外来語）Diarrhöe [diaˈrø:] 下痢

（2）　短母音 [ø]

　　ö　　（アクセントのない音節で）Ökologie [økoloˈgi:] 生態学　　möblieren [møˈbli:rən] 家具を備える　　ökonomisch [økoˈno:mɪʃ] 経済上の
　　eu　　（フランス語系外来語）（アクセントのない音節で）Dejeuner [deʒøˈne:] 朝食

8.3.3.4.4.　円唇前舌半広母音 [œ]

　[ø] よりも緊張を弱めて，前舌面は低く中程度の低さ（半広母音）で，唇のすぼめはやや弱く，[ø] ほど前へ突き出ない．この母音も日本語では用いられない．

　アクセントのある音節でもアクセントのない音節でも常に短母音 [œ] である．アクセントのある音節では長母音は [ø:]，短母音は [œ] と相補的な分布をなしている．

（1）　短母音 [œ]

　　ö　　Börse [ˈbœrzə] 取引所　　können [ˈkœnən] 出来る　　östlich [ˈœstlɪç]

8.3. ドイツ語の母音

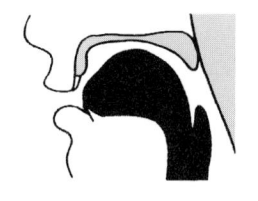

図27　[œ] の唇と声道の形

長母音・短母音	長母音（なし）		短母音 [œ]	
音節のアクセント	有	無	有	無
綴字 ドイツ語			ö, oe	ö
外来語			u	

　　　東の
　　　（アクセントのない音節で）　Klöppelei [klœpəˈlaɪ] ボビンレース編み
　　　人名では oe と綴られることもある：Foerster [ˈfœrstɐ]
u　　（英語系外来語）　Pumps [pœmps] パンプス　Cutaway [ˈkœtəve] カッタウェイコート

　英語で本来 [ʌ] で発音される音はドイツ語では [œ] または [a] で発音される：Lunch [lœnʃ, -tʃ] あるいは [lanʃ, -tʃ] ランチ．ドイツ語では [ʌ] が決して現れないことに，英語既習者は特に注意しなければならない．

8.3.3.5.　円唇後舌母音 [u] [ʊ] [o] [ɔ]

8.3.3.5.1.　円唇後舌狭母音 [u]

　舌の位置は高く後舌部が軟口蓋に最も接近し（狭母音），舌は緊張している．唇の円めは最も強く極端に前へ突き出て，ごく小さな円形に開く．口の開きは小さい．日本語の「ウ」は東京地方の発音では [u] よりも舌の位置が前寄りで唇の円めもない後舌母音 [ɯ] である（空気 [kɯːki]）．標準的な日本語の「ウ」とドイツ語の [u] とは異なる母音である．日本語の母音では一般的に唇の円めを伴わないことが多いので，ドイツ語の [u] を発音する際には舌の後方をできるだけ高くもち上げて，唇を十分すぼめて前へ突き出すよう

発音・綴字

に注意しなければならない．

アクセントのある音節では長母音 [uː] である．短母音 [u] になるのは，本来長母音であったものを短縮したときや，外来語での開音節でアクセントの置かれないときである．この長閉母音に対する短開母音は [ʊ] である．

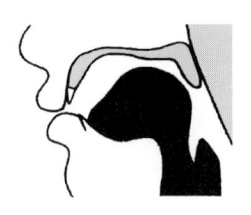

図28　[u] の唇と声道の形

長母音・短母音		長母音 [uː]		短母音 [u]	
音節のアクセント		有	無	有	無
綴字	ドイツ語	u, uh, ue	u		u
	外来語	oo, ew, ou			ou

（1）長母音 [uː]

　　u　　Mut [muːt] 勇気　suchen [ˈzuːxn̩] 捜す　du [duː] 君（は）
　　　　　（アクセントのない音節で）Hudelei [huːdəˈlaɪ] ぞんざいな仕事
　　　　　Demut [ˈdeːmuːt] 謙遜
　　　　　（接尾辞 -tum で）Altertum [ˈaltɐtuːm] 古代
　　前置詞 zu の u は長母音 [tsuː] であるが，zu が定冠詞と融合形を作ると，zum は常に短母音 [ʊ] で [tsʊm] となり，zur は長母音 [tsuːɐ] とも短母音 [tsʊr] とも発音される．
　　uh　　Uhr [uːɐ] 時計　Ruhe [ˈruːə] 静けさ
　　　　　人名では ue と綴られることもある：　Buer [buːɐ]
　　oo ew（英語系外来語）Boom [buːm] ブーム　Crew [kruː] 乗組員
　　ou　　（フランス語系外来語）Route [ˈruːtə] ルート

（2）短母音 [u]

　　u　　（アクセントのない音節で）zurück [tsuˈrʏk] 後方へ　Musik [muˈziːk] 音楽　Utopia [uˈtoːpi̯a] 理想郷
　　ou　　（フランス語系外来語）Boutique [buˈtiːk] ブティック

8.3. ドイツ語の母音

8.3.3.5.2. 円唇後舌半狭母音 [ʊ]

基本母音にはない母音である．円唇後舌母音としてドイツ語では，英語と同じく半狭母音 [ʊ] が加わる．これは [u] と比べると舌の位置はやや低く，舌の後ろ寄りの程度もやや弱い．舌は緊張しない．唇もやや開いて，突き出しの度合いは [u] に比べると少ない．口の開きは最も小さい．舌の位置，唇の形とも [o] に近づく．日本語の「ウ」よりも暗く，のどの奥で発音される．常に短母音 [ʊ] である．

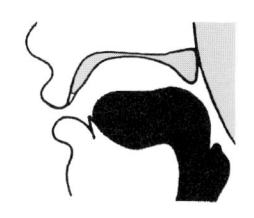

図29　[ʊ] の唇と声道の形

長母音・短母音	長母音（なし）		短母音 [ʊ]	
音節のアクセント	有	無	有	無
綴　字　ドイツ語			u	u
外来語			oo	ou

（1）短母音 [ʊ]

u　　Hund [hʊnt] 犬　bewusst [bəˈvʊst] 自覚している　Fluss [flʊs] 川（アクセントのない音節で）Datum [ˈdaːtʊm] 日付　luxieren [lʊˈksiːrən] 脱臼する　minus [ˈmiːnʊs] マイナス

oo　　（英語系外来語）Look [lʊk] ルック

ou　　（フランス語系外来語）（アクセントのない音節で）Journalist [ʒʊrnaˈlɪst] ジャーナリスト

8.3.3.5.3. 円唇後舌半狭母音 [o]

後舌部が咽頭壁の方へもち上げられるが，後舌部の高さは中位で，小さく円めて突き出された唇は少し開かれる．基本母音の [o] とほぼ等しい．日本語の「オ」よりも唇をもっと小さく円めて突き出して発音される．

長母音 [oː] はアクセントのある音節でもアクセントのない音節でも現れ

る．短母音になるのは，本来長母音であったものが，合成されてその第一要素となりアクセントが置かれないときや，外来語での開音節でアクセントが置かれないときである．

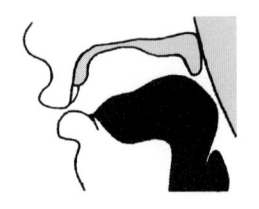

図30　[o] の唇と声道の形

長母音・短母音		長母音 [oː]		短母音 [o]	
音節のアクセント		有	無	有	無
綴　字	ドイツ語	o, oh, oo, oe, oi	o	o	o
	外 来 語	aw, oa, ow, au, eau			au, eau

（1）　長母音 [oː]

o　　Brot [broːt] パン　　holen [ˈhoːlən] 持ってくる　　groß [groːs] 大きい
　　　Büro [byˈroː] 事務所
　　　（アクセントのない音節で）Korridor [ˈkɔridoːɐ̯] 廊下　　alogisch [ˈaloːgɪʃ] 非論理的な
　　　（接尾辞 -or で）Doktor [ˈdɔktoːɐ̯] 博士
　　　二つ以上の子音が後続しても長母音となることがある：Kloster [ˈkloːstɐ] 修道院　　Trost [troːst] 慰め　　Obst [oːpst] 果物　　Mond [moːnt] 月

oh　　Sohn [zoːn] 息子　　ohne [ˈoːnə] 〜のない　　roh [roː] 生の

oo　　Boot [boːt] ボート　　Zoo [tsoː] 動物園
　　　北ドイツの人名では oe と綴られることもある：Soest [zoːst]
　　　特にライン地方の地名では綴字 oi も用いられる：Roisdorf [ˈroːsdɔrf]

aw oa ow（英語系外来語）Squaw [skvoː] 北米インディアンの女　　Toast [toːst] トースト　　bowlen [ˈboːlən] ボーリングをする

8.3. ドイツ語の母音

au eau （フランス語系外来語）Sauce [ˈzoːsə] ソース　Niveau [niˈvoː] 水準
（2）短母音 [o]
o　　（アクセントのない音節で）Prospekt [proˈspɛkt] パンフレット　sofort [zoˈfɔrt] すぐに　modal [moˈdaːl] 方法の
au eau （フランス語系外来語）Chaudeau [ʃoˈdoː] ショード　Beaujolais [boʒoˈlɛː] ボジョレーワイン

8.3.3.5.4. 円唇後舌半広母音 [ɔ]

[o] よりも舌の高さは低く，後舌面が最も咽頭壁に接近する．唇は緊張が弛み開いている．口の開きは最も大きい．日本語の「オ」に近い．英語の短母音の [o] は普通簡略な表記では [ɔ] を使用するが，ドイツ語の [ɔ] よりも舌の位置がずっと低いので，精密な表記では [ɒ] で表される (hot [hɒt])．またアメリカ英語では唇の円めがなく発音されるので [ɑ] で表される (hot [hɑt])．英語既習者は，舌の位置と唇の円めに注意しなければならない．常に短母音 [ɔ] である．

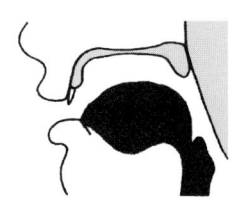

図31　[ɔ] の唇と声道の形

長母音・短母音	長母音（なし）		短母音 [ɔ]	
音節のアクセント	有	無	有	無
綴字　ドイツ語			o	o
外来語				au

（1）短母音 [ɔ]
o　　Post [pɔst] 郵便局　kommen [ˈkɔmən] 来る　offen [ˈɔfn̩] 開いている　ob [ɔp] 〜かどうか　von [fɔn] 〜から
　　　（アクセントのない音節で）Pathos [ˈpaːtɔs] 熱情　Toxin [tɔˈksiːn]

毒素

　Bischof 司教の o は短開母音 [ˈbɪʃɔf] または長閉母音 [ˈbɪʃoːf] のいずれでも発音される。複数形 Bischöfe も同様に短母音 [ˈbɪʃœfə] または長母音 [ˈbɪʃøːfə] で発音される。しかし同じ語において o が短開母音 [ɔ] となる場合と長閉母音 [oː] となる場合とで，語の意味が区別されることがある。たとえば，Hochzeit では o が短開母音 [ˈhɔxtsaɪt] で発音されると「結婚式」を意味し，長閉母音 [ˈhoːxtsaɪt] で発音されると「最盛期」を意味する（→2.2.3.2.）。

au 　（フランス語系外来語）（アクセントのない音節で）chauffieren [ʃɔˈfiːrən] 自動車を運転する。

8.3.3.6. 中舌母音 [a] [ə]

8.3.3.6.1. 非円唇中舌広母音 [a]

　他のどの母音よりも口の開きが大きい。口を大きく開けると，顎が下がり舌はその最も自然な位置を取る。その時の舌はもち上がった部分はなく平たく低い（低舌母音）。唇は最も大きく開いているが，円唇化は見られない。口蓋帆がもち上がっているが，咽頭壁に完全に接しているわけではないので，僅かな鼻音を伴う。[a] は舌の前後の位置により二種類に調音される。[i] や [e] のときのように舌を幾分前へ出すような気持ちで，口を大きく開いて発音する「**明るい感じの [a]**」と，[u] や [o] のときのように舌を幾分後方へ引っ込めるような気持ちで，口を大きく開いて発音する奥深いような「**暗い感じの [ɑ]**」とである。ドイツ語の [a] は，英語の cat [kæt] 猫の [æ] やフランス語の la [la] 定冠詞の [a] のような明るい前舌母音でもなく，フランス語の pas [pɑ] 歩の [ɑ] のような暗い後舌母音でもない。ドイツ語では [a] と [ɑ] の差はきわめて小さく，この二つを区別しないことが Bremer (1918) によって提唱されて以来，基本母音の [a] にやや近いので，一般には [a] で統一されて表記される。広母音に前舌と後舌とを区別する言語はまれであり，[a] と [ɑ] とが意味を区別する別々の音として用いられない言語も多い。日本語の「ア」は [a] と [ɑ] の間であるが，あまり下顎を開かず舌は幾分後寄りである。ドイツ語の [a] はこれとほぼ同じであり，舌と唇を自然のままにして，口を大きく開いて発音すればよい。標準発音では [a] の長母音と短母音との

8.3. ドイツ語の母音

間には，他の母音での長母音と短母音との間に見られるような音質的な差がほとんど認められないので，閉音と開音の区別をしない．実用的な表記として音量による区別([a] と [aː])のみが行われる．フランス語などの [a] および [ɑ] と区別するために，特別な記号 [A] が使用されることもある．アクセントのない音節では長母音 [aː] で発音されることがあるので(→8.3.3.2.の2(1))，注意しなければならない．[a] の発音には地方差がかなりあり，北ドイツの方言ではフランス語の前舌の明るい [a]，南ドイツの方言ではフランス語の後舌の暗い [ɑ] となる傾向がある．

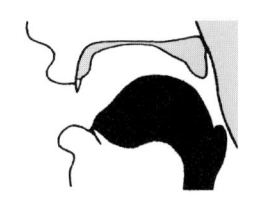

図32 [a] の唇と声道の形

長母音・短母音	長母音 [aː]		短母音 [a]	
音節のアクセント	有	無	有	無
綴字 ドイツ語	a, ah, aa	a, ah	a	a
外来語	a		a, à, u	a, ah

(1) 長母音 [aː]

a　　Tat [taːt] 行為　haben [ˈhaːbn̩] 持っている　da [daː] そこで
　　　（アクセントのない音節で）Heimat [ˈhaɪmaːt] 故郷
　　　（接尾辞 -bar　-sal　-sam で）lesbar [ˈleːsbaːɐ̯] 読むことができる
　　　Schicksal [ˈʃɪkzaːl] 運命　langsam [ˈlaŋzaːm] ゆっくりした

　a に二つ以上の子音が後続しても短母音とならずに，長母音であるものがある：

　　　a に r+s　t　z が後続：Art [aːɐ̯t] やり方　Arzt [aːɐ̯tst] 医者
　　　a に b　d　f　g　k　ph　p　th　t+l　r が後続：Adler [ˈaːdlɐ] 鷲　Natron [ˈnaːtrɔn] ソーダ石
　　　a に -gd が後続：Jagd [jaːkt] 狩り　Magd [maːkt] 女中

ah　　ahnen [ˈaːnən] 予感する　Fahrt [faːɐ̯t] 走行　nahe [ˈnaːə] 近い

　　　　　（アクセントのない音節で）Fahrerei [faːrəˈraɪ] 退屈な旅行
　aa　　Aal [aːl] 鰻　Staat [ʃtaːt] 国
（２）短母音 [a]
　a　　Garten [ˈgartn̩] 庭　fallen [ˈfalən] 落ちる　alt [alt] 古い　das [das] 定冠詞　hat [hat] (彼は)持っている　Tram [tram] 路面電車（アクセントのない音節で）Monat [ˈmoːnat] (暦の)月　chaotisch [kaˈoːtɪʃ] 混乱した

　外来語での綴字はa　ah　à　uである．アクセントのある開音節でのaは長母音の [aː], アクセントのない音節でのaは短母音の [a]：Drama [ˈdraːma] ドラマ　Kalender [kaˈlɛndɐ] 暦
　à（フランス語系外来語）à [a] それぞれいくつ；u（英語系外来語）Truck [trak] トラック；ah（アラビア語系外来語）Allah [ˈala] アラー

8.3.3.6.2. 中舌半狭母音 [ə]

　舌の位置は [e] とは異なって，前舌面がもち上がらずに，中舌面が口蓋の中央部(軟口蓋と硬口蓋の境目)に向かって適度に上がり，息を吸うときの自然な力を抜いた静止状態にある．唇は円唇とか非円唇とかいう特別な特色を示さずに弛んでいる．口を中位に開いて弱く発音される．曖昧母音(Murmelvokal)またはヘブライ語での名称からシュワー(Schwa-laut)と呼ばれ，IPA 記号では [ə] が用いられる．この母音は言語によってその調音位置が多少異なり，ドイツ語では中舌半狭母音である．
　ドイツ語　英語　フランス語では同一の音声記号 [ə] が用いられるが，その音質はそれぞれに異なる．言語によって舌の位置が多少異なり，唇の形も異なるためである．ドイツ語では舌の高さは [e] と [ɛ] の中間で非円唇である．英語では三つの異音が認められるが，いずれも舌の高さはドイツ語より高く軟口蓋に近く非円唇であり，フランス語では舌の高さはドイツ語より低く [ø] と [œ] の中間で円唇で発音される．この結果ドイツ語では [ɛ] に似て，英語では [ʌ] に似て，フランス語では [œ] に似て聞こえる．なおアメリカ英語では r 音の音色を帯びるので，[ɚ] で表記される．
　ドイツ語では常にアクセントのない位置に現れ，弱く短く発音される．普通は多音節語でアクセントのある音節に続くアクセントのない音節に現れる．さらに be- ge- などのアクセントを持たないいわゆる非分離接頭辞や

-en -es などの屈折接尾辞にも現れる．しかし定冠詞 der des dem den や代名詞 er es がアクセントを持たないで弱く発音される場合には，e はこの [ə] にはならずに [e] または [ɛ] と正しく発音される（→8.3.3.3.3.）ので注意しなければならない．この [ə] はアクセントを置かれることなく弱く発音されるために，前後の音の影響を受けやすい．円唇母音の後では [ø] に，s の前では舌の位置が高くなり [i] に近づく傾向がある．[ə] は，たとえば Name のように，語末に位置しても決して黙字とはならずに [ˈnaːmə] と正しく発音される．しかし -el -em -en -er の綴りにおける e [ə] は，日常的な会話では発音されずに脱落する傾向が強い（→8.3.3.6.2.1.）．

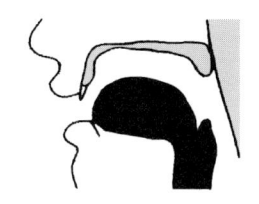

図33　[ə] の唇と声道の形

[ə] は，e で記される．

e　　（アクセントのない音節で）Name [ˈnaːmə] 名前　besuchen [bəˈzuːxən] 訪問する　lieben [ˈliːbən] 愛する　unsere [ˈʊnzərə] われわれの(変化形)．

8.3.3.6.2.1.　[ə] の脱落

1　**-el -em -en**

　　-el -em -en のように [l] [m] [n] と結合した [ə] は，ゆっくりとはっきり発音されるときには [əl] [əm] [ən] と発音されるが，普通の日常会話においては発音されずに脱落する傾向がある．たとえば，Mantel [ˈmantəl] 外套 → [ˈmantl̩]　deutschem [ˈdɔʏtʃəm] ドイツ の(変化形) → [ˈdɔʏtʃm̩]　reden [ˈreːdən] 語る → [ˈreːdn̩]．このような脱落が可能な e [ə] は，発音表記ではイタリック体 [ə] やカッコ付 [(ə)] で表されることがある．[ə] が脱落すると [l] [m] [n] が音節を形成するので，それぞれを「成節的な l　m　n」と呼び，精密な発音表記では補助記号 [ˌ] を用いて [l̩ m̩ n̩] と表記することがある（→8.6.5.1.）．

特に語末に現れる -el -em -en の e [ə] は，摩擦音 [f v s z ʃ ʒ ç x] および破擦音 [pf ts tʃ dʒ] の後では発音されずに脱落することが多い．たとえば，Löffel [ˈlœfl̩] スプーン　Gipfel [ˈgɪpfl̩] 山頂　nassem [ˈnasm̩] ぬれた（変化形）　bremsen [ˈbrɛmzn̩] 止める　Katzen [ˈkatsn̩] 猫（複数形）．

-el と -en ではさらに閉鎖音 [p b t d k g] や鼻音 [m n ŋ] の後でも e [ə] はしばしば脱落する．たとえば，halben [ˈhalbn̩] 半分の（変化形）　hatten [ˈhatn̩] 持つ（過去形）　Himmel [ˈhɪml̩] 空　wirrem [ˈvɪrm̩] 乱雑な（変化形）．

しかし -el -em -en が語末に現れてもその前に母音や側面音 [l] やふるえ音 [r] があると，e [ə] は脱落せずに綴字通りに発音される．たとえば nahem [ˈnaːəm] 近い（変化形）　hellen [ˈhɛlən] 明るい（変化形）．

-en の e [ə] が脱落する時にその前に子音 [p b] または [k g] があると，調音が楽になるように，n [n] はこれらの子音と同じ位置で調音されて，[m] または [ŋ] に同化されることがある．たとえば，lieben [ˈliːbən] → [ˈliːbn̩] → [ˈliːbm̩] 愛する　sagen [ˈzaːgən] → [ˈzaːgn̩] → [ˈzaːgŋ̩] 言う．

2　-er

語末の -er [ər] での [ə] は，普通の日常会話では語末や子音の前で発音されずに脱落する傾向が極めて強い．この時には通常よりも口の開きが広く舌は低くなり，中舌母音 [a] に近い音質の母音として発音され（→8.3.7.），一般に**語末 -er の母音化**と呼ばれる．これは精密な表記では [ɐ] で表される：Vater [ˈfaːtər]（→ [ˈfaːtr̩]）→ [ˈfaːtɐ] 父親．e [ə] の脱落による母音化で生じた [ɐ] は，基本母音にはない広めの非円唇中舌母音であるが，特に長い母音ではない．この [ɐ] をアメリカ英語に見られる [ɚ] で代用して発音しないように注意しなければならない．母音化されやすい -er は発音表記ではイタリック体 [-*er*] で表されることがある．

e [ə] の脱落による母音化の例：Bauer [ˈbaʊɐ] 農夫　Bauers [ˈbaʊɐs]（変化形）　fürchterlich [ˈfʏrçtɐlɪç] 恐ろしい　Wasserfahrt [ˈvasɐfaːɐt] 航海　teuer [ˈtɔʏɐ] 値段の高い

母音の前では母音化されずに綴字通りに [ər] と発音される：teueres [ˈtɔʏərəs]（変化形）　Teuerung [ˈtɔʏərʊŋ] 物価高

8.3. ドイツ語の母音

8.3.4. 二重母音 [aɪ] [aʊ] [ɔʏ]

英語は多くの二重母音を持つが，ドイツ語の二重母音は [aɪ] [aʊ] [ɔʏ] の三種である．いずれも第一要素が音節主音，第二要素が非音節主音であり，第一要素の母音のほうが第二要素の母音よりも強い典型的な下降二重母音である．英語の二重母音では boat [boʊt] ボートが「ボーゥト」のように第一要素が長音化される傾向があるが，ドイツ語の二重母音では第一要素も第二要素もほぼ同じ長さで発音される．調音の際に唇の形は [aɪ] では完全に非円唇であり，[ɔʏ] では全体を通して円唇である．[aʊ] は非円唇で始まり，円唇で終わる．ドイツ語の二重母音はいずれも，第一要素から第二要素への調音位置の移動の範囲が広いのが特徴である．図34は，ドイツ語の二重母音における調音位置の移動を図示したものである．

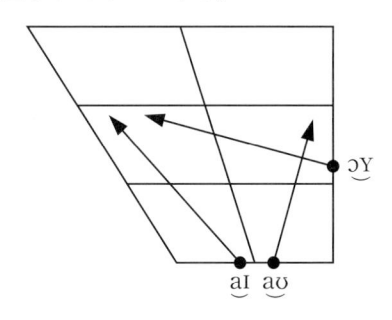

図34　二重母音における調音位置の移動
（国際音声記号ガイドブックより）

調音位置が広く移動するために，いずれの二重母音においても第二要素は移動の線上にあるさまざまな調音位置で発音されてしまうので，第二要素の母音は一定ではなく恣意的に表記される．たとえば，Siebs は実際の発音に加えて異なる地域差をも考慮し，その差を平均化して [ae] [ao] [ɔø] と，Duden 発音辞典は二重母音の調音の間に調音位置が移動する終点を考慮して [ai] [au] [ɔy] と，IPA 記号は [aɪ] [aʊ] [ɔɪ] と表記している．本書では地域的な差異は説明が煩雑になるので考慮せず，第二要素は実際の日常発音で調音器官が移動して到達する調音位置に最も近い母音に求め，さらには各種の独和辞典での二重母音の表記をも参考にして，[aɪ] [aʊ] [ɔʏ] と表記する．

— 59 —

8.3.4.1.　二重母音 [aɪ]

　この二重母音では調音位置が [a] から [ɪ] の方向へと移行していく．しかし移動が大きいために(→図34)，第二要素の舌の位置が [ɪ] までは達しないで，[e] の辺りで終わることがある．したがって [ae] と表されることもある．日本語の「貝」[kaɪ] のように「ア」に軽く「イ」を添えて発音するとよい．

二重母音		[aɪ]
綴字	ドイツ語	ai, ei, eih
	人名 / 地名	ay, ey
	外来語	i, y

　二重母音 [aɪ] は，ai　ei　eih　ay　ey で綴られる．

ai　　Mai [maɪ] 五月　Kaiser [ˈkaɪzɐ] 皇帝　Saite [ˈzaɪtə] 弦
ei　　Eis [aɪs] 氷　leiten [ˈlaɪtn̩] 導く　nein [naɪn] いいえ
eih　Reihe [ˈraɪə] 列　Weihnachten[ˈvaɪnaxtn̩] クリスマス　leihen [ˈlaɪən] 貸す

　人名や地名では綴字ay　ey も用いられる：Bayern [baɪɐn](地名) Haydn [ˈhaɪdn̩](人名)　Speyer [ˈʃpaɪɐ](地名)　Meyer [ˈmaɪɐ](人名)

　英語系外来語では i　y で表される：Pile [paɪl] 原子炉　Nylon [ˈnaɪlɔn] ナイロン

　綴字 ai が二重母音ではなく，二音節に発音されることがある：Archaik [arˈçaːɪk] アルカイック様式　Haiti [haˈiːti] ハイチ(地名)

8.3.4.2.　二重母音 [aʊ]

　この二重母音も調音位置が [a] から [ʊ] の方向へ大きく移動するために，第二要素の舌の位置が [ʊ] まで達しないで，[o] の辺りで発音されることがある．したがって [ao] と表されることもある．日本語の二つの母音連続による「青」[ao] を，[a] を強く [o] を弱く切り離さずに一気に発音するよう

二重母音		[aʊ]
綴字	ドイツ語	au, auh
	外来語	ou, ow

8.3. ドイツ語の母音

にするとよい．
　二重母音 [aʊ] は，au　auh で綴られる．
au　　Traum [traʊm] 夢　lauten [ˈlaʊtn̩] 内容は〜である　auf [aʊf] 〜の上で
auh　　rauh [raʊ] ざらざらした
　英語系外来語では ou　ow で表される：Couch [kaʊtʃ] ソファー　Clown [klaʊn] 道化役者

8.3.4.3. 二重母音 [ɔY]

　この二重母音でも調音位置が [ɔ] から [Y] の方向へ大きく移動するために，第二要素の母音の舌の位置が [Y] まで達しないで，[ø] の辺りで終わることがある．したがって [ɔø] と表されることもある．第二要素の母音が円唇で発音されることで，英語の boy [bɔɪ] 少年の [ɪ] とは異なる．日本語の「鯉」[koɪ] の [ɪ] を唇を円めて発音するとよい．

綴字	二重母音	[ɔY]
	ドイツ語	eu, äu
	人名／地名	oy, uy, ui
	外来語	oi, oy

　二重母音 [ɔY] は，eu　äu で綴られる．
eu　　Leute [ˈlɔYtə] 人々　heute [ˈhɔYtə] 今日　neun [nɔYn] 数詞 9
äu　　Bräu [brɔY] 醸造酒　Träumerei [trɔYməˈraɪ] 夢想　läuten [ˈlɔYtn̩] 鐘が鳴る
　ドイツ語化したギリシャ語にも綴字 eu は現れる：Euphorie [ɔYfoˈriː] 陶酔　Pseudonym [psɔYdoˈnyːm] 仮名　Rheuma [ˈrɔYma] リューマチ
　人名や地名では綴字 oy　uy　ui も用いられる：Nestroy [ˈnɛstrɔY]（人名）　Gruyter [ˈgrɔYtɐ]（人名）　Zuidersee [ˈzɔYdɐzeː]（湖名）
　英語系外来語では oi　oy：Boiler [ˈbɔYlɐ] ボイラー　Boykott [bɔYˈkɔt] ボイコット
　綴字 eu　äu が二重母音ではなく，二音節で発音されることがある：Aleuten [aleˈuːtn̩] アリューシャン列島　Jubiläum [jubiˈlɛːʊm] 記念祭

8.3.4.4.　その他の二重母音

1 　二重母音 [uɪ]

　　この二重母音はまれに間投詞に現れる．二重母音 [uɪ] は下降二重母音であるが，二つの母音が同じ強さで発音されて音節主音と非音節主音との区別が付けにくいことが多い．

　　二重母音 [uɪ] の綴字は，ui である．

　　ui　　pfui！[pfuɪ] ちぇっ　　hui [huɪ] ほう (驚きの声)

2 　上昇二重母音 [iə] [u̯ɪ]

　　弱い非音節主音から強い音節主音へと移行する上昇二重母音 [iə] [u̯ɪ] が外来語に現れる：Familie [faˈmiːliə] 家族　Lilie [ˈliːliə] ゆり；Linguist [lɪŋˈɡu̯ɪst] 言語学者．

8.3.5.　鼻母音

　ドイツ語では鼻母音はドイツ語本来の単語には現れず，もっぱらフランス語からの外来語に聞かれる．したがってその種類はフランス語と同じく [ã] [ɛ̃] [õ] [œ̃] の四種類である．これらはそれぞれ [a] [ɛ] [o] [œ] が鼻母音化したものである．[a] [ɛ] [o] [œ] の舌の位置と唇の形で，呼気を鼻へ抜いて発音をする．発音の途中で顎と唇と舌を動かすと [n] の音が入ってしまうので，注意しなければならない．鼻母音は単一の母音であって，[n] を含まない．たとえば [ã] は日本語で「安心」というときのように「ア」と「ン」とが別々に発音されるのではない．アクセントのある音節では常に長母音 [ãː] [ɛ̃ː] [õː] [œ̃ː] であり，アクセントのない音節では短母音 [ã] [ɛ̃] [õ] [œ̃] である．短母音の鼻母音は決して強勢されることはない．

　フランス語系外来語の発音のドイツ語化が進むと，フランス語本来の鼻母音は「母音＋鼻音」として発音されてしまうことがある：Bonbon [bõˈbõː] → [bɔŋˈbɔŋ] キャンデー　Patron [paˈtrõː] → [paˈtroːn] パトロン．

　ドイツ語の口母音が後続の鼻音に同化されて，すなわち鼻音化されて鼻母音になることがある：Hahn [haːn] → [hãː] 雄鶏．

8.3.5.1.　鼻母音 [ã]

　唇を円くして，舌は後ろへ引いて発音する．[ã] は「アン」に近く聞こえ

るが、「ア」の後に「ン」が続くのではなく、始めから鼻にかかった [a] の口の形を途中で変えないで発音する。やや「オン」に近い「アン」。

長母音・短母音		長母音 [ãː]		短母音 [ã]	
音節のアクセント		有	無	有	無
綴　字	ドイツ語				
	外来語	am, an, em, en		am, an, em, en	

（1）長母音 [ãː]
  am Estampe [ɛsˈtãːp] 版画
  an Nuance [ˈnyãːsə] ニュアンス　Chance [ˈʃãːsə] チャンス
  em Ensemble [ãˈsãːbl] アンサンブル
  en Departement [departəˈmãː] 地方

（2）短母音 [ã]
  am Chambriere [ʃãbriˈeːrə] 三脚台
  an Chanson [ʃãˈsõː] シャンソン
  em Empire [ãˈpiːɐ̯] フランス帝国
  en engagieren [ãgaˈʒiːrən] 雇用する

8.3.5.2. 鼻母音 [ɛ̃]

唇の両端を横に引くようにして発音する。「エン」より「アン」に近く聞こえる。

長母音・短母音		長母音 [ɛ̃ː]		短母音 [ɛ̃]	
音節のアクセント		有	無	有	無
綴　字	ドイツ語				
	外来語	ain, ein, en, im, in			im, in

（1）長母音 [ɛ̃ː]
  ain Refrain [rəˈfrɛ̃ː] リフレイン
  ein Teint [tɛ̃ː] 顔色
  en Bohemien [boeˈmi̯ɛ̃ː] ボヘミアン

im　　Timbre [ˈtɛ̃:brə] 音色
　　in　　Point [pwɛ̃:] 点
（2）　短母音 [ɛ̃]
　　im　　Impromptu [ɛ̃prɔ̃ˈty:] 即興曲
　　in　　pointieren [poɛ̃ˈti:rən] 際立たせる

8.3.5.3. 鼻母音 [ɔ̃]

唇を十分にすぼめて，舌を後ろに引いて，呼気を鼻にも抜きながら発音する．「オン」に近い．

長母音・短母音		長母音 [ɔ̃:]		短母音 [ɔ̃]	
音節のアクセント		有	無	有	無
綴　字	ドイツ語				
	外来語	om, on			om, on

（1）　長母音 [ɔ̃:]
　　om　　Aplomb [aˈplɔ̃:] 図々しい態度
　　on　　Pardon [parˈdɔ̃:] すみません
（2）　短母音 [ɔ̃]
　　om　　Komplet [kɔ̃ˈple:] コンプレ
　　on　　Jongleur [ʒɔ̃ˈgløːɐ̯] 曲芸師

8.3.5.4. 鼻母音 [œ̃]

「エン」と「オン」の中間の感じで，「アン」に近く聞こえる．

長母音・短母音		長母音 [œ̃:]		短母音 [œ̃]	
音節のアクセント		有	無	有	無
綴　字	ドイツ語				
	外来語	um			un

（1）　長母音 [œ̃:]
　　um　　Parfum [parˈfœ̃:] 香水
（2）　短母音 [œ̃]
　　un　　Lundist [lœ̃ˈdɪst] (新聞の)月曜評論執筆者

8.3. ドイツ語の母音

8.3.6. 母音の量的変化

8.3.6.1. 短母音の非成節母音化

　高舌母音の [i] [u] [y] は，これらの後に続く母音とともに弱く短く一音節のように発音される傾向がある．この場合 [i] [u] [y] は二重母音の非音節主音のように音節を形成しない非成節的な母音となる（→8.6.5.1.）．

　さらに，アクセントのある音節で歯擦音の [s] [z] [ts] に続く [i] は，[o:] の前に現れると，弱く短く非音節主音のように発音される：Vision [viˈz̯io:n] ビジョン　Station [ʃtaˈts̯io:n] 駅　Nation [naˈts̯io:n] 国民．Patient 患者での [i] は前後の音環境が上記の条件とは異なるが，同じように短く弱く非音節主音のようにパティエントではなく，パツィエント [paˈts̯iɛnt] と発音される．[u] [y] についても同じ例として，eventuell [evɛnˈtu̯ɛl] 場合によっては Zyanose [ts̯yaˈno:zə] チアノーゼが挙げられる．これらの語では二つの母音の間に発音の切れ目が認められることから，上昇二重母音（→8.3.4.4.）とは区別される．

8.3.6.2. 長母音の短母音化と短母音の長母音化

　アクセントを持たない長母音は，アクセントの置かれた音節の前では短縮されて短母音になることがある．たとえば，leben [ˈleːbn̩] 生きるに対して lebendig [leˈbɛndɪç] 生きている．lebendig のように短母音化が標準発音として定着していない語でも，日常の発音ではこの傾向がしばしば見られる：widerstehen [viːdɐˈʃteːən] 抵抗するが [vidɐˈʃteːən] のように．

　これとは反対に，語末の短母音は屈折語尾などが付加されると長母音になることがある．たとえば Auto [ˈaʊto] 自動車　Dilemma [diˈlɛma] ジレンマに語尾 -s が付加すると，[ˈaʊtoːs] [diˈlɛmaːs] のように語末の母音は長く発音される．

8.3.7. [ər] と [r] の母音化

　[ər] と [r] は語末や母音の後では，[ər] も [ə] が脱落して，[ə] よりも舌の位置が低い中舌母音 [a] に近い母音として発音されて，母音化されることが

— 65 —

よくある(→8.3.3.6.2.1.)．**母音化された [ər] [r]** は IPA 記号では [ɐ] を用いる．[r] が語末で母音化されると音節を形成する(Vater [ˈfaːtɐ] 父親)が，母音の後では音節を形成しない(Tür [tyːɐ̯] ドア)(→8.6.5.1.)．

[ər] の語末での母音化：Bauer [ˈbaʊɐ] 農夫　Wasser [ˈvasɐ] 水

語末の [ər] は合成語や派生語の先行する要素となる場合にも母音化が起こる：Wasserfall [ˈvasɐfal] 滝　fürchterlich [ˈfʏrçtɐlɪç] ひどく恐ろしい

anders [ˈandɐs] 異なったも母音化する．

[r] は長母音 [iː eː ɛː yː øː uː oː ãː] の後の語末または子音の前で母音化する：Bier [biːɐ̯] ビール　Uhr [uːɐ̯] 時計　Ohrschmuck [ˈoːɐ̯ʃmʊk] 耳飾り hört [høːɐ̯t](彼は)聞く

アクセントを持たない接頭辞 er [ɛr]- ver [fɛr]- zer [tsɛr]- および合成されてその第一要素になりアクセントの置かれない her [hɛr]- においても [r] は母音化する：erfahren [ɛɐ̯ˈfaːrən] 経験する　verstehen [fɛɐ̯ˈʃteːən] 理解する zerlegen [tsɛɐ̯ˈleːgn̩] 分解する　herbei [hɛɐ̯ˈbaɪ] こちらへ．このような場合には母音化した [ɐ] は音節を形成しない．verstehen を，語末の -er [ɐ] のように，[fɐˈʃteːən](ファーシュテーエン)と発音するのは誤りである．

語末の [ər] [r] に母音で始まる語尾が付加されると，[r] は次の音節の初頭音となるので，母音化しない：Uhr [uːɐ̯] → Uhren [ˈuːrən](複数形)．

8.3.8. 母音と綴字一覧表

ドイツ語の母音は，それぞれ以下のような綴字によって表される．
略語等の説明：
(ub)：アクセントのない(**unbetont**)音節で．
(外)：外来語で．(外／英)は英語系外来語，(外／仏)はフランス語系外来語．
　　　もっぱら外来語に現れる綴字および外来語の例は斜字体で表した．
　＊：固有名詞での綴字．

母音	綴字	例　　　　語
単母音		
[iː]	i	Bibel, gibt, wider, Benzin, Berlin (外)*Kasino, Brasilien, Schi* (ub)Edwin, Hölderlin, passiv
	ie	Miete, bieten, die, wie, Niete, Philosophie, studieren (ub)Spielerei, Ziererei
	ih	Ihle, ihrzen, ihn, Schlemihl
	ieh	Vieh, ziehen
	y(外)*	*Ysop, Spyri, Schwyz*
	ea(外／英)	*Team, Beat, Tearoom*
	ee(外／英)	*Jeep, Peer*
[i]	i	(ub)ideal, Minute, Zitrone, Universität, Gummi
	ie	(ub)vielleicht, wieso, wieviel
	ee(外／英)	(ub)*Toffee*
	ey(外／英)	(ub)*Hockey, Jockey*
	y(外／英)	(ub)*Zylinder, Dandy, Lady*
[ɪ]	i	in, List, bitten, mild, bis, hin, mit (ub)fixieren, hinaus, Million, einig, Köchin
	ie	vierzehn, Viertel, vierzig

— 67 —

発音・綴字

[eː]	e	ewig, der, Weg, beten, je, stets, Erde, Wert, regnen (ub)Weberei, Eugen
	eh	Ehre, sehen, Weh, zehn, hehlen
	ee	Tee, Idee, leer, See (ub)Leererei
	a(外／英)	Cape
	ai(外／英)	Claim
	ea(外／英)	Steak, Break
	ay(外／英)	Okay
	é(外／仏)	Café, Negligé
	et(外／仏)	Cachet, Bonnet
[e]	e	(ub)lebendig, jedoch, elegant, Theater, Metronom
	ee	(ub)paneelieren, Porree
	ay(外／英)	(ub)Essay
	é(外／仏)	(ub)Séance, Séparée
	ee(外／仏)	(ub)Kanapee
[ɛː]	ä	Bär, gemäß, nächst, Mädchen, Rätsel (ub)Scheusäler, Quälerei
	äh	Ähre, Nähe, zählen, ähnlich, näh
	ae*	Baer
	ai(外／英)	fair, Baisee
	e(外／仏)	Dessert
	ê(外／仏)	tête-à-tête
[ɛ]	e	Ende, lernen, gelb, messen, des, es, weg (ub)Ressort, elend, zentralisieren, entschuldigen, heraus, vergessen
	ä	Fässchen, fällen, älter, Gäste (ub)präsent, äolisch, Kannä
	a(外／英)	Camping, Catch (英[æ])
	ea(外／英)	Readymade
	ai(外／仏)	(ub)Baiser, Defaitist

8.3. ドイツ語の母音

[y:]	ü	über, hüten, Gemüt, Menü, hüsteln, Wüste (ub) Bücherei, altertümlich, demütig
	üh	führen, früh, Schühchen, (ub) Wühlerei
	y	Analyse, Typ, Mythos
	ue*	Duesterberg
	ui*	Duisburg, Juist
	u(ü)(外 / 仏)	*Parvenu, Debüt*
	ue(外 / 仏)	*Avenue, Bellevue*
[y]	ü	(ub) Büro, amüsieren, debütieren, amüsant
	y	(ub) Dynamik, Dynastie, Psychologe
	u(外 / 仏)	(ub) *Refugié, Kommuniqué*
[Y]	ü	Glück, füllen, rüsten, gebürtig, Küste (ub) Küstelei, süffisant
	y	Hymne, lynchen (ub) abyssal, Gymnastik, System
	ue*	Mueller
	u(外 / 仏)	*brut, Nocturne* (ub) *Budget, Bulletin*
[ø:]	ö	Öl, hören, böse, höchst, trösten, Österreich (ub) Blödelei, Flöterei
	öh	Öhr, Höhe, höhnisch, löhnen, Söhnchen
	oe*	Goethe, Schroeder, Laboe
	eu(外 / 仏)	*Friseur, Milieu*
	œu(外 / 仏)	*Cœur, Sœur*
	öe(外 / ギ)	*Diarrhöe, Menorrhöe*
[ø]	ö	(ub) Ökologie, Diözese, möblieren, ökonomisch
	eu(外 / 仏)	(ub) *Dejeuner, pasteurisieren*
[œ]	ö	öffnen, östlich, Börse, können, Götter, löschen (ub) Klöppelei, Östrogen, Bischöfe
	oe*	Foerster
	u(外 / 英)	*Cutaway, Pumps* (英 [ʌ])

— 69 —

[uː]	u	Buch, Fuß, du, Mut, suchen, Geburt, husten (ub)Hudelei, Demut, Altertum
	uh	Uhr, Ruhe, Kuh
	ue*	Buer, Kues
	oo(外/英)	*Boom, Pool, Zoom*
	ew(外/英)	*Crew, Review*
	ou(外/仏)	*Bravour, Cour, Route*
[u]	u	(ub)Musik, Februar, Manuskript, Utopia, zurück
	ou(外/仏)	(ub)*Boutique, Boudoir, Camouflage*
[ʊ]	u	um, Hund, bewusst, Mutter, Wunsch, Bus, Fluss (ub)luxieren, Datum, minus
	oo(外/英)	*Footing, Look*
	ou(外/仏)	(ub)*Journalist*
[oː]	o	Brot, groß, holen, Büro, Mond, Obst, Ostern (ub)alogisch, Doktor, Korridor, Herzog
	oh	ohne, Sohn, Kohle, roh
	oo	Boot, Moos, Soor, Zoo
	oe*	Coesfeld, Itzehoe, Soest
	oi*	Roisdorf, Voigt, Grevenbroich
	aw(外/英)	*Squaw, Yawl*
	oa(外/英)	*Goal, Roastbeef, Toast*
	ow(外/英)	*bowlen, Slowfox*
	au(外/仏)	*Sauce, Chauvi*
	eau(外/仏)	*Chapeau, Niveau*
[o]	o	(ub)modal, Poem, Prospekt, sofort, desto
	au(外/仏)	(ub)*Chaudeau*
	eau(外/仏)	(ub)*Beaujolais, Beauté, Nouveauté*
[ɔ]	o	offen, ob, kommen, Woche, Post, voll, von (ub)Portal, Toxin, Pathos
	au(外/仏)	(ub)*chauffieren*
[aː]	a	Tag, Sprache, haben, nach, da, Arzt, Jagd,*Drama*

8.3. ドイツ語の母音

[a]		(ub) Heimat, lesbar, Schicksal, langsam
	ah	ahnen, Fahrt, nahe, wahrst (ub) Fahrerei
	aa	Aal, Haar, Saal, Staat, Waage
	ae*	Claes, Raesfeld
	a	ab, alt, Garten, fallen, Grammatik, Januar (ub) chaotisch, Paket, Pastell, Monat, *Kalender*
	ah(外)	(ub) *Allah*, *Korah*
	ã(外 / 仏, 伊)	*ã* (*la baisse*), (*a*) *metã*
	u(外 / 英)	*Shuttle*, *Truck*
[ə]	e	(ub) Name, unsere, besuchen, lieben, Gewand

二重母音

[aɪ]	ai	Mai, Kaiser, Saite (外) *Taifun*, *Bonsai*
	ay*	Bayern, Haydn, Kayser
	ei	Bein, Eis, leiten, reißen, nein
	eih	Reihe, Weih, Weihnachten, leihen
	ey*	Meyer, Speyer, Ceylon, Dilthey
	i(外 / 英)	*Pile*, *Pipeline*
	y(外 / 英)	*dry*, *Nylon*
[aʊ]	au	auf, Traum, Haus, bauen, lauten
	auh	Rauh
	ou(外 / 英)	*Couch*, *Count*, *knock-out*
	ow(外 / 英)	*Clown*, *Cowboy*
[ɔY]	eu	Leute, heute, neun, *Rheuma*, *Euphorie*
	äu	Bräu, täuschen, läuten, (ub) Träumerei
	oy*	Nestroy
	uy*	Gruyter
	ui*	Zuidersee
	oi(外 / 英)	*Boiler*, *Koine*, *Konvoi*
	oy(外 / 英)	*Boy*, *Boykott*, *Toys*

鼻母音		
[ãː]	am (外 / 仏)	Estampe
	an (外 / 仏)	Nuance, Cancan, Chance
	em (外 / 仏)	Ensemble
	en (外 / 仏)	Departement
[ã]	am (外 / 仏)	(ub) Chambriere
	an (外 / 仏)	(ub) Tantieme, Chanson
	em (外 / 仏)	(ub) Empire, Rembours
	en (外 / 仏)	(ub) Pendant
[ɛ̃ː]	ain (外 / 仏)	Refrain
	ein (外 / 仏)	Teint, Enceinte
	en (外 / 仏)	Bohemien, Citoyen
	im (外 / 仏)	Timbre
	in (外 / 仏)	Point
[ɛ̃]	im (外 / 仏)	(ub) impair, Impromptu
	in (外 / 仏)	(ub) pointieren
[õː]	om (外 / 仏)	Aplomb
	on (外 / 仏)	Bonbon, Pardon
[õ]	om (外 / 仏)	(ub) Komplet, Komtess, ombriert
	on (外 / 仏)	(ub) fonce, Jongleur
[œ̃ː]	um (外 / 仏)	Parfum
[œ̃]	un (外 / 仏)	(ub) Lundist

8.4. 子　　音

8.4.1. 子音とは

　子音(Konsonant)は，肺からの空気の流れである呼気が声道のどこかで調音器官によって何らかの方法で妨害を受けて生じる言語音である．そのため，子音は**妨害音**(Hemmlaut)とも呼ばれる．子音の調音にあたって声門が開いて声帯の振動を伴わないと無声音となり，声門がほとんど閉じて声帯の振動を伴うと有声音となる(→8.1.2.3.)．子音は，pst！のような一部の間投詞を除いて，日常の発話行為では独立して発音されることはなく，常に母音の前後に付随して現れるので，ドイツ語ではMitlaut(**付随音**)ともいう．

8.4.2. 子音の調音

　子音を調音する際に，比較的可動性を持つため呼気の妨害に能動的に直接参加する調音器官を**調音体**あるいは**調音者**(Artikulator)という．そしてこの調音体が接近あるいは接触して妨害が生じる比較的動かない受動的な調音器官の場所を**調音位置**(Artikulationsort)という．細かな音声的差異を問題にする場合には，**調音点**(Artikulationsstelle)とも呼ばれる．調音は本来声道の音声諸器官の運動によって行われるが，子音の調音に際しては声道外にある声帯も例外的に調音器官として扱われる．妨害を受ける方法を**調音方式**(Artikulationsart)という．子音を調音するときに声道で生じる呼気の妨害は，普通二つの調音器官を近づけるか，あるいは部分的または完全な閉鎖を作ることによって行われる．調音器官のこのような動作を**狭窄**あるいは**狭め**(Verengung / Konstriktion)と呼ぶ．したがって子音はすべて，どの調音体と，どの調音位置で，どのような調音方式で，どのような狭窄を形成して，さらに声帯のどのような状態によって生成されるか，ということでその特性が定まる．

発音・綴字

8.4.2.1. 子音の調音体

子音を調音するために狭窄あるいは閉鎖するときには，下唇と舌が可動的な器官として決定的に関与する．下唇は上唇あるいは上の前歯や歯茎とともに狭窄や閉鎖を形成する．舌は8.1.2.8.で述べたように五つの部分に分けられる．舌先は上の歯列あるいは歯茎に対して動き，舌先で生成される子音は**舌頂音**(Koronal)と呼ばれ，舌面は口蓋に対して動き，舌面で生成される子音を**舌背音**(Dorsal)と呼ぶ．たとえば，[k]の場合は舌後部の舌面が軟口蓋に対してもち上げられ，軟口蓋の中央部辺りで狭窄が形成されて調音される．このような場合，積極的に運動をする後部舌面を**能動的調音体**，積極的な運動を行わない軟口蓋を**受動的調音体**と呼ぶことがある．

8.4.3. 子音の調音方式

子音は，声道における呼気に対するさまざまな妨害の仕方，すなわち調音方式によって，以下のように分類される．

8.4.3.1. 閉鎖音

呼気の流れが声道のどこかで完全に閉鎖され，その閉鎖ないし開放の際に生じる言語音を**閉鎖音**(Verschlusslaut)という．

```
    1   入りわたり   2  持続部   3  出わたり
                1        3
                 \      /
                  \    /
                   \  /
                    2
                   /  \
                  /    \
                 /      \

            [ a      p       a ]
```

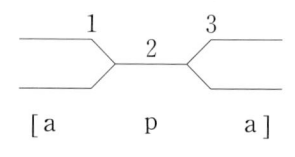

図35 閉鎖音が作られる過程

閉鎖音が調音される過程は，図35に見られるように三つの段階に分けられる．1 声道が開いている状態から閉鎖の状態に移る．これを**入りわたり**(Anglitt)という．閉鎖の形成とともに呼気の流れは急激に遮断される．これを**内破**(Implosion)と呼ぶ．その際に瞬間的な噪音が生じ，これを**内破音**(Implosiv)という．2 閉鎖が持続すると，閉鎖位置の後側では呼気の圧力が高まる．この段階を**閉鎖**(Okklusion)あるいは**持続部**(Haltung, Stellung)という．この段階では何の音も生じない．3 せき止められた呼気の

8.4. 子音

圧力が高まると，閉鎖が開放されて声道が再び開かれる．これを**出わたり**(Abglitt)という．閉鎖の開放とともに呼気は声道へ急激に流出する．これを**外破**(Explosion)と呼ぶ．その際に生じる破裂的な噪音を**外破音**(Explosiv)という．閉鎖音は呼気の閉鎖による内部と外部との呼気圧の差異によって生じる言語音である．

たとえば，abputzen [ˈapputsn̩] 汚れを落とすでは [a] の開放状態から両唇によって閉鎖が形成される(最初の [p] の部分)が，その閉鎖は開放されないままである．したがってこの [p] は内破音である．これに対して二番目の [p] は，すでに両唇によって形成されている閉鎖状態の開放によって生じる強い破裂的な噪音を伴う外破音である．普通は，閉鎖を作るときの音(内破音)と閉鎖を開放するときの音(外破音)とを区別しないで，閉鎖によって作られる言語音を閉鎖音と呼んでいる．

閉鎖音の調音では特に閉鎖が開放される場合に**破裂的噪音**が生じるので，**破裂音**(Sprenglaut / Explosivlaut)とも呼ばれる．IPA記号では伝統的に**破裂音**(Plosiv)という名称を用いているが，本書では，ドイツ語学の慣習にも従って，調音の方式を反映している閉鎖音という名称を用いる．

ドイツ語での閉鎖音には調音位置の違いにより以下のような種類がある．
1 両唇閉鎖音 [p](無声) [b](有声)　2 歯茎閉鎖音 [t](無声) [d](有声)　3 軟口蓋閉鎖音 [k](無声) [g](有声)　4 声門閉鎖音 [ʔ](無声)

8.4.3.2. 鼻音

口腔で閉鎖が作られ，同時に口蓋帆が下がって鼻腔への通路が開かれて，呼気が鼻腔だけを通って生じる言語音を**鼻音**(Nasenlaut / Nasal)という．呼気の通路が口腔において閉鎖される点では閉鎖音と同じなので，鼻音を鼻閉鎖音とみなすこともできる．しかし口腔内で生成される閉鎖音とは音質を異にするので，一般には閉鎖音とは別個に分類される．

鼻音という名称は広義で子音の分類にも用いられる．子音の調音に際して声道が口腔であるものを**口音**というのに対して，声道が鼻腔であるものを**鼻音**という．母音における口母音と鼻母音に対応する(→8.2.6)．呼気が口腔と鼻腔とに抜ける鼻母音(→8.2.6.)とは，口が閉ざされている点が異なる．鼻音は，声帯振動を伴う呼気が鼻腔での共鳴によって生成されるので，普通は有声音である．

ドイツ語での鼻音には調音位置の違いにより以下のような種類がある．1 両唇鼻音 [m]　2 歯茎鼻音 [n]　3 軟口蓋鼻音 [ŋ]

8.4.3.3.　摩擦音

　声道のどこかで狭窄が作られ，呼気がこの狭窄から押し出されて通過する際に乱流によって生じる**摩擦的な噪音**(Reibegeräusch)を伴う言語音を**摩擦音**(Reibelaut / Frikativ)という．閉鎖音の場合とは異なり，呼気の流れは遮断されない．摩擦音は狭窄を持続し，呼気の続く限り持続的に生成されるので，**持続音**(Dauerlaut)と呼ばれる．これに対して，閉鎖音は閉鎖の前後に生じる瞬間的な音であり，調音も一過性であるので，**瞬間音**(Momentanlaut)と呼ばれる．子音は持続音であっても，すべて短く発音される．摩擦音には，[f]のように狭窄が作られる上の前歯と下唇との間の調音される箇所で摩擦の噪音が生じるものと，[ʃ]のように狭窄が作られる舌背と硬口蓋前部の間を通過した呼気が上の前歯の裏側に当たり，調音位置とは異なる箇所で摩擦の噪音が生じるものとがある．摩擦音は数の上では子音の中で最も多く，閉鎖音と同じく無声音と有声音の対立があるのが特徴である．

　ドイツ語での摩擦音には調音位置の違いにより以下のような種類がある．1 唇歯摩擦音 [f](無声)　[v](有声)　2 歯茎摩擦音 [s](無声)　[z](有声)　3 前部硬口蓋摩擦音 [ʃ](無声)　[ʒ](有声)　4 硬口蓋摩擦音 [ç](無声)　[j](有声)　5 軟口蓋摩擦音 [x](無声)　[ʁ](有声)　6 声門摩擦音 [h](無声)

8.4.3.4.　破擦音

　すでに8.4.3.1.で述べたように，閉鎖音では閉鎖が持続されている間に高まった呼気の圧力によって閉鎖が急激に開放される．しかし呼気圧が低く閉鎖の開放が徐々に行われると，気流は最初狭い通路を通って流出し，その際に摩擦音が生じる．この現象を**破擦化**という．閉鎖音の直後にそれと同じかあるいはごく近くの調音位置での閉鎖のゆるやかな開放に伴う摩擦音とが一体となって続き，両者が一つの子音結合として発音される言語音を**破擦音**(Affrikata)という．同じ(あるいはほぼ同じ)調音位置での二つの音は調音上密接に結合するので，音声学的な音としては閉鎖音と摩擦音が並んだものとは考えないで，一単位の子音とみなされる．しかし破擦音は音声学的に閉鎖音＋摩擦音という二つの単音からなるものとみなされることもある．この

立場を反映して IPA 記号子音一覧表での調音方式に破擦音の欄はない．Siebs も [pf][ts] などはあくまで「閉鎖音＋摩擦音」の密接な連続であり，[p][t] などの気音が消失した閉鎖の破裂に摩擦音が連続して音の単位を形成するものとして，一単位の子音とはみなしていない．本書では破擦音というのは閉鎖音の出わたり(→8.4.3.1.)が変化した，すなわち破擦化したものであるとみなし，独立した子音とする．

　ドイツ語での破擦音は [pf][ts][tʃ][dʒ] である．閉鎖と摩擦の部分は，[ts] では同じ位置(歯茎音)で調音されるのに対して，[pf][tʃ][dʒ] では異なる位置で調音される．[pf] は両唇音＋唇歯音，[tʃ] は歯茎音＋硬口蓋音，[dʒ] は歯茎音＋硬口蓋歯茎音という調音位置の移動から作り出される．

8.4.3.5. 接近音

　上下相対する二つの調音器官によって狭窄が作られるが，その狭めが比較的広いため摩擦的噪音がほとんどあるいは全く聞こえない言語音を**接近音**(Approximant)という．二つの調音器官を摩擦的噪音が生じない程度に接近させて作られる音なのでこの名がある．たとえば有声唇歯摩擦音 [v] を発音しながら，下唇を下へ少しずらすと，上の歯先と下唇との間の狭まりが広がり [v] のときのような摩擦的噪音が聞こえなくなる．これが接近音 [ʋ] である．このような接近音は摩擦がほとんどないが，一定の位置で調音が続けられるので，**無摩擦継続音**と呼ばれることがある．

　ドイツ語の標準発音では接近音は存在しない．スイスのドイツ語では硬口蓋摩擦音 [j̠] は常に摩擦音を伴わずに発音されるので，摩擦音ではなく**硬口蓋接近音**の [j] であるといえる．日本語の「矢」[ja] の [j] である．

　接近音は，以前の IPA 記号の子音表で無摩擦継続音と半母音とからなっていた欄がまとめられて，中央的接近音と改称され，さらに1989年版で接近音と改称された．

8.4.3.6. 側面音

　舌先が上の歯裏あるいは歯茎の中央部へ接触することによって口腔の中央部が不完全に閉鎖されて，呼気が舌の両側または片側から流出して生じる言語音を**側面音**あるいは**側音**(Seitenlaut / Lateral)という．同じ調音位置で作られる接近音に似た響きがあるので，IPA 記号の子音表では**側面接近音**

という名称を用いている．これまでに説明した子音では，鼻音を除いて，呼気が口腔の中央部を通って外部へ流れ出るのに対して，側面音では呼気が調音器官の両側または片側を通って流れ出る点が他の子音と大きく異なる．普通は噪音が生じないので，母音の響きを持ち子音の中でもきこえ(→8.6.2.2.)が大きく，自鳴音(→8.4.3.8.)に属する．鼻音と同様に普通は有声音である．ドイツ語には歯茎側面音 [l](有声)しかない．

　側面音という名称は広義で呼気の流出の仕方による子音の分類にも用いられることがある．口音のうち，[l] の調音では呼気が舌の両側または片側に沿って流出するので**側面音**というのに対して，その他の子音の調音では呼気が舌の中央線に沿って流出するので**中央音**(median)という．

8.4.3.7. ふるえ音

　強い呼気によって弾力性に富む調音器官がふるえさせられて調音される言語音を**ふるえ音**または**顫動音**(Zitterlaut，Schwinglaut / Vibrant)という．この調音では，調音器官自体が決して積極的にふるえる運動をするのではない．舌尖や口蓋垂のような弾力性に富む調音器官を相対する器官に接近させるか軽く接触させると閉鎖が生じる．この状態で口腔に強い呼気が送られると，弾力性に富む器官(舌尖や口蓋垂など)は前に押されてこの閉鎖が破られるが，その器官は弾力性があるので元の閉鎖の位置に戻る．この閉鎖の開閉が速やかに数回繰り返されることによって「ふるえ」が生じるのである．ふるえ音は普通有声音である．

　ドイツ語には二種のふるえ音がある．舌尖を上の歯茎に軽くつけて調音される舌尖ふるえ音 [r] と口蓋垂を振動させる口蓋垂ふるえ音 [ʀ] である．

　舌先が硬口蓋前部または歯茎を一回だけ弾くようにして発せられる言語音は**弾き音**または**たたき音**(geschlagener Laut / Flap)[ɾ] という．したがって弾き音はふるえ音の変形といえる．弾き音は日本語のラ行子音や英語の二つの母音間の r(very [ˈverɪ] 非常に)に見られるが，ドイツ語では通常この調音は行われない．

　ふるえ音 [r] [ʀ] と前述の側面音 [l] はしばしば**流音**(Fließlaut / Liquida)と呼ばれる．これらの音は共通して口腔での呼気の妨害が比較的少ないのが特徴である．したがって「流音」という名称は，これらの音が摩擦や破裂などの噪音を伴わない「流れるような音」を意味している．流音は母音などと

8.4. 子　　音

同じく楽音であり，きこえの度合いも大きく，言語によっては音節主音にもなる．

8.4.3.8. 子音の属性による分類
1　阻害音と自鳴音

　　閉鎖音　摩擦音　破擦音の調音では，声道の一部で完全ないしごく狭い閉鎖あるいは狭窄が起こる．呼気がこれを通過する際には多かれ少なかれその流れが妨害されて噪音が生じるので，これらの言語音を総称して**阻害音**あるいは**障害音**(Obstruent)という．これに対して，鼻音　側面音　ふるえ音の調音では，声道の一部に閉鎖あるいは狭窄があっても，呼気は口腔または鼻腔での通路が確保されて流れ出ることができるため，共鳴が生じる．そこでこれらの言語音を総称して**自鳴音**または**鳴音**(Sonant)という．自鳴音は共鳴を伴うので，母音に近い性格を持つ子音である．

2　硬音と軟音

　　子音を調音する際に，力を入れて発音すると，呼気圧が高まり呼気の勢いは強くなる．この呼気の勢いに対抗するために各調音器官の筋肉は緊張を強め，その結果声道の狭めも緊張が強まる．このような状態で生成される子音を**硬音**(Fortis)という．これに対して呼気圧と緊張とが弱い状態で生成される子音を**軟音**(Lenis)という．閉鎖音　摩擦音　破擦音には調音の強さの違いである硬音と軟音の区別がある．ドイツ語では無声閉鎖音 [p] [t] [k]　無声摩擦音 [f] [s] [ʃ]　無声破擦音 [pf] [ts] [tʃ] が硬音であり，それ以外の音はすべて軟音である．有声音は声門で干渉を受けるために，無声音より呼気の勢いが弱められる．したがって，ドイツ語をはじめ多くの言語では無声音は硬音，有声音は軟音であることが多い．たとえば，Kern [kɛrn] 核の [k] は無声で硬く(hart)，gern [gɛrn] 好んでの [g] は有声で軟らかく(weich)発音される．しかし高地ドイツ語での有声軟音 [b] [d] [g] は，無声硬音 [p] [t] [k] の発音における閉鎖とその破裂がやや弱い程度に過ぎないといわれている．さらにドイツ語には有声軟音 [b] [d] [g] [z] に代わって無声軟音 [b̥] [d̥] [g̊] [z̥] が現れる方言がある．たとえばスイスのドイツ語では音素として無声硬音と無声軟音が対立している：Seite [ˈzitə] 側面―Seide [ˈz̥idə] 絹．

8.4.4. 子音の調音位置

　音声器官のうちで調音器官となるのは，声門から上部の諸器官である(→8.1.2.)．子音の調音で呼気の妨害が生じる調音位置を肺からの呼気の流れに沿って観察してみよう．

8.4.4.1. 声門音
　まず喉頭内にある両声帯間の声門が調音に関与する．ここで調音される言語音を**声門音**(Stimmritzenlaut / Glottal(laut))という．声門音は**喉頭音**(Kehlkopflaut / Laryngal)とも呼ばれる．
　ドイツ語には，1 閉鎖音 [ʔ](無声)　2 摩擦音 [h](無声)がある．
　ここでは声門の開閉の程度により有声音と無声音の区別が生じる(→8.1.2.3.)．また声門の閉鎖が開放されるのよりも遅れて声帯が振動すると，後続音として呼気による気音が生じる．この気音を伴う言語音を有気音と呼び，これに対して気音を伴わない言語音を無気音と呼ぶ(→8.4.5.)．

8.4.4.2. 咽頭音
　口の奥の咽頭壁と舌の最も奥の部分である舌根との間で調音される言語音を**咽頭音**(Pharyngal)という．舌根を咽頭壁に接近させて呼気を流すと摩擦音が生じる．このような**咽頭摩擦音**はアラビア語に見られるが，ドイツ語には咽頭摩擦音は存在しない．

8.4.4.3. 口蓋垂音
　口蓋の一番奥の垂れ下がっている部分である口蓋垂と後舌面後部との間で調音される言語音を**口蓋垂音**(Zäpfchenlaut / Uvular)という．
　ドイツ語には，1 摩擦音 [χ](無声)　[ʁ](有声)　2 ふるえ音 [R](有声)がある．

8.4.4.4. 軟口蓋音
　軟口蓋と後舌面との間で調音される言語音を**軟口蓋音**(Hintergaumenlaut / Velar)という．

ドイツ語には，1閉鎖音 [k](無声) [g](有声)　2鼻音 [ŋ](有声)　3摩擦音 [x](無声) [ɣ](有声) がある．

8.4.4.5. 硬口蓋音
　硬口蓋と前舌面との間で調音される言語音を**硬口蓋音**(Vordergaumenlaut / Palatal)という．従来，硬口蓋摩擦音と摩擦を伴わない接近音はともに同じ IPA 記号 [j] で表されていたが，1989年の改訂版では摩擦音が [ʝ] で表されることになり，二つは区別されるようになった．
　ドイツ語には，摩擦音 [ç](無声) [ʝ](有声) がある．

8.4.4.6. 硬口蓋歯茎音
　上の前歯の歯茎後部と舌端の間で調音される言語音を**硬口蓋歯茎音**(Palatoalveolar)という．調音の際には舌全体が硬口蓋に向かってもち上がっている．IPA 記号の1989年の改訂版では「硬口蓋歯茎音」の欄はなくなり，[ʃ] [ʒ] は「後部歯茎音」に，[l] は「歯茎音」に分類されている．
　ドイツ語には，1摩擦音 [ʃ](無声) [ʒ](有声)　2破擦音 [tʃ](無声) [dʒ](有声)がある．[ʃ] [ʒ] の代わりに [š] [ž] が用いられることがある．

8.4.4.7. そり舌音
　舌尖と上の前歯の歯茎後部あるいは硬口蓋前部とで調音される言語音を**そり舌音**(Retroflex)という．舌尖をやや後方の歯茎または口蓋に向けてもち上げながら反り返らせて調音するので，この名がある．これは調音位置ではなく調音体の構えによる名称である．この音は言語音としてドイツ語には現れない．

8.4.4.8. 歯音及び歯茎音
　調音位置としては上の前歯が関与する．上の前歯の裏側と舌尖との間で調音される言語音を**歯音**(Zahnlaut / Dental)という．上の前歯のすぐ後ろの歯茎に舌尖または舌端をあてて調音される言語音は**歯茎音**(Alveolar)と呼ばれる．歯音から歯茎音への境界は必ずしも明確には引かれない．またインドなどの一部の言語を除いて多くの言語は歯音と歯茎音との音韻的対立を持たないので，両者の差異はあまり重要ではない．調音位置も言語によってま

ったく同じではなく，フランス語などのロマンス語では歯裏で調音され，英語では歯茎で調音される．ドイツ語では歯茎寄りで調音される歯茎音となる．

　ドイツ語には，1 閉鎖音 [t](無声) [d](有声)　2 摩擦音 [s](無声) [z](有声)　3 破擦音 [ts](無声)　4 鼻音 [n](有声)　5 側面音 [l](有声)　6 ふるえ音 [r](有声)がある．

　歯音と歯茎音は IPA 記号の子音表では同じ欄に配置されている．したがって簡単な音声表記では，この欄の同一の音声記号 [t] [d] [n] は歯音と歯茎音のどちらをも表す．精密な音声表記では歯音であることを特に表すために [t̪] のように補助記号 [̪] が用いられる．

　ドイツ語には現れないが，英語の摩擦音 [θ] [ð] は上下の歯の間で調音されることがある．この場合には**歯間音**(しかんおん)(Zwischenzahnlaut / Interdental)と呼ばれる．

8.4.4.9. 唇歯音

　上の前歯と下唇とによって調音される言語音を**唇歯音**(しんしおん)(Lippenzahnlaut / Labiodental)という．

　ドイツ語には，1 閉鎖音 [f](無声) [v](有声)　2 破擦音 [pf](無声)がある．

8.4.4.10. 両唇音

　狭窄が下唇によって作られるときの言語音を**唇音**(しんおん)(Lippenlaut / Labial)と呼ぶが，そのうち上下の唇によって狭窄が作られて調音される言語音を**両唇音**(りょうしんおん)(Bilabial)という．

　ドイツ語には，1 閉鎖音 [p](無声) [b](有声)　2 鼻音 [m](有声)がある．

8.4.5. 有気音と無気音

　閉鎖音における無声音と有声音の対立は，ただ声帯が振動するかしないかの差だけではない．有声閉鎖音の場合，閉鎖の持続中は声門がほとんど閉ざされて声帯が振動しているので，閉鎖が開放されると同時に後ろに続く母音などの声帯振動が始まる．これに対して無声閉鎖音の場合，閉鎖の持続中は声門が開かれているので，閉鎖が開放されてから声門が声を発する状態に閉

8.4. 子音

じるまでに時間がやや遅れて声帯運動が始まる。声帯振動が閉鎖の開放よりやや遅れるために，呼気による摩擦音の特色を持った持続的な噪音が生じる。この噪音は**気音**(Hauchlaut / Aspiration)と呼ばれ，IPA 記号では補助記号 [ʰ] で表す。気音を伴う音を**有気音**(aspirierter Laut)，気音を伴わない音を**無気音**(unaspirierter Laut)という。これは口腔での調音（閉鎖の開放）と喉頭での調音（声帯振動の開始）との時間的関係のずれによるものである。

　無声閉鎖音はドイツ語や英語をはじめとしてゲルマン諸語では有気音であるが，フランス語のようなロマンス諸語では無気音である。日本語でも語頭の無声閉鎖音は，たとえば「パン」[pʰan] のように普通気音を伴うが，ドイツ語や英語ほど強くはない。ドイツ語では有気無声閉鎖音 [pʰ] [tʰ] [kʰ] は語頭　語中　語末のすべての位置に現れる。特にアクセントの置かれた母音の前では英語と同じく強い気音を伴う。たとえば口の前で手のひらを広げ，Tat [taːt] 行いと発音すると，手のひらに強い息があたるのを感じる。これは無声閉鎖音 [t] が強い気音を伴って [tʰaːtʰ] と発音されているからである。しかし [p] [t] [k] が摩擦音 [s] [ʃ] に先行したりそれらの後に続く場合および音節主音となる鼻音の前では，気音を伴わない。たとえば，Erbse [ˈɛrpsə] えんどう豆　Echse [ˈɛksə] とかげ　Speise [ˈʃpaɪzə] 料理　Stein [ʃtaɪn] 石；warten [ˈvartn̩] 待つ　locken [ˈlɔkn̩] おびき寄せる　tappen [ˈtapn̩] おぼつかない足取りで歩く。派生語や複合語で [pp] [pb] [tt] [td] [kk] [kg] のように閉鎖音が連続するときには，始めの無声閉鎖音は気音を伴わない。たとえば，abputzen [ˈappʰʊtsn̩] 汚れを落とす　entdecken [ɛntˈdʰɛkn̩] 発見する Rückkehr [ˈrykkʰeːɐ̯] 帰還 (→8.5.3.1.)。

8.5. ドイツ語の子音

8.5.1. 子音体系

　ドイツ語には [p][b][t][d][k][g][ʔ][m][n][ŋ][f][v][s][z][ʃ][ʒ][ç][j][x][ɣ][χ][ʁ][h][ɦ][pf][ts][tʃ][dʒ][l][r][ʀ] の31種の子音がある．これらのうち [r][ʀ][ʁ] は / r / 音の自由変異の異音として現れ，[ʒ] と [dʒ] は本来のドイツ語には現れず，外来語に限られる．またドイツ語の標準発音では用いられないが，方言によっては [ɣ][χ][ɦ] が現れる．

　ドイツ語の子音を国際音声学会のIPA記号子音表にならって分類したのが表4である．横軸は調音位置を，縦軸は調音方式を表す．

	両唇音		唇歯音		歯茎音		硬口蓋歯茎音		硬口蓋音		軟口蓋音		口蓋垂音		声門音	
	無声	有声	無声	有声	無声	有声	無声	有声	無声	有声	無声	有声	無声	有声	無声	有声
閉鎖音	p	b			t	d					k	g			ʔ	
鼻音		m				n						ŋ				
摩擦音			f	v	s	z	ʃ	(ʒ)	ç	j	x	(ɣ)	(χ)	ʁ	h	(ɦ)
破擦音	pf				ts		tʃ	(dʒ)								
側面音						l										
ふるえ音						r								R		

表4　ドイツ語の子音

　上の表は，国際音声学会のIPA記号の子音表(1993年改訂，1996年更新)(→表2)と調音位置および調音方式に関して，以下の点で相違している．
1　調音位置の分類について
　　IPA記号の子音表では歯音　歯茎音　後部歯茎音の三つを一つの枠に配置している．本書では，歯音はドイツ語には存在しないので省略し，後

8.5. ドイツ語の子音

部歯茎音はドイツ語の発音でとられる実際の調音位置を考慮して硬口蓋歯茎音に改めた．さらにそり舌音と咽頭音もドイツ語には存在しないので省略した．
2　調音方式について

IPA記号の子音表で破裂音とされている子音を閉鎖音に，側面接近音とされている子音を側面音に改めた．弾き音　側面摩擦音　接近音はドイツ語(の標準発音)には独立した子音として存在しないので省略した．

子音の改称と省略については，それぞれの子音の説明を参照されたい．
3　硬音と軟音　二次的調音などの表記は，表が煩雑になるので省略した．
4　ドイツ語標準発音で用いられない子音には(　)を付した．

本シリーズ第1巻の子音表(→1.2.1.3.)との相違点は以下のとおりである．
1　調音方式の顫動音をふるえ音に改称した．
2　音声記号については，有声硬口蓋摩擦音の [j] は，IPA記号の子音表では1989年の改正版以降は有声硬口蓋摩擦音 [ʝ] と硬口蓋接近音 [j] とが区別されたので，それにならい [ʝ] に改めた．Duden発音辞典および各種独和辞典では依然として有声硬口蓋摩擦音に [j] を用いているために，違和感を抱かさせたり，[j] との混同をきたすかもしれないが，今後は順次 [ʝ] に統一されることが予想されるので，本書では有声硬口蓋摩擦音は [ʝ] に統一した．さらにふるえ音の [R] を [ʀ] に改めた．口蓋垂摩擦音に無声音の [χ] を，軟口蓋摩擦音および声門摩擦音にそれぞれ有声音の [ɣ]　[ɦ] を付け加えた．
3　外来語に現れる子音について付けられていた(　)を取り去った．

8.5.2. ドイツ語子音の特徴

ドイツ語の子音体系には，以下のような特徴がある．
1　IPA記号の子音表には弾き音　側面摩擦音　接近音　そり舌音　咽頭音が含まれているが，これらの子音はドイツ語の標準発音には存在しない．
2　閉鎖音と摩擦音にはそれぞれ無声音と有声音があり，それぞれ対称をな

している.

	閉鎖音	摩擦音
無声音	[p t k]	[f s ʃ ç x h]
有声音	[b d g]	[v z ʒ ɟ ɣ ɦ]

3 子音が，m n ŋ g l r を除いて，語末や無声子音の前で有声音で発音されることはない．

4 閉鎖音では無気音と有気音が区別される．無声閉鎖音は有気音であり，有声閉鎖音は無気音である．

5 閉鎖音　摩擦音　破擦音には硬音と軟音の区別がある．

6 閉鎖音の調音位置にほぼ対応して鼻音がある．

	両唇音	歯茎音	軟口蓋音
閉鎖音 [	p b	t d	k g]
鼻　音 [	m	n	ŋ]

7 摩擦音は14種あり，子音の半数近くを占める．

8 r音には4種の自由変異の異音がある．

9 鼻音[m][n]と側面音[l]は音節主音になることがある．

10 方言では，しばしば本来の調音が弱まり，隣接の調音位置の音に移行したり，あるいは同じ調音位置の他の調音方式の音で発音されることがある．

11 子音本来の調音に加えて，隣接の音の影響を受けて，二次的調音が起こることがある．

12 ドイツ語の子音字には，一字一音を表すもの(p [p]　t [t]　k [k])，有声あるいは無声で発音されるもの(b [p] [b]　d [t] [d]　g [k] [g]　s [s] [z])，一字で二つの音の結合を示すもの(x [ks])，二つ以上の子音字を綴って一つの音を表すもの(sch [ʃ])，および同一の子音字を重ね書きした二重子音(tt [t])がある．

13 一つの子音字は一つの音価を持つのが原則であり，たいていはアルファベットの名称に含まれる子音の音価を表す．たとえばt(テー [teː])にはこの子音字の表す音価 [t] が含まれる．

　　ドイツ語の子音字の名称の多くは，「音価＋[e(ː)]」あるいは「[ɛ]＋音

価」から成り立っている(→8.8.1.).
14 **二重子音**(Doppelkonsonant)は同一の子音を続けて発音するのではなく，一つの子音として発音する．
15 外来語の子音綴字については，「新正書法」は原語に基づく表記とドイツ語化した表記の二とおりを認めている場合がある．

8.5.3. ドイツ語子音の分類

母音が舌の位置と唇の形によって分類されたのに対して，子音の場合は次の三つの基準によって分類される．すなわち，1 声帯の振動　2 調音位置　3 調音方式である．

この三つの基準によって子音の性質が示される．たとえば [p] は，「無声両唇閉鎖音(stimmloser bilabialer Verschlusslaut)」で，声帯が振動しない無声音の両唇を調音位置とした閉鎖という調音方式によって生成される子音である．

8.5.3.1. 閉鎖音

ドイツ語では調音位置の異なる四種類の閉鎖音がある．標準発音では声門閉鎖音を除き，それぞれに無声音と有声音がある．

8.4.5.で述べたように，ドイツ語の無声閉鎖音は有気音であり，有声閉鎖音は無気音である．しかし次のような場合には，無声閉鎖音 [p] [t] [k] であっても気音を伴わずに発音される．

1　同じ無声閉鎖音が連続するとき，前にある無声閉鎖音：abputzen [ˈappʰʊtsn̩] 汚れを落とす　wegkommen [ˈvɛkkʰɔmən] 立ち去る
2　無声子音と有声音が連続するとき，前にある無声閉鎖音：abbilden [ˈapbʰɪldn̩] 写す　weggeben [ˈvɛkgʰeːbn̩] 手離す　unliebsam [ˈʊnliːpzʰaːm] 好ましくない
3　[ps] [pʃ] [ks] [kʃ] のように無声閉鎖音に狭窄を伴う子音が連続するとき，前にある無声閉鎖音：Erbse [ˈɛrpsʰə] えんどう豆　pscht! [pʃʰt] 静かに　Hexe [ˈhɛksʰə] 魔女　Gschnasfest [ˈkʃʰnaːsfɛst] 仮装舞踏会
4　語頭の [ʃp-] [ʃt-] [sk-] で後ろにある無声閉鎖音：Sprache [ˈʃpraːxə] 言語　stehen [ˈʃteːən] 立っている　Skizze [ˈskɪtsə] スケッチ

—87—

5　派生接尾辞に先立つ無声閉鎖音：lieblich [ˈliːplɪç] 愛らしい　Erlaubnis [ɛɡˈlaʊpnɪs] 許可
6　[t]に先立つ[p]と[k]は気音を伴わないことが多い：Haupt [haʊpt] 頭　Akt [akt] 行為

8.5.3.1.1.　両唇閉鎖音(Lippenverschlusslaut / bilabialer Verschlusslaut) [p](無声) [b](有声)

　下唇が上唇に接して閉鎖が作られる．舌は口腔の中で平たくなり，口蓋のどこにも接していない．両唇を合わせて閉じて口の中に息をため，両唇を破裂するようにして発音するとよい．閉鎖の破裂は[p]の方が[b]よりもやや強い．[p]では呼気は広く開いた声門を通るが，[b]では声門は狭められて，そこで声帯が振動を起こす．[p]は無声音で有気音，[b]は有声音で無気音である．したがって，精密な音声表記では無声閉鎖音は[p][t][k]は[pʰ][tʰ][kʰ]と表されるが，通常は気音を表す補助記号[ʰ]は省略される．ドイツ語の無声閉鎖音を発音するときには，常に気音を伴わなくてはならない．[p]と[b]は日本語のパ行とバ行の初頭の子音に等しい．この二つの音は世界の言語で広く使用されている．

図36　[p][b]の唇と声道の形

無声 / 有声	[p]			[b]		
位　　置	語頭	語中	語末	語頭	語中	語末
ドイツ語	p	p, pp	p, pp, b, bb	b	b, bb	

　無声両唇閉鎖音[p]は，p　pp　b　bbで記される．pは語頭　語中　語末のいずれにも現れるが，ppは語中と語末に限られる．pは語頭音として母音またはl r nの前に，語中音として母音の前に現れる．bとbbは語末

8.5. ドイツ語の子音

語末の子音群の中　無声子音の前および派生接尾辞の前に現れる．
- p　　Paar [paːɐ̯] 一組　Platz [plats] 広場　Pracht [praxt] 華麗　Oper [ˈoːpɐ] オペラ　plump [plʊmp] 不格好な
- pp　Appetit [apeˈtiːt] 食欲　Suppe [ˈzʊpə] スープ　knapp [knap] 乏しい

　二重子音は間にポーズを置いて二つの音として発音するのではなく，一つの子音として一気に発音しなければならない．たとえば，Suppe はズップペ [ˈzʊpˌpə] ではなく，ズッペ [ˈzʊpə] である．
- b　　ab [ap] 離れて　halb [halp] 半分の　Herbst [hɛrpst] 秋　hübsch [hypʃ] 可愛らしい　gelblich [ˈgɛlplɪç] 黄色っぽい
- bb　robb！[rɔp] ブラシできれいにする（命令形）　ebblos [ˈɛploːs] 潮のない　Kräbbchen [ˈkrɛpçən] 小さな蟹

有声両唇閉鎖音 [b] は，b　bb で記される．b は語頭　音節の初頭　母音の前および l n r (e+l n r の e が落ちたとき) の前に現れる．bb は語頭には現れない．
- b　　Brot [broːt] パン　Liebe [ˈliːbə] 愛　ebnen [ˈeːbnən] 平らにする
- bb　Ebbe [ˈɛbə] 干潮　dribble [ˈdrɪblə]（私は）ドリブルをする

8.5.3.1.2.　歯茎閉鎖音 (alveolarer Verschlusslaut) [t] (無声) [d] (有声)

　舌尖または舌端が上の前歯の歯茎の前部に接して閉鎖が作られる．調音位置は言語によってまったく同じではない．最も前方で調音されるフランス語などのロマンス諸語では上の前歯の裏側が調音点であり，最も後方で調音される英語では歯茎よりやや後ろが調音点となる．ドイツ語の [t] [d] は両言語の中間で上の歯の付け根あたりで調音される歯茎閉鎖音である．これに対して日本語の [t] [d] は少し前で調音される歯裏閉鎖音である．ドイツ語の [t] は無声音で有気音，[d] は有声音で無気音である．日本語のタ行，ダ行の初頭の子音にほぼ等しい．日本語では [t] と [d] はイ音とウ音の前には立たないので，[tɪ tiː] [tʊ tuː] [dɪ diː] [dʊ duː] という音連結はない．したがって，それぞれを「チ　ツ　ヂ　ヅ」と発音しないように注意しなければならない．

— 89 —

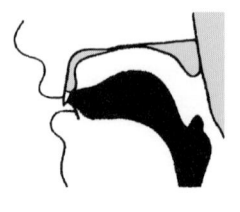

図37 [t][d]の唇と声道の形

無声/有声	[t]			[d]		
位 置	語 頭	語 中	語 末	語 頭	語 中	語 末
ドイツ語	t	t, tt, tth, d	t, tt, d, dt	d	d, dd	
外 来 語	th	th, d				

無声歯茎閉鎖音 [t] は，t tt d dt で記される．t は語頭 語中 語末のいずれにも現れるが，tt は語頭には現れない．t は語頭音として母音またはrの前に現れる．d [t] は，b [p] と同じく，語末 無声子音またはg m n v w の前および派生接尾辞の前に現れる．

t　　Tat [tɑːt] 行為　treu [trɔy] 忠実な　atmen [ˈaːtmən] 息をする Ort [ɔrt] 場所

tt　　Mutter [ˈmʊtɐ] 母　zittern [ˈtsɪtɐn] 震える　matt [mat] 元気のない

d　　Geld [gɛlt] 金銭　widmen [ˈvɪtmən] 捧げる　Mädchen [ˈmɛːtçən] 少女　freundlich [ˈfrɔyntlɪç] 友好的な

dt　　Stadt [ʃtat] 都市　beredt [bəˈreːt] 雄弁な　verwandt [fɛɐˈvant] 親戚の

th　　(ギリシャ語系外来語) Theater [teˈaːtɐ] 劇場　Thron [troːn] 玉座 Zither [ˈtsɪtɐ] ツィター

tth　　(人名で) Matthäus [maˈtɛːʊs]　Matthias [maˈtiːas]

(a)d　　(ラテン語系外来語の接頭辞で) Adhärenz [athɛˈrɛnts] 付着 Advokat [atvoˈkaːt] 弁護士

有声歯茎閉鎖音 [d] は，d dd で記される．dd は語頭には現れない．

d　　Dame [ˈdaːmə] 婦人　ordnen [ˈɔrdnən] 整理する　Handlung

[ˈhandlʊŋ] 行い
dd　addieren [aˈdiːrən] 加える　jiddisch [ˈjɪdɪʃ] イディシュ語の　Paddler [ˈpadlɐ] 漕ぎ手

8.5.3.1.3. 軟口蓋閉鎖音（Hintergaumenverschlusslaut / velarer Verschlusslaut）[k]（無声）[g]（有声）

舌尖が下げられて後舌部舌背と軟口蓋によって閉鎖が作られる．調音位置は軟口蓋の中央辺りが普通であるが，後続する音の影響を受けやすく前舌母音の後では調音位置が硬口蓋の後部辺りへと前進する．Kuh [kuː] 雌牛とその複数形 Kühe [ˈkyːə] を発音して比較してみよ．これは日本語でもはっきりと認められ，「ク」の [k] は軟口蓋で発音されるが，「キ」の [k] は前寄りの硬口蓋で発音される．特に東北地方の人は「キ」を標準語より前寄りに閉鎖し [ci] と発音する傾向が強いので，閉鎖の調音位置に注意しなければならない．[g] は日本語の「ガ」行の子音であるが，東京や近畿以東の地方では，たとえばゴゴ [goŋo] 午後のように，語頭以外の [g] を普通は鼻音の [ŋ] で発音する．このような習慣にしたがって，たとえば Geige [ˈgaɪgə] バイオリンを [ˈgaɪŋə] と発音してはならない．

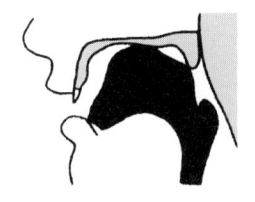

図38　[k][g] の唇と声道の形

無声 / 有声	[k]			[g]		
位　　置	語 頭	語 中	語 末	語 頭	語 中	語 末
ドイツ語	k, q(u)	k, ck, ch(s)	k, ck, g, gg	g	g, gg	
外 来 語	c, ch, qu	kk, qu		gh, gu	gh	

無声軟口蓋閉鎖音 [k] は，k　ck　g　gg　q(u)　ch(s) で記される．k は

語頭　語中　語末のいずれにも現れるが，q(u)を除いてそれ以外のものは語頭には現れない．g と gg は語末　無声子音あるいは d の前および派生接尾辞の前に現れる．外来語ではさまざまに表される．

k　　　Kino [ˈkiːno] 映画館　piken [ˈpiːkn̩] 刺す　Akt [akt] 行為　krank [kraŋk] 病気の

ck　　 Bock [bɔk] 山羊　wackeln [ˈvakl̩n] ぐらぐらする　dick [dɪk] 厚い

g　　　Weg [veːk] 道　legt [leːkt]（彼は）置く　Jagd [jaːkt] 狩猟　tragbar [ˈtraːkbɐ] 持ち運びの出来る　königlich [ˈkøːnɪklɪç] 国王の

gg　　flagg! [flak] 旗を揚げる（命令形）　joggt [dʒɔkt]（彼は）ジョギングをする

q(u)　Quelle [ˈkvɛlə] 泉　Quittung [ˈkvɪtʊŋ] 領収書

qu　　（フランス語系外来語では綴字 qu は [kv] ではなく [k]）Enquete [ãˈkeːt(ə)] アンケート　Quai [keː] 埠頭

　　　フランス語系外来語での綴字 qu [k] については，新正書法では原語に基づく表記 qu とドイツ語化した表記 k とが認められる：Bouquet / Bukett [buˈkeː] ブーケ．

ch　　（母音と s の間で）Ochse [ˈɔksə] 雄牛　wechseln [ˈvɛksl̩n] 替える（地名やギリシャ語系外来語で）Chiemsee [ˈkiːmzeː]（湖名）；Charakter [kaˈraktɐ] 性格

kk　　（ラテン語またはフランス語系外来語）Akkordeon [aˈkɔrdeɔn] アコーディオン　Okkupation [ɔkupaˈtsioːn] 占領　okkasionell [ɔkazioˈnɛl] 臨時の

c　　　（英語系とフランス語系の外来語）Café [kaˈfeː] 喫茶店　Computer [kɔmˈpjuːtɐ] コンピューター　Cousin [kuˈzɛ̃ː] いとこ

有声軟口蓋閉鎖音 [g] は，g　gg で記される．有声音の [g] は語末　噪音子音および派生接尾辞の前には現れない．

g　　　Gas [gaːs] ガス　gehen [ˈgeːən] 行く　Grab [graːp] 墓　Lage [ˈlaːgə] 位置

gg　　Roggen [ˈrɔgən] ライ麦　Flagge [ˈflagə] 旗　Egge [ˈɛgə] まぐわ

gh　　（外来語で）Joghurt [ˈjoːgʊrt] ヨーグルト　Ghetto [ˈgɛto] ゲットー

gu　　（外来語で）Guerilla [geˈrɪlja] ゲリラ戦　Guillotine [gɪljoˈtiːnə] ギロチン

8.5. ドイツ語の子音

　北ドイツおよび中部ドイツのドイツ語ではしばしば閉鎖が緩まって，軟口蓋あるいは硬口蓋の摩擦音になってしまうことがある．一般に語中音の g [g] は円唇母音の後では摩擦音 [ɣ] に発音され，円唇母音以外の音の後では摩擦音 [j] に発音される：Tage [taːɣə] 日 (複数形)　Sorge [ˈzɔrjə] 不安　Berge [ˈbɛrjə] 山 (複数形)．また語末音および無声子音の前の g [k] は，円唇母音の後では摩擦音 [x] に発音され，円唇母音以外の音の後では摩擦音 [ç] に発音される：Tag [taːx] 日　Berg [bɛrç] 山　gelegt [gəˈleːçt] 置かれた．

　南ドイツやスイスのドイツ語では有声閉鎖音の [b] [d] [g] を弱い無声音 [b̥] [d̥] [g̊] に発音する傾向がある．たとえば Bad [b̥ad̥] 入浴　Tag [d̥ag̊] 日．また無声閉鎖音の [p] [t] [k] も子音の前などでは弱く発音されて気音を伴わないので，有声閉鎖音と無声閉鎖音との区別が付きにくくなることがある．たとえば Blatt [blat] 葉も platt [pʰlatʰ] 平らなも [b̥lat] になってしまう．

　g に関連して，**綴字 -ig** の発音について注意しなければならない．名詞や形容詞の語末に現れる綴字 -ig は [-ɪk] ではなく，[-ɪç] と発音しなくてはならない．たとえば König [ˈkøːnɪç] 王　wenig [ˈveːnɪç] 少ない．合成語においても同様である：Ewigkeit [ˈeːvɪçkaɪt] 永遠　Honigmonat [ˈhoːnɪçmoːnat] 蜜月．また子音の前でも摩擦音 [ç] を伴う：zwanzigst [ˈtsvantsɪçst] 二十番目　beleidigt [bəˈlaɪdɪçt] 感情を害する (過去分詞形) (＜beleidigen [bəˈlaɪdɪgn̩])．

　-ig が母音の前にあるときには，g が後ろの音節の初頭音となるために有声閉鎖音 [g] になる：Könige [ˈkøːnɪgə] (複数形)　Königin [ˈkøːnɪgɪn] 女王．-ig に [ɪç] の音が後続する場合は，[ç] 音の重複を避けて [ɪk] と発音する：königlich [ˈkøːnɪklɪç] 王の　Königreich [ˈkøːnɪkraɪç] 王国．南ドイツ　スイス　オーストリアでは日常会話でしばしば [ç] の重複でない場合にも [-ɪk] と発音されるが，これは標準語の発音ではない．

　有声閉鎖音 [b] [d] [g] は末尾音の位置に現れると，無声化してそれぞれ対応する無声閉鎖音 [p] [t] [k] で発音されるという共通の特徴がある．これは初学者に対する発音指導で特に強調される事項の一つである．語中音で有声閉鎖音であるものが，語または音節の語末音の位置で無声化することを**語末音硬化** (Auslautverhärtung) という．これは古高ドイツ語時代から中高ドイツ語時代にかけて生じた現象である．たとえば，中高ドイツ語では Kind 子供　の 2 格形 kindes [ˈkɪndəs] に対して 1 格形は kint [kɪnt] となった．中高

ドイツ語の正書法では発音どおりに綴られたが，新高ドイツ語になると語源に基づいて綴られるようになった(→8.8.7.1.)ため，末尾音の有声閉鎖音が無声音で発音されるのにもかかわらず，b d g で記されたので，実際の発音と綴りに乖離が生じてしまったのである．

8.5.3.1.4. 声門閉鎖音(Stimmritzenverschlusslaut / glottaler Verschlusslaut) [ʔ](無声)

　声道の下の喉頭部で閉鎖が作られる．喉頭では声帯を互いに密着させて呼気の通路を一時的に閉じることができる．声門が全く閉鎖されてしまうと呼気は通過することができないので，声を発することはできない．このとき声門の下の呼気圧が高くなり，声門の上の気圧よりも高くなると，呼気は一気に声門を押し開けて流出する．その際に破裂音が生じる．この破裂噪音を**声門閉鎖音**(Glottal Stop ともいう)と呼び，IPA 記号では [ʔ] で表す．たとえば，beachten[bəˈʔaxtn̩] 注意をはらう．声門が閉じられて生じる音なので，声帯は振動しない．したがって声門閉鎖音には有声音はない．声門閉鎖音は Duden 発音辞典では [|] で表されるが，本書では IPA 記号を用いる．しかしドイツ語の発音表記では声門閉鎖音は略されて示されない(→8.1.4.1.)．

　ドイツ語の発音上の習慣として，語頭音の母音は声門閉鎖音を伴う：Ich esse einen Apfel. [ʔɪç ˈʔɛsə ˈʔaɪnən ˈʔapfl̩] 私はリンゴを食べる．これを母音の堅い声立て(fester Stimmeinsatz)という．語頭音の母音は常に堅い声立てで発音される．日本語の声立ては通常やわらかい(leiser Stimmeinsatz)ため，このような声立てを怠ると，ドイツ人の耳にはあいまいな言い方に受け取られやすい．日本人は意識的に語頭音の母音を強めに発音するようにしたほうがよい．

　ドイツ語では母音で始まる語に伴われる声門閉鎖音によって発音が区切られるために，母音が前に位置する語の語末の子音と結びついて続けて発音される(これを**連音**という)ことはない．たとえば英語では an apple [ən ˈæpl] 一つのリンゴは [əˈnæpl] のように発音されるが，ドイツ語の ein Apfel [ʔaɪn ˈʔapfl̩] は決して連音して [aɪˈnapfl̩] とは発音されない．複合語の場合でも母音で始まる形態素の前で声門閉鎖音が発音されるので，このような連音は生じない：beenden [bəˈʔɛndn̩] 〜し終える　Erinnerung [fɛɐ̯ˈʔɪnərʊŋ] 記憶　Verein [fɛɐ̯ˈʔaɪn] 協会．しかし次のような複合語では声門閉鎖音を伴わ

ずに連音が生じる：daran [daˈran] その点で hinauf [hɪˈnaʊf] 上方へ warum [vaˈʀʊm] なぜ allein [aˈlaɪn] 一人で．一語の中で母音が連続していて，二番目の母音にアクセントが置かれる場合には，その母音が声門閉鎖音を伴うことがある：Theater [teˈaːtɐ] 劇場が [teˈʔaːtɐ] のように．

8.5.3.2. 鼻音

　鼻音の調音に際しては口腔の閉鎖が形成され，その調音位置は閉鎖音のそれとほぼ対応している．たとえば [b] を発音しながら口蓋帆を下げて鼻腔への通路を開けば，両唇鼻音 [m] が生じる．したがって，鼻音は口腔での調音については閉鎖音と同じであるが，呼気が鼻腔へと抜けるので口腔内で呼気圧力が生じない．その結果口腔閉鎖が噪音を伴わずに開放されることで閉鎖音とは異なる．ドイツ語の鼻音は有声音である．ドイツ語では調音位置，すなわち口腔において閉鎖が形成される位置の違いにより三種類の鼻音が区別される．

8.5.3.2.1. 両唇鼻音（Lippennasenlaut / bilabialer Nasal）[m]（有声）

　両唇閉鎖音 [p] [b] と同じく下唇が上唇に接して閉鎖が作られる．口腔内に息をためずに，口蓋帆を下げて呼気を鼻腔へと流出させる．日本語のマ行の初頭の子音である．[f] と [pf] の前ではあらかじめこれらの子音への構えが取られるので，しばしば両唇ではなく下唇と上歯とで閉鎖が形成されて発音される．これを唇歯鼻音（labiodentaler Nasal）と呼び，IPA記号では [ɱ] で表す．たとえば，Kampf [kampf] → [kaɱpf] 戦い　Nymphe [ˈnʏmfə] → [ˈnʏɱfə] ニンフ．また無声音の後では声に先立って無声音の息だけが鼻腔に送られるために，しばしば前半が無声化されて発音されることがある．たとえば考慮や躊躇を示すときに発せられる間投詞 hm！ [hm] さてと！などでしばしば無声化が生じ，[hm̥m] と発音される．語末の [əm] ではしばしば [ə] が脱落して（→8.3.3.6.2.1.），[m] が音節主音となる．たとえば Atem [ˈaːtəm] → [ˈaːtm̩] 息．

発音・綴字

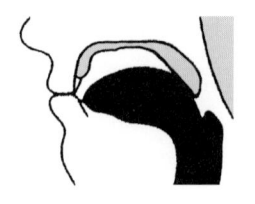

図39　[m]の唇と声道の形

無声/有声	なし			[m]		
位　　置	語頭	語中	語末	語頭	語中	語末
ドイツ語				m	m, mm	m, mm

有声両唇鼻音[m]は，m　mm で記される．mm は語頭には現れない．
m　　Mann [man] 男の人　　Name [ˈnaːmə] 名前　　Dom [doːm] ドーム
mm　　Himmel [ˈhɪml̩] 空　　kommen [ˈkɔmən] 来る　　Stamm [ʃtam] 幹
　　　語末の -en [ən] が先行する [p] や [b] への調音位置の同化によって，[m]になることがある（→8.3.3.6.2.1.）．たとえば，haben [ˈhaːbən] → [ˈhaːbn̩] → [ˈhaːbm̩] → [haːm]．

8.5.3.2.2.　歯茎鼻音(Zahnnasenlaut / alveolarer Nasal) [n](有声)

歯茎閉鎖音 [t] [d] と同じく舌尖が上の前歯の歯茎の前部に接して閉鎖が作られる．口蓋帆を下げて呼気を鼻腔へと流出させる．唇はわずかに開く．日本語のナ行の初頭の子音である．ただし日本語のナ行子音は母音の前に現れ，語末には立たない．日本語の「ン」の発音は，たとえば「新聞」[ʃimbuɴ]「天下」[teŋka] などのように，その次に来る音の影響によってさまざまに異なる．さらに日本語の語末の「ン」は後舌と軟口蓋の最後部で閉鎖が作られる**口蓋垂鼻音**(uvularer Nasal)[ɴ] である．したがってドイツ語の [n] を日本語にならって，たとえば anbieten [ˈanbiːtən] 提供するを [ˈambiːtɴ] のように発音してはならない．日本語のローマ字書きでは「ン」を n で書くために，語末の [n] は日本語の撥音「ン」に近しい音と意識されるが，ドイツ語の [n] と日本語の撥音では調音が異なることを認識しなければならない．nennen [ˈnɛnən] 名付けるも「ネンネン」ではなく，語頭にア

8.5. ドイツ語の子音

クセントを置いて「ˈネネン」と発音しなければならない．前述の [m] と同じく [f] の前では唇歯鼻音 [ɱ] にならないように注意しなければならない．たとえば Senf 辛子は [zɛnf] であって [zɛɱf] ではない．さらに [m] と同様に [n] が Knie [kniː] のような無声音の後では，半ば無声化されて発音される ([kn̥iː]) ことがある．また [k] と [g] の前ではあらかじめこれら軟口蓋子音への構えがとられるので，[n] は次項の軟口蓋鼻音 [ŋ] となる傾向が見られる：Einkauf [ˈaɪnkaʊf] 購入 → [ˈaɪŋkaʊf]．このように近似音での発音にならないように気をつけねばならない．語末の [ən] ではしばしば [ə] が脱落して，[n] が音節主音になる．たとえば，reden [ˈreːdən] → [ˈreːdn̩] 語る（→ 8.3.3.6.2.1.）．

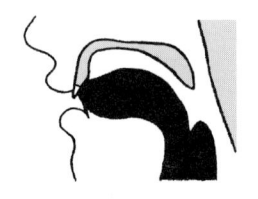

　f の前に立つ n を早口で発音すると，舌尖が上の歯茎にもち上げられずに下唇が f の構えをとり上歯へと接近するので，[m] になることがしばしば起こる．fünf [fʏnf] を [fʏɱf] と発音しないように注意しなければならない．

図40　[n] の唇と声道の形

無声 / 有声	なし			[n]		
位　　　置	語頭	語中	語末	語頭	語中	語末
ド イ ツ 語				n	n, nn	n, nn

有声歯茎鼻音 [n] は，n　nn で記される．nn は語頭には現れない．
- n　　Nacht [naxt] 夜　Tinte [ˈtɪntə] インク　Plan [plaːn] 計画　bitten [ˈbɪtn̩] 頼む
　　　（ギリシャ語とラテン語の接頭辞で）Endemie [ɛndeˈmiː] 風土病　Kongress [kɔnˈgrɛs] 会議　synchron [synˈkroːn] 同時の
- nn　　Tanne [ˈtanə] 樅の木　donnern [ˈdɔnɐn] 雷が鳴る　dann [dan] それから

8.5.3.2.3. 軟口蓋鼻音(Hintergaumennasenlaut / velarer Nasal) [ŋ](有声)

　軟口蓋閉鎖音 [k] [g] と同じく舌尖が下げられて後部舌背と軟口蓋との間で閉鎖が作られる．口蓋帆が下がり呼気は鼻腔へと流出する．日本語の鼻濁音(びだく)と呼ばれる「ガ」行の子音である．しかし「ガ」の子音は標準的日本語では「学校」のように語頭では [g] を，「小学校」のように語中では [ŋ] を用いる原則がある．またこの鼻濁音の [ŋ] を持たない地方もあるので，注意しなければならない．英語の ng の発音に慣れ親しんだ初学者は，閉鎖音の [g] を加える傾向があるが，厳に慎まなければならない．Finger [ˈfɪŋɐ] 指を英語 finger [ˈfɪŋgɚ] からの類推で [ˈfɪŋgɐ] と発音しないように．[ŋg] は本来のドイツ語には現れず，Tango [ˈtaŋgo] タンゴのような外来語に限られる．すでに述べた二つの鼻音 [m] と [n] はヨーロッパのほとんどの言語に現れるが，軟口蓋鼻音 [ŋ] はフランス語の標準語発音には存在しない．フランス語の montagne [mɔ̃taɲ] 山の鼻子音 [ɲ] は調音点が前寄りの**舌背硬口蓋鼻音** (palataler Nasal) であり，[ŋ] とは異なる．

　[ŋ] は中高ドイツ語では [n] の位置異音に過ぎなかった．つまり [ŋ] は，たとえば mhd. singen [ˈsɪŋɡən] のように，[g] と [k] の前にだけ現れ，[n] は [g] と [k] の前に現れることはなかった．新高ドイツ語になるとこの相補的な分布関係がなくなり，軟口蓋鼻音 [ŋ] は音素として独立することとなった．この結果，閉鎖音と調音位置が一致する相関的な関係が成立することとなった

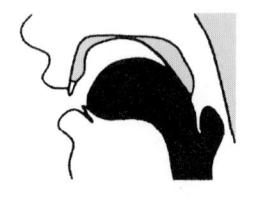

図41　[ŋ] の唇と声道の形

無声 / 有声	なし			[ŋ]		
位　　置	語頭	語中	語末	語頭	語中	語末
ド イ ツ 語					n, ng	ng
外　来　語					n	

8.5. ドイツ語の子音

(→8.5.2.の6.)．

[ŋ]を示す特定の子音字はなく綴字 ng で表されるが，これは複合音ではなく単一の音[ŋ]を表す．[ŋ]は，他の鼻音[m]と[n]とは異なり，語頭に現れることはなく，語中あるいは語末に限られる．

有声軟口蓋鼻音[ŋ]は，n ng で記される．n は[k]音の前に現れる．

n　　（k の前で）Anker [ˈaŋkɐ] 錨　trinken [ˈtrɪŋkn̩] 飲む　Dank [daŋk] 感謝

派生語では n と k が並んでも，n は[ŋ]とはならない：ankommen [ˈankɔmən] 到着する　Anklage [ˈanklaːɡə] 告訴

外来語では n は，[k]と発音される c qu および x [ks]の前に現れる：Delinquent [delɪŋˈkvɛnt] 犯人　Sphinx [sfɪŋks] スフィンクス

ng　　Angst [aŋst] 不安　bringen [ˈbrɪŋən] 持って行く　lang [laŋ] 長い　Zeitung [ˈtsaɪtʊŋ] 新聞

ng は，英語では long [lɔŋ] 長いのように[ŋ]と発音されたり，finger [ˈfɪŋɡɚ] 指のように[ŋɡ]と発音されたりするが，ドイツ語では常に[ŋ]である．しかし外来語では後続の母音が弱い場合には[ŋɡ]となることがある：Ungarn [ˈʊŋɡarn] ハンガリー．

8.5.3.3.　摩擦音

8.4.3.3.で示したように，ドイツ語には調音位置の異なる六つの摩擦音があり，子音の中で数が最も多い．摩擦音の調音では，唇から咽頭に至る声道のどの調音位置においても摩擦的噪音を生じる狭窄を作ることが可能である．しかし他の言語には存在してもドイツ語には存在しない摩擦音もある．たとえば，日本語の Hujisan [ɸɯdʑisan] 富士山のように u [ɯ]の前の h で表される「フ」の初頭音は上下の唇による**無声両唇摩擦音**[ɸ]であり，ドイツ語では正規の言語音としては存在しない．ローソクの火を吹き消すときの「フー」はこの[ɸ]音であるが，これは言語音ではない．[ɸ]に対する**有声両唇摩擦音**[β]もドイツ語では他の子音の異音として現れるだけである．たとえば，有声両唇閉鎖音[b]が強い摩擦的噪音を伴って同じ位置で調音されると，haben [ˈhaːβən] 持っている　aber [ˈaːβɐ] しかし のように，[β]となることがある．さらに後で述べる有声唇歯摩擦音[v]が中部および南ドイツの方言では調音点が少し移動して[β]で発音されることが多い：Schwester

[ˈʃβɛstɐ] 姉妹　wer [βeːɐ̯] 誰が．いずれにせよドイツ語の標準発音には両唇による摩擦音は存在しないことに注意しなければならない．

　ドイツ語のそれぞれの摩擦音には閉鎖音と同じく無声音と有声音がある．これに対して，日本語の摩擦音で無声音と有声音の対立があるのは，[s z] [ʃ ʒ] だけである．

8.5.3.3.1. 唇歯摩擦音(Lippenzahnreibelaut / labiodentaler Frikativ) [f](無声) [v](有声)

　下唇がもち上げられて上の前歯との間に狭めが作られ，その間で生じる摩擦音である．[f] は無声音で，[v] は有声音である．これらの音は日本語には存在しないので，[f] を日本語の「フ」の子音 [Φ] で発音してはならない．また [v] を [b] や [β] のように発音してもならない．Wein [vaɪn] ワインと Bein [baɪn] 脚の発音を区別しなければならない．この摩擦音の調音に際しては，常に上の歯で下唇を軽く嚙むように心がけることを忘れてはならない．この唇歯摩擦音は多くの言語で用いられているが，ドイツ語の [v] は英語やフランス語の [v] ほど摩擦が強くない．そのために，有声の [v] は中部および南ドイツ地方では調音点が前へ移動して両唇摩擦音 [β] で発音される傾向がある：zwei [tsvaɪ] → [tsβaɪ] 数詞 2．また外来語では有声の [v] が無声化して [f] で発音されることがある：Klavier [klaˈviːɐ̯] → [klaˈfiːɐ̯] ピアノ．このような発音は真似るべきではない．有声音の [v] は語末および自鳴音ではない

図42　[f] [v] の唇と声道の形

無声 / 有声	[f]			[v]		
位　　置	語頭	語中	語末	語頭	語中	語末
ドイツ語	f, v	f, ff, v	f, ff, v	w, (q)u	w, (q)u	
外来語	ph, f		w	v, wh	v, ui	

8.5. ドイツ語の子音

子音の前には現れない．

無声唇歯摩擦音 [f] は，f ff v で記される．ff は語頭には現れない．外来語では ph w でも表される．

- f　　Freund [ˈfrɔynt] 友人　Harfe [ˈharfə] ハープ　auf [aʊf] 〜の上に
- ff　　Affe [ˈafə] 猿　öffnen [ˈœfnən] 開ける　Stoff [ʃtɔf] 物質
- v　　Vieh [fiː] 家畜　von [fɔn] から　Frevel [ˈfreːfl̩] 悪事　brav [braːf] 行儀のよい

　　f は外来語では，語頭と語中で有声の [v]，語末では無声の [f] という原則が見られる：Vase [ˈvaːzə] 花瓶　Klavier [klaˈviːɐ̯] ピアノ　Nerv [nɛrf] 神経．しかし古くにドイツ語化された外来語での綴り v は，無声の [f]：Vers [fɛrs] 詩行　Larve [ˈlarfə] 仮面．このドイツ語化された外来語での v [f] はオーストリアでは有声音で発音されることがある：Vesper [ˈfɛspɐ] 夕べの礼拝を [ˈvɛspɐ] のように．名詞 Nerv からの派生形容詞では綴り v の発音は一定していない：nervlich [ˈnɛrflɪç] 神経の に対して，nervös [nɛrˈvøːs] 神経質な．

- ph　　（ギリシャ語系外来語）Philosophie [filozoˈfiː] 哲学　Phantasie [fantaˈziː] 想像力

　　ギリシャ語系外来語での ph [f] は，新正書法では原語に基づく表記 ph とドイツ語化した表記 f が共に認められる：phantastisch / fantastisch [fanˈtastɪʃ] 空想的な．

- w　　（古典語系外来語での語末及び無声子音の前で）Löwchen [ˈløːfçən] 小さなライオン

有声唇歯摩擦音 [v] は，w で記される．qu の u は [v] と発音される．外来語ではさまざまな綴りで表される．

- w　　Wasser [ˈvasɐ] 水　waschen [ˈvaʃn̩] 洗う　Löwe [ˈløːvə] ライオン
- (q)u　Qual [kvaːl] 苦痛　quer [kveːɐ̯] 横に　bequem [bəˈkveːm] 快適な
- v　　（外来語での語頭および語中で）Violine [vioˈliːnə] バイオリン　Sklave [ˈaklaːvə] 奴隷
- wh　　（英語系外来語）Whisky [ˈvɪski] ウィスキー
- ui　　（フランス語系外来語）Biskuit [bɪsˈkviːt] ビスケット

8.5.3.3.2. 歯茎摩擦音(Zahnreibelaut / alveolarer Frikativ) [s](無声) [z](有声)

　舌端が上の前歯の裏から歯茎の付近に向かってもち上げられて狭めが作られ，その間で生じる摩擦音である．前舌面に非常に狭い縦の溝が形成され，そこでも摩擦的噪音が生じる．調音点は地方によって多少異なる．ドイツの中部地方および南部地方とスイス地方では歯茎より前寄りで，北部地方では英語と同じく歯茎で調音される．前寄りで調音されると狭めは舌端で，後寄りで調音されると狭めは舌尖で作られる．唇は次の硬口蓋摩擦音 [ʃ] [ʒ] のように円められることはない．無声音の [s] は日本語の「サ」行の子音であり，有声音の [z] は「ザ」行の子音である．しかし日本語の「シ」と「ジ」の音は [ɕi], [dʑi] である．Sie sind「あなたは〜である」を [ziː zɪnt] ではなく [dʑiː dʑɪnt] と発音する人が初学者の間に多く見られるが，これは誤りである．特に語頭の [z] の発音には注意が必要である．ドイツ語の [s] は語頭には決して現れない（→8.6.5.2.1.の2）．さらに母音の前には立たないので，[sa] [sɪ] [su] [se] [so] という音結合は，方言を別にすれば，ドイツ語には存在しない．このことはドイツ語の発音指導で，しばしば「母音の前の s は有声音，すなわち [z]」と説明される．

　中部および南部ドイツ語ではしばしば [s] も [z] も弱い無声音 [z̥] で発音されるので，reisen [ˈraɪzən] 旅行するも reißen [ˈraɪsən] 引き裂くも [ˈraɪzən] と全く同じように発音されて，両音の区別がなくなることがある．

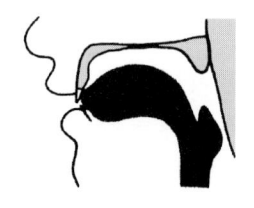

図43　[s] [z] の唇と声道の形

無声 / 有声	[s]			[z]		
位　　置	語頭	語中	語末	語頭	語中	語末
ド イ ツ 語		s, ss, ß	s, ss, ß	s	s	
外 来 語	s, c	s, c, z	z	s, z		

8.5. ドイツ語の子音

無声歯茎摩擦音 [s] は，s ss ß で記される．s は語中 語末および派生接尾辞の前に現れる．s は語中音としては無声の子音の後，および語頭以外で sp st の綴りで現れる．語頭に現れるのは外来語に限られる．また外来語では母音の前にも現れる．外来語では s の他にもさまざまな子音字が用いられる．ss と ß は語頭には現れない．ss は短母音の後に限られる．旧正書法では短母音の後でも，語末のときおよび子音が後続するときには ß であったが，新正書法では一律に ss となった．ß は長母音および二重母音の後に用いられる．

- s   Haus [haʊs] 家   Hals [hals] 首   Erbse [ˈɛrpsə] エンドウ豆   Knospe [ˈknɔspə] 蕾   gestern [ˈɡɛstɐn] 昨日   lösbar [ˈløːsbaːɐ̯] 解ける   Häuschen [ˈhɔʏsçən] 小さな家   Geschreibsel [ɡəˈʃraɪpsl̩] 駄文
  （外来語で）Szene [ˈstseːnə] 場面   Sphäre [ˈsfɛːrə] 範囲   Chanson [ʃãˈsõː] シャンソン
  （外来語での語頭音の sp, st で）Speech [ˈspiːtʃ] スピーチ   Stock [stɔk] 在庫
- ss   lassen [ˈlasn̩] 〜させる   Masse [ˈmasə] 多数   Pass [pas] パスポート
- ß   Straße [ˈʃtraːsə] 道路   fließen [ˈfliːsn̩] 流れる   Fuß [fuːs] 足

 (ch)s は複合音 [(k)s] として発音される（→8.5.3.1.3.）：wachsen [ˈvaksn̩] 成長する   Fuchs [fʊks] 狐

- c   (英語系とフランス語系の外来語) Cent [sɛnt] セント   Cinemascope [sinemaˈskoːp] シネマスコープ   Glacé [ɡlaˈseː] 糖衣
- z   (英語系とフランス語系の外来語) Bronze [ˈbrõːsə] ブロンズ   Quiz [kvɪs] クイズ

有声歯茎摩擦音 [z] は，s で記される．[z] は語頭音としては母音の前に，語中音としては母音間または母音の前の ls ms ns rs の結合に，そして派生接尾辞に現れる．語末には現れない．したがって屈折語尾の -s -es は [-z] [-əz] とはならない．この場合の s は無声の [s] である．

- s   Sonne [ˈzɔnə] 太陽   singen [ˈzɪŋən] 歌う   Esel [ˈeːzəl] ロバ   Felsen [ˈfɛlzn̩] 岩塊   Bremse [ˈbrɛmzə] ブレーキ   Binse [ˈbɪnzə] イグサ   Schicksal [ˈʃɪkzaːl] 運命   langsam [ˈlaŋzaːm] ゆっくりした

(古典語系外来語での語頭音で) Seminar [zemiˈnaːɐ̯] 演習　System [zʏsˈteːm] システム

z　　（英語系とフランス語系の外来語）Zero [ˈzeːro] ゼロ　Zoom [zuːm] ズーム　Gaze [ˈɡaːzə] ガーゼ

　　外来語では本来無声音であった s が，ドイツ語化して有声音に変わったものが多い．たとえば，フランス語からの sauce [sos] ソース　sérénade [serenad] セレナードがそれぞれ Sauce [ˈzoːsə]　Serenade [zereˈnaːdə] のように．外来語での s が無声であるか有声であるかは，ドイツ語化の程度の差による．

歯摩擦音 [θ]　[ð] について

　　舌と歯によって調音される摩擦音にはさらに**歯摩擦音**(dentaler Frikativ) [θ](無声)　[ð](有声) がある．舌尖が上の前歯の裏側に軽く触れて狭めが作られるか，あるいは舌尖が上と下の前歯の間に置かれて，その間で生じる摩擦音である．英語の thank [θæŋk] 感謝の [θ] や that [ðæt] あれの [ð] である．これらの摩擦音は英語ではしばしば現れるが，日本語やフランス語と同じく，ドイツ語には存在しない．ドイツ語でもこれらの摩擦音はかつては存在していた．しかし 8 世紀頃に高地ドイツ語に起こった「**第二次(子)音推移** (Zweite Lautverschiebung)」(→7.1.2.5.) と呼ばれる閉鎖音の変化に付随して消失してしまった．すなわち，第二次(子)音推移で有声閉鎖音 [d] が無声閉鎖音 [t] に推移したために，空白となった [d] の「**あきま**(Lücke im System)」を埋めるための連鎖的音韻変化として，これらの摩擦音は有声閉鎖音 [d] に変わってしまい，そのために歯摩擦音は現在のドイツ語にはもはや存在しないのである．

　　したがって，ドイツ語には英語の [θ]　[ð] を表す綴りとしての th も存在しない．たとえば，Rathaus 市役所に th が現れるが，これは Rat と Haus とが合成したために語末の t と語頭の h がたまたま隣接して th となったものである．ドイツ語の合成語の発音では，合成される以前のそれぞれの発音が保持されるので，[ˈraːthaʊs] と発音されなければならない．またギリシャ語からの借用語である Theater 劇場にも th が現れるが，ギリシャ語系外来語での th は無声閉鎖音 [t] を表すので，[teˈaːtɐ] と発音されなければならない．

8.5. ドイツ語の子音

8.5.3.3.3. 硬口蓋歯茎摩擦音(palatoalveolarer Reibelaut / Frikativ) [ʃ](無声) [ʒ](有声)

　前舌面が硬口蓋に向かってもち上げられ,前舌の前部と上の前歯の歯茎後部および硬口蓋前部との間に幅が比較的広く長さがやや短い狭めが作られ,その間で生じる摩擦音である。無声音の [ʃ] は無声歯茎摩擦音 [s] よりも舌尖が後ろへ引かれてさらに後方で調音される。前舌面に縦の溝が形成されるが,歯茎摩擦音 [s][z] よりも後方で,幅も狭くない。[s] とは唇の形と舌の位置も異なる。ドイツ語の [ʃ] は唇が円く前へ突き出されるのが特徴である。唇の円めは英語の [ʃ] よりも著しい。後舌面は [s] では下がっているが,[ʃ] では高くなる。このために [s] よりは鈍く重い音色となる。[ʃ] は [s] に比べると調音点が後方にあり狭めもより広く,唇が円く突き出されているので,摩擦的噪音が強い。日本語の「シャ　シュ　ショ」の [ʃ] は前舌面全体が硬口蓋に向かってもち上がり,唇が突き出されずに左右に引かれて発音される。ドイツ語の [ʃ] の発音に際しては,唇を円く突き出すことを忘れてはならない。有声音の [ʒ] は本来のドイツ語にはなく,主としてフランス語起源の外来語に限られる。日本語の「ジャ　ジュ　ジョ」の子音は語頭や「ン」の後では破擦音の [dʒ] になるので注意しなければならない。中部および南部ドイツ語では [ʃ] も [ʒ] も弱い無声音の [ʃ] で発音されるので,両者の区別がつかないことがある。

　歯茎摩擦音 [s][z] と硬口蓋歯茎摩擦音 [ʃ][ʒ] とは**歯擦音**(Zischlaut / Sibilant)とも呼ばれる。これらの摩擦音の調音では他の摩擦音とは異なり,それぞれの調音位置を通過した呼気が上の前歯の裏側に当たり,そこでさらに摩擦的噪音が生じる。したがってこれらの摩擦の噪音は音響的に高い周波数成分を持つ。このような特徴からこの二つの摩擦音を特に歯擦音と呼び,他の摩擦音と区別することがある。

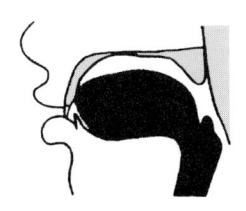

図44　[ʃ][ʒ] の唇と声道の形

無声/有声	[ʃ]			[ʒ]		
位　　置	語頭	語中	語末	語頭	語中	語末
ドイツ語	s, sch	sch	sch			
外来語	s, sh, sk, ch	ch	sh	g, j	g	

無声硬口蓋歯茎摩擦音 [ʃ] は，s sch で記される．英語に慣れ親しんだ人は，綴りが sh ではなく sch であることに注意しなくてはならない．本来のドイツ語では，bisher [bɪsˈheːɐ̯] 今まで のような合成語の場合に sh が現れるが，綴りではない．s は本来のドイツ語でも外来語でも p あるいは t とともに語頭に現れる．sch は語頭にも　語中にも　語末にも現れる．外来語ではさまざまな綴りが用いられる．

s　　Spiel [ʃpiːl] 遊び　spät [ʃpɛːt] 遅い　Stein [ʃtaɪn] 石　streng [ʃtrɛŋ] 厳しい
　　　（外来語で）Spund [ʃpʊnt] 栓　Station [ʃtaˈtsjoːn] 駅　Standard [ˈʃtandart] 標準　Student [ʃtuˈdɛnt] 学生
　　ハンブルク　ブレーメン　ハノーファー地域などの北ドイツの方言では語頭の sp- st- は [sp] [st] と発音される：Spiel [spiːl] 遊び Stein [staɪn] 石．これは北ドイツ地方の発音の典型的な特徴の一つである．
sch　Schule [ˈʃuːlə] 学校　waschen [ˈvaʃn̩] 洗う　falsch [falʃ] 偽の
sh　（英語系外来語）Shampoo [ˈʃampu] シャンプー　Finish [ˈfɪnɪʃ] 仕上げ
ch　（フランス語系外来語）Chef [ʃɛf] チーフ　Cochon [kɔˈʃõː] 豚
sk　（ノルウェー語からの外来語）Ski [ʃiː] スキー

歯茎摩擦音に関連して，外来語での語頭の sp- st- の発音について述べておく．外来語の語頭の sp- st- は本来 [sp] [st] であるが，ドイツ語化の進展の程度によって [ʃp] [ʃt] へと変化してくる．

・外来語の意識の強いもの，あるいは専門用語では，[sp] [st]：
Speech [spiːtʃ] スピーチ　Speed [spiːt] スピード　Spin [spɪn] スピン Spirit [ˈspɪrɪt] 霊魂　Store [stoːɐ̯] 蓄え　streaken [ˈstriːkn̩] ストリーキングする　Stretch [strɛtʃ] ストレッチ織物　Stylist [staɪˈlɪst] スタイリスト

- ドイツ語に定着したものは，[ʃp] [ʃt]：
Spanien [ˈʃpaːni̯ən] スペイン　Spinat [ʃpiˈnaːt] ほうれん草　Spion [ʃpi̯oːn] スパイ　Spital [ʃpiˈtaːl] 病院　Sport [ʃpɔrt] スポーツ　Stadion [ˈʃtaːdi̯ɔn] スタジアム　Station [ʃtaˈtsi̯oːn] 駅　Streik [ʃtraɪk] ストライキ

- ドイツ語化の過程にあるものは，[sp] [st] とも [ʃp] [ʃt] とも発音される：
Spezifik [ʃpeˈtsiːfɪk, sp …] 特殊性　Sponsor [ˈʃpɔnzoːɐ̯, sp …] 後援者　spontan [ʃpɔnˈtaːn, sp …] 自然発生的な　Spray [ʃpreː, sp …] スプレー　Start [ʃtart, st …] スタート　stop！ [ʃtɔp, st …] 止まれ！　Story [ˈʃtoːri, ˈst …] ストリー　Stress [ʃtrɛs, st …] ストレス
語中，語末の sp st は常に [sp] [st] である．

有声硬口蓋歯茎摩擦音 [ʒ] はフランス語系外来語にのみ現れ，g　j で記される．

　　g　　Genie [ʒeˈniː] 天才　Garage [gaˈraːʒə] ガレージ　Negligé [negliˈʒeː] ネグリジェ
　　j　　Jargon [ʒarˈgõː] 隠語　Jus [ʒyː] 肉汁

8.5.3.3.4.　硬口蓋摩擦音（Vordergaumenreibelaut / palataler Frikativ）[ç]（無声）[j]（有声）

中舌面が硬口蓋に向かってもち上げられ，舌背中部と硬口蓋との間に細い狭めが作られ，その間で生じる摩擦音である．唇の構えは円唇でもなく非円唇でもなく軽く開き，舌先は下の門歯の裏側に付いている．[ç] は無声音で，[j] は有声音である．無声音の [ç] は，日本語の「ヒ」の子音である．日本語の標準語発音では無声子音の前で [i] が脱落する傾向があり，たとえば「ヒト」が無声化されて [çto] と発音されたときの初頭音が [ç] の音である．有声音の [j] は日本語や英語の [j] とは異る．日本語の「ヤ」行の子音や英語の y [j] は，ドイツ語に比べると舌と口蓋との間の狭めが広い．声道の構えは母音と変わらないが，自立音ではなくわたり音であるために半母音とみなされている．英語でも yeast [jiːst]「酵母」のように狭母音の前では y [j] は摩擦音 [j] になることがあるが，日本語と英語の [j] は呼気の通路が広いので普通は摩擦的噪音を生じない．これに対して，ドイツ語の [j] は明らかにわたり音ではなく，持続音であり摩擦音である．したがって jung [jʊŋ] 若いを摩

— 107 —

擦音を失って [ʊŋ] のように発音してはならない．

　無声音 [ç] は本来のドイツ語では前舌母音または子音の後に現れ，決して語頭には現れない．初頭音となる唯一の例外は縮小の接尾辞 -chen のときである．語頭音として用いられるのはギリシャ語系外来語に限られる．[ç] は ich [ɪç] 私は に現れるのでしばしば「**イッヒの音**(Ich-Laut)」と呼ばれる．有声音 [ʝ] は語頭音であるのが原則であり，語中音となるのは外来語に限られる．また語末にも現れない．

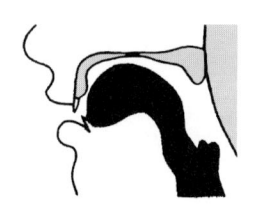

図45　[ç] [ʝ] の唇と声道の形

無声 / 有声	[ç]			[ʝ]		
位　　置	語頭	語中	語末	語頭	語中	語末
ドイツ語		ch, g	ch, g	j	j	
外来語	ch				ll, ill	

　無声硬口蓋摩擦音 [ç] は，ch g で記される．すでに8.5.3.1.3.で述べたように，-ig が語末　音節末および子音の前に来たとき，g は [ç] と発音される．

　　ch　　riechen [ˈriːçən] 匂う　Licht [lɪçt] 光　Recht [rɛçt] 権利　Gespräch [gəˈʃprɛːç] 会話　Mönch [mœnç] 修道僧　Küche [ˈkʏçə] 台所　reich [raɪç] 裕福な　euch [ɔʏç] 君たちに　Milch [mɪlç] ミルク　Furcht [fʊrçt] 恐れ　Mädchen [ˈmɛːtçən] 少女

　　　（ギリシャ語系外来語）Chemie [çeˈmiː] 化学　Charisma [ˈçaːrɪsma] カリスマ

　　　さらに China [ˈçiːna] 中国

　　(-i)g　König [ˈkøːnɪç] 国王　Königs [ˈkøːnɪçs] 国王(2格形)　mutig [ˈmuːtɪç] 勇気のある

　北ドイツおよび中部ドイツでは語末の無声軟口蓋閉鎖音 g[k] は，円唇

母音以外の音の後ではこの無声硬口蓋摩擦音 [ç] に発音される傾向がある（→8.5.3.1.3.）．たとえば Berg [bɛrç] 山　Hamburg [ˈhambʊrç](地名)．
有声硬口蓋摩擦音 [j] は，j で記される．
j　　Jahr [jaːɐ̯] 年　jener [ˈjeːnɐ] あの　Subjekt [zʊpˈjɛkt] 主体
ll　　（フランス語系外来語で，i の後）Papillote [papiˈjoːtə] カールペーパー
ill　　（フランス語系外来語）Tailleur [taˈjøːɐ̯] 裁断師

8.5.3.3.5.　軟口蓋摩擦音(Hintergaumenreibelaut / velarer Frikativ）[x](無声）[ɣ](有声）

後舌面が軟口蓋に向かってもち上げられ，舌背後部と軟口蓋中央部との間に長い裂け目状の狭めが作られ，その間で生じる摩擦音である．唇の形は硬口蓋摩擦音と同様に円唇でもなく非円唇でもなく中立である．[x] は無声音で，[ɣ] は有声音である．

無声音 [x] は非前舌母音の後にだけ現れ，前舌母音および子音の後に現れる無声硬口蓋摩擦音 [ç] と相補的な分布をなしている．このために同じ語での ch が語形変化によって [x] とも [ç] とも発音される．たとえば spreche [ˈʃprɛçə](私は)話す(現在形) と sprach [ʃpraːx](私は)話した(過去形)．ch が示す [x] と [ç] との区別は先行する母音により決まるので，この両者を混同してはならない．

[x] と [ç] は先行する音の違いにより相補的な分布をしているが，以下の例では先行する音が同じであるにもかかわらず，この二つの音が対立するので，注意しなければならない．Kuchen [ˈkuːxn̩] ケーキ—Kuhchen [ˈkuːçən] 雌の子牛　tauchen [ˈtaʊxn̩] 潜る—Tauchen [ˈtaʊçən] 小さな露．それぞれの後者は縮小の接尾辞 chen を伴う派生語である．

[x] は前に立つ母音によってその音色が異なって聞こえる．これは円唇母音の後では母音の唇の形が残るために，その結果共鳴が異なるからである．初学者はしばしば，Dach [dax] 屋根を「ダッハ」[daxˈha] のように，[x] の後に日本語の「ハ フ ホ」を添えて発音しがちであるが，これは誤りである．先行する円唇母音の唇の構えをしっかりと取るように注意しなければならない．[x] は ach！[ax] ああ！に現れるので，しばしば「**アッハの音**(Ach-Laut)」と呼ばれる．音声記号 [x] と子音字の x は同じであるが，子

発音・綴字

音字 x の音価は [x] ではなく [ɪks] である．[x] と [ç] を [ʃ] に近づけて発音するのは，ライン地方の方言である．

有声音 [ɣ] はドイツ語の標準発音には存在しない．しかし北部および南部ドイツ地方では円唇母音 a o u の後に「g＋母音」が来ると [ɣ] が現れる．たとえば Wagen [ˈvaːɣən] 自動車　sagen [ˈzaːɣən] 言う．

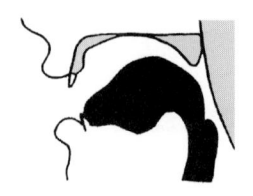

図46　[x] [ɣ] の唇と声道の形

無声 / 有声	[x]			[ɣ]		
位　　置	語頭	語中	語末	語頭	語中	語末
ド イ ツ 語		ch	ch			
外　来　語	ch	cch				

無声軟口蓋摩擦音 [x] は，ch で記される．[x] が語頭に現れるのは [ç] と同じく外来語に限られる．

ch　　Bach [bax] 小川　　hoch [hoːx] 高い　　Buch [buːx] 本　　rauchen [ˈraʊxn̩] 煙草を吸う
　　　（外来語で）Chassidismus [xasiˈdɪsmʊs] ハシディズム（18世紀中頃ウクライナ・ポーランドのユダヤ神秘主義運動）
cch　（古典語系外来語）　Bacchus [ˈbaxʊs] バッカス　　Saccharin [zaxaˈriːn] サッカリン

本来のドイツ語では綴字 ch は語頭には現れないが，地名やギリシア語系外来語では語頭の ch は [k]（→8.5.3.1.3.），フランス語系外来語では [ʃ]（→8.5.3.3.3.）．英語系外来語では [tʃ]（Chip [tʃɪp] チップ）と発音される．

8.5. ドイツ語の子音

8.5.3.3.6. 口蓋垂摩擦音(uvularer Frikativ) [χ](無声) [ʁ](有声)

　後舌面が後方へ向かってもち上げられ，後舌面後部と軟口蓋最後部の口蓋垂との間に狭めが作られ，呼気が口蓋垂の左右を通る際にその間に生じる摩擦音である．[χ] は無声音で，[ʁ] は有声音である．

　無声音の [χ] は聴覚的には無声軟口蓋摩擦音 [x] とほとんど違いがない．[χ] はドイツ語の標準発音には存在しないが，スイスのドイツ語では語頭の k [k] が ch [x] になり，さらにこの [x] の代わりに [χ] が現れる．たとえば Chalb [χalb] 子牛　Chind [χɪnt] 子供．

　有声音の [ʁ] はドイツ語ではしばしば口蓋垂ふるえ音 [R](→8.5.3.6.2.) の代わりとして現れる．[R] の調音に際しては後舌面が口蓋垂に接近して呼気の通路が閉鎖され，強い呼気によって口蓋垂が振動をする．このときに通路が完全に閉鎖されないで狭めが作られると，呼気は口蓋垂を振動させないで，狭い開口部を摩擦的噪音を発しながら流れ出る．このときの音はもはやふるえ音ではなく摩擦音である．初学者のみならず日本人の多くが [R] を発音すると，口蓋垂による振動音は聞こえずに摩擦音しか聞こえないことが多い．このときの音がまさに [ʁ] である：lernen [ˈlɛRnən] → [ˈlɛʁnən] 学ぶ．

8.5.3.3.7. 声門摩擦音(Stimmritzenreibelaut / glottaler Frikativ) [h](無声) [ɦ](有声)

　声門で生じる，すなわち声帯が狭められて作り出される摩擦音である．しかしこの音の生成については音声学者の間で意見が一致していない．[h] を発音するときには声門は無声音のような構えをとる(→8.1.2.3.)．この場合の声門の開き方に関して見解が異なっている．無声の摩擦音 [f] [s] [ʃ] [x] などの場合よりも声門の開きが狭いために摩擦の噪音が生じるという説と，声門の開き方は [f] [s] などと同じだが呼気が [f] [s] よりも強いために摩擦の噪音が生じるという説とがある．また [h] の摩擦の噪音は，[h] が生成されるときに呼気が流出する口声道全体にわたって認められるので，**声道摩擦音**と呼ぶべきだという説もある．さらに多くの言語において [h] は後に続く母音の無声の出だしであるので，その母音の無声化した部分とみる説もある．ドイツ語では [h] は常に母音の前に現れ，母音に先行する [h] が発音されるときには，声門は摩擦の噪音が生じる位置にまでは狭められないで，呼吸の位

置で止まっている。そして摩擦の噪音が生じる位置に達する間に，すでに舌は後続の母音の構えをとっている。したがって，ドイツ語の [h] は後続母音のはじめが無声化した部分とみなすことができる。[h] は常に語または音節の初頭音となる。間投詞や外来語では母音間にも現れることがある。

無声音の [h] は日本語の「ハ」の子音である。しかし日本語の「ヒ」「フ」は多くの場合 [çi] [ɸɯ] であり，子音が異なる。日本語にならって hier [hiːɐ̯] ここに　Hut [huːt] 帽子を [çiːɐ̯] [ɸɯːt] と発音しないように注意しなければならない。

有声音 [ɦ] の発音に際しては，通常の有声音の場合ほど声帯が相互に接近しないで，声帯相互間に隙間が残ったまま声帯が不完全な振動をする。そのために声帯の間から呼気がもれて摩擦の噪音が生じる。日本語の [haɦa] 母や英語の ahead [əˈɦed] 前に　のように [h] が母音間で有声化したときに現れるが，ドイツ語の標準発音には [ɦ] は存在しない。

ドイツ語でも [h] が母音などの有声音の間に立つと，しばしば有声の [ɦ] になることがある。たとえば Uhu [ˈuːhu] ワシミミズク → [ˈuːɦu]　Bahnhof [ˈbaːnhoːf] 駅 → [ˈbaːnɦoːf]。

無声／有声	[h]			[ɦ]		
位　　置	語頭	語中	語末	語頭	語中	語末
ド イ ツ 語	h	h				
外　来　語	h					

無声声門摩擦音 [h] は h で記される。母音の前の語頭および音節の初頭音として現れる。

　　h　　Hand [hant] 手　Gehalt [gəˈhalt] 給料　Oheim [ˈoːhaɪm] おじ
　　　　（母音間で）aha! [aˈha] ははあ！　Mahagoni [mahaˈɡoːni] マホガニー材　Mohär [moˈhɛːɐ̯] モヘア
　　　　（発音されない h）Naht [naːt] 縫い目　Ruhe [ˈruːə] 静けさ　ruhig [ˈruːɪç] 静かな　Drohung [ˈdroːʊŋ] 脅かし　Vieh [fiː] 家畜

フランス語では語頭の h は本来は黙字であるが，フランス語系外来語では通常 [h] と発音される：Hotel [hoˈtɛl] ホテル　Hasard [haˈzart] 賭け事。

古典系外来語での rh　th のように子音の後の h も音価を持たない：Rhein [raɪn] ライン河　Theater [teˈaːtɐ] 劇場。

8.5. ドイツ語の子音

無声音 [h] を表す h には他の子音字には見られない大きな特徴がある．すなわち，h は語または音節の初頭音として母音の前に立つ場合にだけ音価を持ち [h] と発音されるが，語中に現れて子音 [ə]　-ig　-ung の前に立つときおよび語末では，h は音価を持たずに黙字(もくじ)となる．h はドイツ語で発音されないで黙字となる唯一の文字である．したがって，母音の直後に表記される h は，子音 [h] を表すものではなく，単なる綴りの上の記号に過ぎず，実際には発音されない．

ここで h の黙字化を歴史的に観察してみよう．中高ドイツ語では h は音節の始めでは常に [h] 音であり，s　t の前または音節末では [x] 音であった．新高ドイツ語になると [x] 音はすべて ch で記されるようになり，語中の音節の始めにある h は音価を失ってしまった．h は音価を失ったが，新高ドイツ語の語幹の語源に基づいて綴るという正書法の原則に従って，h はそのまま綴字に残された：

中高ドイツ語　　doh [dɔx]　　　maht [maxt]　　；　sehen [ˈzɛhən]
新高ドイツ語　　doch [dɔx]　　　Macht [maxt]　　；　sehen [ˈzeːən]

新高ドイツ語の sehen では [h] 音が失われたため，その代償として前の母音 e が長母音となった．このように子音が消失したために，その代わりに直前の母音が長母音化することを**代償延長**(Ersatzdehnung)という．この結果，sehen のように中高ドイツ語において語中で音節の初頭音となっていた h は，今日のドイツ語では通常発音されないで，直前の母音を長く発音するいわば長音符または長音化記号の役目をしているかのような印象を与えるようになった．

中高ドイツ語から新高ドイツ語への移行過程において，アクセントの置かれた母音で終わる開音節の短母音が長くなる**長母音化**(Dehnung)が起こった．たとえば，mhd. klagen [ˈklagən] → nhd. klagen [ˈklaːgən]．子音で終わる閉音節にある短母音であっても，屈折語尾が付加すると母音で終わる開音節となり，たとえば mhd. ir [ɪr] → i-res [ˈiːrəs]（2 格形）のように，長母音化するようになり，さらに屈折語尾の付かない語形にも長母音化が拡大するようになった．そこで本来は h を有していなかった語にまで，長母音であることをはっきりと示すために，すでに直前の母音が長音であることを示す長音符化していた h が，sehen に対する類推から長母音の後に添加されるようになった：ihr．その他の例：mhd. sun → nhd. Sohn　mhd. vane → nhd.

Fahne mhd. nemen → nhd. nehmen. したがって，nehmen の語幹のように，母音の次に h があるときには長く発音するのだ，という説明は事実の逆であって，長母音であることを示すために h が添加された，と説明すべきである。今日のドイツ語では発音されない h は，長母音識別の手がかりとして寄与しているばかりではなく，malen [ˈmaːlən] 描く―mahlen [ˈmaːlən](穀粒を)ひく　leeren [ˈleːrən] 空にする―lehren [ˈleːrən] 教えるのような**同音異義語**(Homonym)(→8.8.7.1.)に対して表記上の識別をする役割をも果たしている。

8.5.3.4.　破擦音

　破擦音は，8.4.3.4.で述べたように，閉鎖音の出わたり部分が摩擦音に変わった特殊な閉鎖音である。調音位置で声道がいったん閉鎖される点は閉鎖音と同じであるが，閉鎖音の開放に続けて同じかあるいは極めて近い調音位置で摩擦音が生じる。したがって，それぞれの閉鎖音に対してそれに対応する破擦音が可能であるが，ドイツ語の標準発音に存在するのは，[p] に対する [pf̩]，[t] に対する [ts] [tʃ]，[d] に対する [dʒ] の四種類である。[pf̩] と [ts] は頻繁に現れるが，[tʃ] と [dʒ] はドイツ語ではまれである。[k] に対する [kx] [kχ] は南ドイツの方言およびスイスのドイツ語にしか現れない。たとえば南ドイツでは kommen [ˈkɔmən] 来るが [ˈkxɔmən] のように閉鎖音 [k] に代わって破擦音 [kx] が，スイスのドイツ語では Sach [zaχ](＝標準ドイツ語の Sache [ˈzaxə] 物)が [zakχ] のように摩擦音 [χ] に代わって破擦音 [kχ] が現れる。破擦音での摩擦的噪音の持続は単独の摩擦音の場合よりも短い。破擦音の閉鎖音の部分と摩擦音の部分は別々の音節に属することはないので，二つの音に区切って発音をしてはならない。

8.5.3.4.1.　唇歯破擦音(labiodentale Affrikate)　[pf̩](無声)

　唇歯摩擦音 [f] の調音の場合と同じように下唇がもち上げられて，下唇と上の前歯との間に閉鎖が作られ，閉鎖の破裂と同時に摩擦音 [f] に移行する。[f] の構えをして，[p] を発音するように勢いよく両唇を破裂させて発音するとよい。[p] と [f] を別々に「プフ」と発音したり，「プ」あるいは「フ」のどちらかになってしまってはならない。また [p] を発音してそのままの唇の形で日本語の両唇摩擦音 [ɸ] を続けて発音してもいけない。この音は日本語

8.5. ドイツ語の子音

にも英語にも存在しないので発音の練習が必要である．

　北ドイツや中部ドイツの方言では [pf] は語頭および [m] の後では破裂的噪音を伴わずに摩擦音 [f] になることがある．たとえば Pfeil [faɪl] 矢　Kampf [kamf] 戦いのように．

　abfahren [ˈapfaːrən]「出発する」などの [pf] は破擦音ではなく，派生接頭辞の語末音 [p] と基礎語の語頭音 [f] との単なる子音連続であり，その間には明らかに音節の境界が認められる．本書ではこの両者を区別するために，破擦音の場合には結びのスラー記号 [‿] を補助記号として付し，子音連続の場合にはハイフン [-] によって区切ることがある：Apfel [ˈap͡fəl] リンゴ　abfahren [ˈap-faːrən]．

無声 / 有声	[pf]			なし		
位　　置	語頭	語中	語末	語頭	語中	語末
ドイツ語	pf	pf	pf			

無声唇歯破擦音 [pf] は pf で記される．

pf　　Pferd [pfeːɐt] 馬　empfehlen [ɛmˈpfeːlən] 推薦する　Kopf [kɔpf] 頭

　接頭辞 emp- は ent- が f の前で音が同化されて生じたものなので，empfehlen は語源・形態的には派生語 emp-fehlen（＜ent-fehlen）であり，区切るならば emp と fehlen となるべきである．発音の上では pf を分割して接頭辞 emp- の後で切ることができない．その結果 [pf] の前で区切られるので注意しなければならない．

8.5.3.4.2.　歯茎破擦音（alveolare Affrikate）　[ts]（無声）

　歯茎閉鎖音 [t] の調音の場合と同じように舌端が上の歯茎に接して閉鎖が作られ，閉鎖の破裂と同時に摩擦音 [s] に移行する．日本語の「ツ」に含まれる子音の部分に等しい．日本語のこの子音は母音 [u] の前にしか立たないが，ドイツ語の [ts] は Zange　Zoo　Zunge　Zinn　zehn など種々の母音の前に立つ．英語では cats [kæts] 猫（複数形）などの [ts] は普通二音素の連続とみなされ，破擦音は tsetse [ˈtsetsi] ツェツェ蠅などの一部に限られるが，ドイツ語では種々の綴字で現れる．l　n に続く [ts] を，低地ドイツ語地方のように，摩擦音の [s] と発音することがある（ganz [gants] → [gans] 全部

発音・綴字

の)が，摩擦音ではなくはっきりと破擦音 [ts] で発音しなければならない．

無声 / 有声	[ts]			なし		
位　　置	語　頭	語　中	語　末	語　頭	語　中	語　末
ドイツ語	z	z, tz	z, tz, ds, ts			
外　来　語	c	t, zz	zz			

無声歯茎破擦音 [ts] は，z　tz　ds　ts で記される．外来語ではさまざまな綴字が用いられる．

z　　Zahn [tsaːn] 歯　Arzt [aːɐ̯tst] 医者　Falz [falts] 折り目
tz　　Katze [ˈkatsə] 猫　jetzt [jɛtst] 今　Satz [zats] 文
c　　（ラテン語系外来語）Cäsar [ˈtsɛːzaːr]（人名）　circa [ˈtsɪrka] おおよそ
t　　（ラテン語系外来語）Aktie [ˈaktsiə] 株券　Patient [paˈtsiɛnt] 患者　Nation [naˈtsioːn] 国民
zz　　（英語系とイタリア語系の外来語）Jazz [ʤats] ジャズ　Skizze [ˈskɪtsə] スケッチ

　abends [ˈaːbənts] 晩に　は，本来名詞 Abend [ˈaːbənt] 晩に 2 格形語尾 -s [s] が付加された 2 格形である．nachts [naxts] 夜に も同じく，女性名詞 Nacht [naxt] に abends や tags 昼に からの類推で -s [s] が付加されたものである（→2.2.2.）．Rats [raːts] は Rat [raːt] 忠告の 2 格形であり，Rätsel [ˈrɛːtsl] なぞなぞ（＜言い当てるべきもの）は動詞 raten 言い当てるからの派生語である．したがって，これらの語での ts は元来は子音連続 [t-s] であるが，破擦音 [ts] とほとんど区別なく発音される．

8.5.3.4.3.　硬口蓋歯茎破擦音（palatoalveolare Affrikate）[tʃ]（無声）　[dʒ]（有声）

　舌端は歯茎閉鎖音 [t] [d] のときよりやや後寄りに引かれるため，歯茎後部と硬口蓋との境目に接して閉鎖が作られ，閉鎖の破裂と同時に摩擦音 [ʃ] [ʒ] に移行する．日本語の「チ」「ジ」の子音に近いが，調音点がそれらより後寄りである．また後半の摩擦音の部分で唇の円めを伴う点が異なる．日本語の「ジ」の子音は語頭および「ン」の後では [dʒ] である（「地震」[dʒiʃin]

8.5. ドイツ語の子音

「返事」[heɴdʒi])が, 語中の母音間では [dʒ] または [ʒ] となる(「乞食」[kodʒiki] または [koʒiki])ので, 語中での [dʒ] が [ʒ] とならないように注意しなければならない. 有声音の [dʒ] は本来のドイツ語には存在しないので, 外来語に限られる.

無声 / 有声	[tʃ]			[dʒ]		
位　　置	語頭	語中	語末	語頭	語中	語末
ドイツ語		tsch, tzsch	tsch			
外来語	c, ch	cci, tsch	tch	g, j, dsch	g	

無声硬口蓋歯茎破擦音 [tʃ] は tsch で記される. 本来のドイツ語では語頭には現れない. 外来語ではさまざまな綴字で現れる.

　tsch　Deutsch [dɔʏtʃ] ドイツ語　Quatsch [kvatʃ] くだらない話
　　　　zwitschern [ˈtsvɪtʃɐn] さえずる
　　　　(スラブ語系外来語) Tscheche [ˈtʃɛçə] チェコ人　Peitsche [ˈpaɪtʃə] 鞭
　tzsch　(人名で) Nietzsche [ˈniːtʃə]
　ch　(英語系外来語) Champion [ˈtʃɛmpi̯ən] チャンピオン　checken [ˈtʃɛkn̩] 点検する
　tch　(英語系外来語) Match [mɛtʃ] 試合
　c　(イタリア語系外来語) Cembalo [ˈtʃɛmbalo] チェンバロ
　cci　(イタリア語系外来語) Capriccio [kaˈprɪtʃo] 狂想曲

有声硬口蓋歯茎破擦音 [dʒ] は, 英語系外来語では g j　イタリア語系外来語では g　その他の外来語では dsch で記される. 語末には来ない.

　g　Gin [dʒɪn] ジン　Gentleman [ˈdʒɛntl̩mɛn] 紳士　Ragione [raˈdʒoːnə] 商事会社
　j　Job [dʒɔp] アルバイト　joggen [ˈdʒɔɡn̩] ジョギングをする
　dsch　Dschungel [ˈdʒʊŋl̩] ジャングル　Dschunke [ˈdʒʊŋkə] ジャンク

8.5.3.5. 側面音

呼気が口腔内の全体を通ってではなく, 閉鎖を形成している舌の両側ある

いは片側を流れ出て生じる側面音は，ドイツ語では唯一歯茎側面音 [l] しか存在しない．

8.5.3.5.1. 歯茎側面音(alveolarer Seitenlaut / Lateral) [l](有声)

　閉鎖音 [t] [d] とほぼ同じく，舌尖が上の歯茎の前部の中央で接し，呼気が中央部の盛り上がった舌の両側面(または片側面)を流れ出て生じる言語音である．口の開きは [t] [d] より大きい．両側面を通っても片側面を通っても音色にはほとんど差異はない．普通は噪音を生じないが，呼気が舌縁の所で弱い摩擦的噪音を伴うことがある．

　側面音は口腔中央部で閉鎖を形成している舌の形状によって二つの種類の音が区別される．側面音の [l] を発音するときに，前舌部が歯茎へ向かってもち上がると，前舌面以外の舌面は下がって，前舌母音のような構えとなる．そのために [l] は前舌母音特有の明るい感じの音色を帯びる．これを「**明るい [l]**」という．これに対して後舌部が軟口蓋へ向かって多少もち上がると，後舌母音のような構えとなり，後舌母音特有の暗い感じの音色を帯びる．これを「**暗い [l]**」という．英語では lip [lip] のように母音の前に現れる [l] は「明るい [l]」であり，feel [fi:l] のように母音の後ろに現れる [l] は「暗い [l]」である．英語の [l] では舌の構えによってこの二種類の [l] 音が調音されるが，ドイツ語の [l] にはこのような区別はない．前舌部が硬口蓋に向かってもち上がり，後舌部は普通低くなっているので，ドイツ語の [l] は常に「明るい [l]」であり，有声音である．したがって英語の call [kɔ:l] 呼ぶのときのように後舌部を軟口蓋に向けてもち上げないように注意しなければならない．[l] は日本語には存在しない子音なので特に発音には留意が必要である．曖昧母音間に [l] が来る ([ə+l+ə]) と，しばしば前の曖昧母音が消えて [l] が音節主音になる．たとえば ich handele [ɪç ˈhandələ] → [ɪç ˈhand l̩ə]（私は）行動する．バイエルン地方の方言では前舌部がもち上がって [l] の調音位置をとる寸前に前舌母音 [i] の構えが入り込んでしまい，[i] が [l] の前に現れる．そしてさらに [l] が落ちてしまい二重母音化して発音されることがある．たとえば，halb [halp] 半分の が [hoi̯b] となる．

8.5. ドイツ語の子音

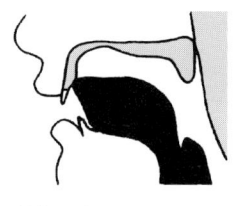

図47 [l] の唇と声道の形

無声 / 有声	なし			[l]		
位　　置	語頭	語中	語末	語頭	語中	語末
ドイツ語				l	l, ll	l, ll

有声歯茎側面音 [l] は l　ll で記される．ll は語頭には現れない．
l　　Land [lant] 陸地　blau [blaʊ] 青い　Feld [fɛlt] 野原　Tal [taːl] 谷
ll　　wollen [ˈvɔlən] 欲する　alle [ˈalə] すべての　Schall [ʃal] 響き
　　soll [zɔl] (私は)〜すべきである

8.5.3.6. ふるえ音

ふるえ音は多くの言語において / r / 音の調音に現れる．その調音の仕方は各言語によって異なるため，言語によっては同一音素の異音として，複数の異なる調音方式によるふるえ音が現れることがある．弾力性のある調音器官の速やかな振動によるふるえ音の生成に関与する器官は，ドイツ語では舌尖と口蓋垂である．

8.5.3.6.1. 舌尖歯茎ふるえ音(alveolarer Zungenspitzen-zitterlaut) [r] (有声)

上の歯茎に接近させられるか軽く接触させられた舌尖が強い呼気によって歯茎との間で数回振動して生じるふるえ音である．普通の会話では舌尖は二〜四回程度振動するという．このふるえ音 [r] は「巻き舌の [r]」とも呼ばれ，最も典型的なふるえ音であり，ヨーロッパ諸語での r 音の原型とみなされている．[r] はドイツ語を始め，フランス語　スペイン語　イタリア語　ロシア語など多くのヨーロッパ語にある．日本語の「ラ行」の子音は，特に母音間では，一回きりの振動による弾き音 [ɾ] (→8.4.3.7.) である．しかし歌舞伎の台詞や江戸っ子のベランメエ言葉にはこの巻き舌の [r] がしばしば

現れる．一回きりの弾き音の r [ɾ] は，英語やスペイン語やイタリア語にも現れるが，ドイツ語では通常現れない．

　舌尖による [r] はかつてドイツ標準語の r 音と定められていたが，日常会話ではフランス語などと同じく次の口蓋垂によるふるえ音 [ʀ] にとって代わられつつある．しかし舌尖による [r] は今日でも古典劇や歌唱や荘重な演説などには好んで用いられる．

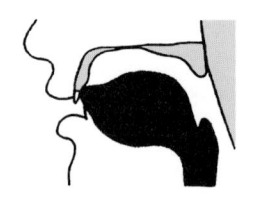

図48　[r] の唇と声道の形

8.5.3.6.2. 後舌面口蓋垂ふるえ音(dorsaler Zäpfchenzitterlaut) [ʀ](有声)

　後舌面を後方の口蓋垂に向けてややもち上げると，後舌面の中央線に溝状のくぼみが出来る．この舌背面の溝に口蓋垂の先端が前向きに垂れ下がり接近すると，呼気によって口蓋垂は溝に沿って振動する．このようにして生成されるふるえ音が [ʀ] である．この音はフランス語の正規の r 音であり，ドイツ語では17世紀にフランス語の影響で行われるようになった．日本語にはこの音は全く存在しない．その上日本人の多くは日本語による言語活動においてそもそも口蓋垂を振動させる発音を行わない．したがって多くの日本人の口蓋垂はすでに硬化してしまっているか，あるいは退化して小さくなっている．著者は学生時代に音声生理学の授業で学友の口蓋垂の状態を調査したことがある．記録はすでにないが，口蓋垂が2〜3mm程度に小さくなってしまった者や全く隆起のない者が多かったことが印象に残っている．一度鏡の前で自分の口蓋垂の状態を確認してみるとよい．

　[ʀ] の発音は日本人にとっては困難な発音の一つである．舌を丸めて出来るだけ後方へ引き，喉をすぼめるようにして軽く息を口蓋垂に当てるように練習するとよい．息が強すぎると口蓋垂摩擦音の [ʁ](→8.5.3.3.6.)になってしまう．

8.5. ドイツ語の子音

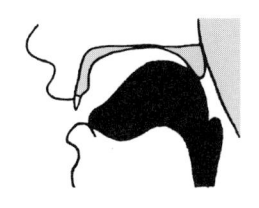

図49 [ʀ]の唇と声道の形

無声／有声	なし			[r] [ʀ]		
位　置	語頭	語中	語末	語頭	語中	語末
ドイツ語				r	r, rr	r, rr
外 来 語				rh	rrh	rrh

　有声舌尖歯茎ふるえ音 [r] と後舌面口蓋垂ふるえ音 [ʀ] は，ドイツ語では音素 / r / の異音であるので，共に r rr で記される．[r] のみ表記する．
　r　　Rose [ˈroːzə] バラ　warten [ˈvartn̩] 待つ　Kerl [kɛrl]（軽蔑的に）やつ
　rr　　Terror [ˈtɛroːɐ̯] テロ　irren [ˈɪrən] 思い違いをする　starr [ʃtar] 硬直した
　rh　　（ギリシャ語系外来語）Rhein [raɪ̯n] ライン河　Rhytmus [ˈrʏtmʊs] リズム
　rrh　（ギリシャ語系外来語）Diarrhö [diaˈrøː] 下痢　Katarrh [kaˈtar] カタル

8.5.3.6.3.　rの発音について

　すでに述べたように，ドイツ語での r の発音には四つのタイプがある．舌尖歯茎ふるえ音 [r]　後舌面口蓋垂ふるえ音 [ʀ]　口蓋垂摩擦音 [ʁ]（→8.5.3.3.6.）　母音化された [ɐ̯]（→8.3.7.）である．これらの音の間にはどの音が主でありどの音が副であるという関係はなく，すべて音素 / r / の異音として現れる．基本的には「舌尖による [r]」と「口蓋垂による [ʀ]」である．ドイツ語の歴史からみると「舌尖による [r]」が元来の r 音であった．「口蓋垂による [ʀ]」はドイツ語で自然発生したという説もあるが，フランス語からもたらされたという説もある．フランスの洗練された文化の影響を受けて17世

紀になって初めて都市部の上層階級に現れた．これは発音における都会的現象として発生したもので，[r]よりも上品であるとみなされ，その後地方へと浸透していった，という説である．[r]は舞台発音としては標準発音とされたこともあったが，現代のドイツ語では南ドイツ　スイス　オーストリアの地域に限定され，[R]が[r]にとって代わり，日常の会話で広く用いられている．今ではアナウンサーのほとんどが「口蓋垂による[R]」を使用するといわれている．口蓋垂による[R]の調音に際して後舌面の口蓋垂への接近が十分でないと，舌背と口蓋垂との間の狭めが広くなり呼気によって口蓋垂は振動しない（あるいは振動は弱い）．その結果，ふるえ音が生じないで摩擦的噪音が生じる．このときの音は口蓋垂摩擦音の[ʁ]である．[ʁ]はアッハの音[x]に似た摩擦音である．したがって，[ʁ]は[R]の不完全な調音による弱まったタイプといえよう．[ʁ]はドイツ語ではrの発音の一つとして用いられている．また語末などのアクセントの置かれない位置に立つ[R]では呼気が弱いために，口蓋垂のふるえが弱く[ʁ]や弾き音の[ɾ]になりやすい．さらにr音は子音としての性質を失って，母音化された[ɐ]となる傾向が強い．日常の発話ではアクセントの置かれない音節でのrおよびerは母音化された[ɐ]で発音されるのが一般的である．rの発音の四つの異なるタイプは音素／ｒ／の地域的，社会的，個人的な自由変異の異音なのである．

　各種独和辞典の音声表記ではrの音に対して[r]を用いているが，これは便宜上のことで，「舌尖による[r]」の優先を意味するものではない．本書では母音化されやすいrについては[ɐ]で表記した．

　なお，舌尖を立てて歯茎の後部に接近させることによって形成される英語の伝統的なr音である**後部歯茎接近音**[ɹ]は，ドイツ語では聞かれない．

8.5.4．二次的調音

　日常の言語活動である一つの言語音が他の言語音から切り離された状態で現れることはまれであり，ほとんどの場合は言語音の連続として現れる．このように言語音が連続するとき，隣接する言語音は互いに影響を及ぼす．すなわちある音の調音が隣接する音によって影響を受けて，その音本来の調音と同時に隣接する音に類似した調音を行うことがしばしば起る．このような現象を**二次的調音**(sekundäre Artikulation)という．二次的調音で一次的な

8.5. ドイツ語の子音

調音(Hauptartikulation)による本質は失われることはない．

二次的調音と二重調音とを混同してはならない．硬口蓋歯茎摩擦音[ʃ]の調音では前舌面が硬口蓋に向かってもち上げられると同時に唇が円められる．したがってこの[ʃ]は硬口蓋と唇という二つの調音器官が参加して調音される．このような調音法を**二重調音**と呼ぶ．二重調音は隣接する音の影響を受けることなく行われ，二箇所で行われる調音のうちで一方が主要で他方が副次的という関係にはないという点で二次的調音とは異なる．

ドイツ語での二次的調音には，1 唇音化　2 口蓋化　3 軟口蓋化がある．

1　唇音化

ある音の調音に唇の円めが加わることを**唇音化**または**円唇化**(Labialisierung)という．ドイツ語では特に円唇母音[u][ʊ]の前では子音が円唇で発音されることが多い．たとえばKurze [ˈkʊrtsə]小さなグラスは，Kerze [ˈkɛrtsə]ろうそくとは異なり，[k]が後ろに続く[ʊ]の調音を先取りして円唇を伴う．IPA記号では唇音化された音には補助記号[ʷ]を付けて表す：Kurze [ˈkʷʊrtsə]．

2　口蓋化

硬口蓋音以外の子音の調音で前舌がもち上げられて硬口蓋に接近することを**口蓋化**(Palatalisierung)という．実際には**硬口蓋化**のことであるが，普通は単に口蓋化という．この現象は日本語の「カ行」音の子音に見られる．「キ」の子音[k]は，「カ」「コ」の子音[k]に比べると，後ろに続く[i]の影響で舌の位置が軟口蓋より前寄りの位置で口蓋化されて発音される．ドイツ語では特に前舌母音[ɪ]の前で起こる現象である．たとえばtippen [ˈtɪpn̩]タイプを打つは，tappen [ˈtapn̩]おぼつかない足取りで歩くとは異なり，[t]は歯茎より後寄りの位置で口蓋化されて発音される．IPA記号では口蓋化された音には補助記号[ʲ]を付けて表す：tippen [ˈtʲɪpn̩]．

3　軟口蓋化

軟口蓋音以外の子音の調音で後舌が軟口蓋の方へもち上げられることを**軟口蓋化**(Velarisierung)という．8.4.3.6.と8.5.3.5.1.で述べた「暗い[l]」は軟口蓋化した[l]である．IPA記号では軟口蓋化された音には補助記号として[ˠ]を用いるが，本書ではこれまでの伝統にならって補助記号[~]を子音記号に重ねて表す：feel [fiːɫ]．

8.5.5. 子音の発音記号一覧表

斜字体は外来語および外国語を表し、もとの外国語は以下のように略した。
英：英語　仏：フランス語　伊：イタリア語　ギ：ギリシャ語　ラ：ラテン語　ハンガ：ハンガリー語　ス：スペイン語　ノル：ノルウェー語
NF：別形（Nebenform）　　*：変化形

子音		綴字	例　　語
閉鎖音	[p]	p	Paar, prall, Oper, Stulpe, plump
		pp	Appell, Appetit, Suppe, knapp, tipptopp
		b	（語末）ab, gelb, halb, Klub, Lob （無声子音の前）Erbse, Herbst, hübsch, gelblich （語中：d　gの前）Gelübde, Liebden, Rhabdom, Nebgen （派生綴の前）[1] abwärts, Labsal, Liebchen, löblich
		bb	（語末）*ebb!, *krabb!, *robb!, *schrubb! （無声子音の前）*ebbt, *krabbst, *schrubbtest （派生綴の前）[2] ebblos, ebbwärts, Kräbbchen
	[b]	b	（語頭）Bach, blau, Brot, Bulle, Bube （語中：母音の前）Abend, Gabel, Kasba, Narbe （語中：l　n　rの前）ebnen, *kable
		bb	（語中：母音の前）Ebbe, Hobby, Rabbi, Schibbeke （語中：l　rの前）Gabbro, *dribble
	[t]	t	Tat, treu, Atlas, atmen, Stamm, Ast, Ort
		tt	Mitte, Mutter, zittern, matt, Fagott
		th	（ギ）*Theater, Thron, Zither*；Thor
		tth	Matthäus, Matthias

8.5. ドイツ語の子音

閉鎖音		d	(語末) Bad, Geld, Oxid, Wand (無声子音 g m n v w の前) Admiral, Edgar, Wodka (派生綴の前)[1] beredsam, freundlich, leidlos, Mädchen (ラ前綴 ad- 子音の前) Adhärenz, Adjunkt, Advokat
		dd	(語末) Modd, padd! (派生綴の前)[1] paddbar
		dt	Stadt, beredt, gesandt, verwandt
	[d]	d	(語頭) Dame, drei, dwars, Dynamik (語中:母音の前) Adel, ander, Felder (語中:l n r の前) Handlung, ordnen, *rudre
		dd	(語中:母音の前) addieren, jiddisch, Kladde (語中:l r の前) Paddler, schnoddrig
	[k]	k	kalt, Kino, piken, link, krank
		kk	Akklamation, Akkordeon, Okkupation, okkasionell
		kq	akquirieren, Akquise
		ck	Hecke, Knicks, wackeln, Bock, dick
		g	(語末) arg, *folg!, *lag, Metzg, Weg (無声子音 d の前) bugsieren, Gschnasfest, *legt, Jagd (派生綴の前)[1] beweglich, Feigling, tragbar, Wagnis (後綴 -ig で lich の前) königlich, lediglich, Königreich
		ch	(母音の後で s の前) Ochse, wechseln, Wuchs (固有名詞の語頭) Cham, Chemnitz, Chiemsee, Chur (ギ) Charta, Chlor, Chorea, Chronik

閉鎖音		c	(伊) *Chianti*, *Maraschino*, *Marchese*
			(a l o r u の前) (仏) *Café*, *Cour*, *Cure*；(英) *Clown*, *Crew*
		cc	(a l o r u の前) *Accompagnato*, *Accursius*, *Ecclesia*
			(伊) *Malocchi*, *Malocchio*, *Stracchino*
		q(u)	Quelle, Quittung
		qu	(仏／ス) *Enquete*, *Quai*, *Quebracho*, *Queue*
	[g]	g	(語頭：母音 有声子音の前) Gas, Gens, gleich, Gnade, grau
			(語中：母音の前) Egel, Lage, Sorge, vulgär
			(語中：l n r の前)[2] *regne, *segle
			(ギ／ラで l m n r の前) *Aglaia*, *Agronom*, *Magma*, *Signal*
		gg	(語中：母音の前) Egge, Flagge, groggy, Roggen
			(語中：l r の前)[2] *baggre, Schmuggler, *törrgle
		gh	(母音の前，特に伊) *Ghetto*, *Joghurt*, *Sorghum*
		gu	(仏／ス) *Aiguillette*, *Guerrilla*, *Guillotine*
鼻音	[m]	m	Mann, mischen, Lampe, Dom, Kam
		mm	Himmel, bekömmlich, kommen, Stamm
	[n]	n	(g k の前以外) Nacht, Tinte, manch, Zentren, Plan
			(f c [k] g [g] k qu x の前以外) *Insulin*, *Koncha*, *Pneu*, *Punsch*
			(ギ／ラの前綴 con- kon- en- in- syn- で) *Enkaustik*, *Kongress*, *synchron*
		nn	Annalen, donnern, Konnex, Tanne, dann
	[ŋ]	n	(k の前) Anker, sinken, Trinken, Dank

8.5. ドイツ語の子音

鼻音			(仏：c [k]　g [g]　k　qu　x の前) *Delinquent*, *Sphinx*, *Tangens*
		ng	Angst, bringen, Gong, Länge, Zeitung
摩擦音	[f]	f	Fach, Freund, Harfe, Reform, auf
		ff	Affäre, Affe, öffnen, Stoff
		ph	*Phantasie*, *Philosophie*, *Aphthen*, *Apokryph*
		v	Vieh, Vogel, von, *Larve*, *Nerve* (語末，無声子音の前) aktiv, *aktivst, *luvt (派生綴の前)[1] luvbar, luvwärts
		w	(子音の前，語末) Litewka, Löwchen, *stowst (派生綴の前)[1] stowbar
	[v]	w	was, Wasser, waschen, Löwe, power, Wrack
		wh	(英) *Whipcord*, *Whisky*, *Whist*
		ww	Struwwelkopf, Struwwelpeter
		(q)u	Qual, bequem
		v	*Nervös*, *Violine*, *Vokal*, *active*
		ui	(仏) *Biskuit*
	[s]	s	(語末) Haus, das, Gas, Hals, Konkurs (語頭：b　c [k　ts] ch [ç　k] f g k l m n ph q v w z [tz] の前) *Sbirre*, *Scala*, *Schisma*, *Swing*, *Szene* (語中：b ch ck f g k p の後) Erbse, *höchst, Kapsel, Ochse, Schickse (語中：c [k　ts] ch [ç] f k p ph q t z [ts] の前) Eschatologie, fasten, Wespe (語中：鼻母音の後) *Chanson*, *Konsommee*, *Pensee* (子音の後の派生綴 -sel で) Geschreibsel, Häcksel (派生綴の前)[1] Blüschen, boshaft, lösbar, löslich

—127—

発音・綴字

摩擦音			
			(仏：語頭：ｐ　ｔの前) *Speech*, *Stor*, *Stock* (仏：語中：有声子音の前) *Asbest*, *Gleisner*, *Islam*, *Ismus*
		ß	fließen, stoßen, Straße, Maß, Fuß
		ss	Chassis, lassen, *fasst, *Kürbisse, misslich, Pass
		z	(英/仏) *Bronze*, *Quiz*
		c	(英／仏／ス語系，ｅ　é　è　ê　ｉ　ｙの前) *Aktrice*, *Cent*, *Glacé*, *Cinemascope*, *Cinchona*
		ç	(仏) *Aperçu*, *Curaçao*, *Garçon*
[z]		s	(語頭：母音の前) Saal, Sedum, singen, *sind, Sohn, Sonne (語中：母音間，母音とｍ　ｎ　ｌの間) Basen, Esel, These (母音＋ｍ　ｎ　ｌと母音の間で) Amsel, Binse, Felsen, Linsen (ｌ　ｎ　ｒの前)² *fasle (NF fasele), *unsre (NF unsere), *winsle (NF winsele) (派生綴 -sal　-sam で) langsam, ratsam, Mühsal, Schicksal (ｌ　ｍ　ｎ　ng　ｒの後の派生綴 -sel で) Füllsel, Gerinnsel (ギ／ラ) *absolut*, *Obsidian*, *Rhapsode*
		z	(英／仏他) *Gaze*, *Vezier*, *Zero*, *Zoom*
[ʃ]		s	(語頭：ｐ　ｔの前) Spiel, spät, Stein, streng, Student (仏：語頭：ｐ　ｔの前) *Sputum*
		sch	Scheck, schlau, Schule, waschen, Busch, falsch
		sc	(伊：ｅ　ｉの前) *crescendo*, *scemando*, *trascinando*

8.5. ドイツ語の子音

摩擦音		sci	(伊：a o u の前) *Pastasciutta*, *sciolto*, *strisciando*
		sh	(英) *Cashew*, *Finish*, *shocking*, *Shunt*
		sk	(ノル) *Ski*
		ch	(仏) *Chassis*, *Cochon*, *Penchant*
	[ʒ]	g	(仏) *changieren*, *Garage*, *Gene*, *Gilet*, *Negligé*
		j	(仏) *Jupon*
	[x]	ch	(a o u au の後の語中と語末) *Bach*, *hoch*, *Rauch*, *Tuch* (仏：語頭) *Chnukka*, *Chasan*, *Chlyst*, *Chnum*
		cch	(ギ／ラ) *Bacchanal*, *Gracchen*, *Saccharin*
		j	(ス) *Jota*
	[ç]	ch	(ä e i ö ü, y [aɪ] [ɔY] 子音の後の語中と語末) *Bäche, *Elch*, *euch*, *ich*, *manch*, *möchte, *psychisch*, *züchten* (派生綴 chen で) *Frauchen*, *Häuschen*, *Papachen* (ギ) *Biochemie*, *Chäronea*, *Chemie*, *Chinin*, *Chörilus*
		g	(-ig で) (語末) *böig*, *einig*, *König*, *zweisprachig* (-ig で 子音の前) *einigst, *zwanzigst*
	[h]	h	(語頭) *Hals*, *Haus*, *Hobby*, *Hymne* (母音間, 間投詞で) *aha!*, *ahoj!*, *juhe!*, *oho!* (母音間で) *Buhurt*, *Mahagoni*, *Mohär*, *Vehikel*, *Ahorn*, *Oheim*, *Schuhu*, *Uhu*
	[j]	j	*Jahr*, *Jagd*, *junior*, *schwojen*
		ll	(仏：i の後) *Papillote*, *Vermillon*
		ill	(仏) *mouillieren*, *Tailleur*
破擦音	[p͡f]	pf	*Kampf*, *Pfeil*, *Pflaume*, *Pfropf*

破擦音		pph	（ギ）*Sappho*，*Sepphoris*（または [f]）
	[ts]	z	Flöz, sforzando, Zar, Zentrum, Zoo
		zz	（英／仏）*Razzia*，*Skizze*，*Strizzi*，*Terrazzo*
		ds	（語末，[t] の前）abends, *Rads
		ts	*Rats, Rätsel, nachts, *Wirts
		tz	Katze, Spatz, Witzling
		c	（ギ／ラ語系：ä e i ö y の前）*Cäser*，*Circe*，*Cyclamen*，*Regina*，*Coeli*
		t	（ラ：アクセントのない i [i]＋母音の前，a c e i k l m n o p r u の後）*Aktien*，*Konsortium*，*Ration*，*Scientia*
	[tʃ]	tsch	Quatsch, Tscheche, tratschen, Zwetsche
		ch	（英）*Chief*，*Chutney*，*chartern*（あるいは [ʃ]）（ス）*Chinchilla*，*Gaucho*，*Macho*
		tch	（英）*Catch*，*Match*，*Pitchpine*
		c	（伊：e i の前）*Cicisbeo*，*Cinquecento*
		cc	（伊：e i の前）*accelerando*
		cci	（伊：a o u の前）*Acciaccatura*，*Boccia*，*Capriccio*
		ci	（伊）*Caciocavallo*，*Ciacona*
		cs	（ハンガ）*Csárdás*，*Csikós*
	[dʒ]	g	（伊／英）*agevole*，*Gentry*，*Gin*，*Girandola*
		gg	（伊：i の前）*Loggien*，*solfeggieren*
		(g)gi	（伊）*Arpeggio*，*giocoso*，*giusto*，*Ragione*
		j	（英／仏）*Jeep*，*Jobber*，*Jupon*
		(d)dsch	（語頭，語中）*Dschungel*，*Hadschi*，*Hedschra*
側面音	[l]	l	blau, Feld, Land, Quirl, Teil, Wels
		ll	alle, *füllst, Kristall
	[l̩]	l	（語末，[p, b, t, d, k, g, m, n, ŋ, f, v, s, z, ʃ, ç, x, pf, ts, tʃ] の後）Axolotl, Dirndl, Kreml, Liesl, Vogl

8.5. ドイツ語の子音

ふるえ音	[r]	r	Kerl, Rabe, rühren, Zwirn
		rh	(ギ) *Rhabarber, Rheuma, Rhein, Rhön*
		rr	Arrest, Barren, Narr, Terror, zurren
		rrh	(ギ) *Diarrhö, Katarrh, Menorrhagie, Myrrhe*
その他注意すべきもの	[ɐ]	r	(語末, 変化語尾と派生綴の前) Bier, Ohr, Tür, Uhr, *fährst, *hört, Lehrling
	[ks]	x	Hexe, luxieren, Taxe, Xylophon
	[kv]	qu	Qual, Quantum, Quirl, Reliquie
	[sç]	sch	(ギ) *Eschtologie, schizophren*
	[sk]	sch	(伊) *Maraschino, Scherzo*
	[kts]	cc	(伊：e i の前) *Accius, Coccejus, Ecce*
	黙字	h	(語中 語末で) ehe, Einweihung, *leihst, schmählich, *sieh！ (仏：語頭 語中で) *Bonhomie, Hautgout, Honneurs*
		d	(仏：語末) *Boulevard, Fond, Rechaud*
		p	(仏：語末) *Contrecoup, Coup, Drap*
		s	(仏：語末) *apropos, Fauxpas, Glacis, Refus*
		t	(仏：語末) *Depot, Etat, Komplet, Point, Teint*
		r	(仏：語末の -er -ier で) *Croupier, Diner, Portier, Souper*
		w	(-ow で終わるドイツ名) Bülow, Pankow, Teltower
		z	(仏) *Cachenez, gardez！, Pincenez*

1 -bar, -chen, -haft, -heit, -lein, -lich, -ling, -lings, -los, -nis, -sal, -sam, -schaft, -sel, -tum, -wärts
2 語幹に属し，C+ə の別形がある場合

8.5.6. 子音綴字の読み方一覧表

b- は語頭音 -b- 語中音 -b は語末音を表す．
斜字体は外来語および外国語を表す．

綴字	発音	例語	綴字	発音	例語
b-	[b]	Brot	-ck	[k]	dick
-b-	[b]	Abend	d-	[d]	Dame
-b	[p]	halb	-d-	[d]	ordnen
-bb-	[p]	ebbt		[t]	*Wodka*, *Advokat*
-bb	[p]	robb	-d	[t]	Geld
c-	[k]	*Café*	-dd-	[d]	addieren
	[s]	*Cent*	-dt	[t]	Stadt
	[ts]	*Cäsar*	dsch-	[dʒ]	*Dschungel*
	[tʃ]	*Cembalo*	f-	[f]	Freund
-c-	[k]	*circa*	-f-	[f]	Harfe
	[s]	*Glace*	-f	[f]	auf
-cci-	[tʃ]	*Capriccio*	-ff-	[f]	Affe
ch-	[k]	*Charakter*	-ff	[f]	Stoff
	[ʃ]	*Chef*	g-	[g]	Gas
	[ç]	*Chemie*		[ʒ]	*Genie*
	[x]	*Chassidismus*		[dʒ]	*Gin*
	[tʃ]	*Champion*	-g-	[k]	königlich
-ch-	[x]	rauchen		[g]	Lage
	[ç]	Licht		[ʒ]	*Garage*
	[k]	Ochse		[dʒ]	*Regione*
	[ʃ]	*Cochon*	-g	[k]	Weg
-ch	[x]	Bach		[ç]	König
	[ç]	Milch	-gg-	[k]	joggt
-cch-	[x]	*Bacchus*		[g]	Flagge
-ck-	[k]	wackeln	gh-	[g]	*Ghetto*

8.5. ドイツ語の子音

綴字	発音	例語	綴字	発音	例語
-gh-	[g]	*Joghurt*	-ng	[ŋ]	Zeitung
gu-	[g]	*Guerilla*	-nk-	[ŋ]	trinken
h-	[h]	Haus	p-	[p]	Paar
-h-	[h]	Uhu	-p-	[p]	Oper
j-	[j]	Jagd	-p	[p]	plump
	[ʒ]	*Jargon*	-pp-	[p]	Suppe
	[dʒ]	*Job*	-pp	[p]	tapp
-j-	[j]	Subjekt	pf-	[pf̬]	Pferd
k-	[k]	Kino	-pf-	[pf̬]	empfehlen
-k-	[k]	piken	-pf	[pf̬]	Kopf
-k	[k]	krank	ph-	[f]	Phantasie
-kk-	[k]	*okkasionell*	-ph-	[f]	Philosophie
l-	[l]	Land	q(u)-	[k]	Quelle
-l-	[l]	blau	-qu-	[k]	*Enquete*
-l	[l]	Tal	r-	[r]	Rose
-ll-	[l]	wollen	-r-	[r]	warten
	[j]	*Parillot*	-r	[r]	Uhr
-ll	[l]	soll	-rr-	[r]	irren
m-	[m]	Mann	-rr	[r]	starr
-m-	[m]	Name	rh-	[r]	*Rhein*
-m	[m]	Dom	-rrh-	[r]	*Diarrhö*
-mm-	[m]	Himmel	-rrh	[r]	*Katarrh*
-mm	[m]	Stamm	s-	[z]	Sonne
n-	[n]	Nacht		[ʃ]	Spiel
-n-	[n]	Tinte	-s-	[s]	gestern
	[ŋ]	*Sphinx*		[z]	langsam
-n	[n]	bitten	-s	[s]	Haus
-nn-	[n]	Tanne	-ss-	[s]	lassen
-nn	[n]	dann	-ß-	[s]	Straße
-ng-	[ŋ]	Angst	-ß	[s]	Fuß

発音・綴字

綴 字	発音	例 語	綴 字	発音	例 語
-(ch)s-	[s]	wachsen	w-	[v]	Wasser
-(ch)s	[s]	Fuchs	-w-	[v]	Löwe
sch-	[ʃ]	Schule		[f]	Löwchen
-sch-	[ʃ]	waschen	wh-	[v]	Whisky
-sch	[ʃ]	falsch	z-	[ts]	Zahn
sh-	[ʃ]	Shampoo		[z]	Zero
-sh	[ʃ]	Finish	-z-	[ts]	Arzt
sk-	[ʃ]	Ski		[s]	Bronze
t-	[t]	treu		[z]	Gaze
-t-	[t]	atmen	-z	[ts]	ganz
	[ts]	Patient		[s]	Quiz
-t	[t]	Tat	-zz-	[ts]	Skizze
-tt-	[t]	Mutter	-zz	[ts]	Jazz
-tt	[t]	matt			
-tch	[tʃ]	Match			
th-	[t]	Theater			
-th-	[t]	Zither			
-tth-	[t]	Matthäus			
tsch-	[tʃ]	Tscheche			
-tsch-	[tʃ]	Zwitschern, Peitsche			
-tsch	[tʃ]	Deutsch			
-tz-	[ts]	Katze			
-tz	[ts]	Satz			
-(q)u-	[v]	Qual			
-ui-	[v]	Biskuit			
v-	[f]	Vieh, Vers			
	[v]	Violine			
-v-	[v]	nervös			
-v	[f]	brav, Nerv			

8.6. 音　　節

8.6.1. 音節とは

　日常の言語生活においてある一つの音が他の音から切り離された状態で現れることはまれであり，普通は音の連続としてわれわれは耳で聞き，話すときは発音しているのである．しかしこの音の連続は無秩序な音の連鎖ではなく，そこにはある音の切れ目と感じられる部分が存在している．たとえば日本語の「カバン(鞄)」という語を発音すると，日本人には [ka-ba-N] のように二つの区切りがあると感じられ，またドイツ語の「Tasche(鞄)」という語を発音すると，ドイツ人には [ta-ʃə] と一つの区切りがあると感じられる．そして「カバン」は三つの部分から，「Tasche」は二つの部分からなる音のまとまりとして知覚される．このようにそれ自身の中には区切りが感じられず，その前後に区切りがあると感じられる音声上の単位を**音節**(シラブルともいう)(Silbe)と呼ぶ．音節は言語上の単位としては個々の音と単語の間に位置し，語は音の連続したものではなく，このような音節の連続したものとして記述される．たとえば「カバン」[ka-ba-N] は三音節，「Tasche」[ta-ʃə] は二音節という．

　語を音節にしたがって区切ることと語の形態論上の構成要素にしたがって区切ることとを混同してはならない．たとえば Kinder [ˈkɪndɐ] 子供たち(複数形)を音節で区切ると Kin-der となるが，形態論上の構成要素によると Kind-er と複数形語尾の前で区切られる．kind-lich [ˈkɪnt-lɪç] 子供らしいのように音節と形態論上の区切りはしばしば一致するが，異なることもあるので，特に変化形において，注意しなければならない．

8.6.2. 音声学的音節

　音節はどの言語でも話し手と聞き手によって意識されているものではある

が，音声学的に定義づけるのはそれほどやさしいことではない．音節の定義については，これまで異なる観点からさまざまな考え方が提案されてきた．ここでは話し手側の生理的な観点からの定義と，聞き手側の聴覚的な観点からの定義を紹介しよう．

8.6.2.1. 生理的な説明

　音節の生理的な定義は音声器官の緊張と弛緩などによって説明しようという考え方である．スイスの言語学者 Ferdinand de Saussure(1857-1913)は呼気の通路の広さ，すなわち声道の開き具合という生理学的な基準によって音を分類し，さらに音声器官が閉鎖の形成に向かっているのか，または閉鎖の開放に向かっているのかによって，音節の切れ目を見出そうとした．これをさらに発展させたのがフランスの音声学者 Maurice Grammont(1866-1946)である．彼は調音のときの音声器官の筋肉の緊張度に注目して，音節の構造は筋肉の緊張増大とそれに続く緊張減少によって特徴付けられると主張した．彼によれば，一つの音節には常に筋肉の緊張が高まる音(漸増音という)と弱まる音(漸減音という)とが存在し，漸減音から漸増音に移るところに音節の切れ目があるとした．たとえば同じ高さと強さで発せられた「アー」の中には音声器官の筋肉の急激な緊張と弛緩は認められないが，「アアア」と言ったときには音声器官の筋肉の緊張と弛緩がある．緊張が増していくのを＜で，反対に減っていくのを＞で表すと，＜　＞に囲まれた部分が一音節を成すことになる．たとえば，

　　　　　　　［k a b a ɴ］　　　　　［t a ʃ ə］
　　　　　　　＜＞＜＞＜　　　　　　　＜＞＜＞
　　　　　　　　（三音節）　　　　　　　（二音節）

　このような生理的な観点からの考え方は，実験的に確かめられたとはいえないので，現在では一般には支持されていない．

8.6.2.2. 聴覚的な説明

　デンマークの言語学者 Otto Jespersen(1860-1943)は聴覚的な観点から音節を定義しようと試みた．それは言語音の**きこえ**(Sonorität)をもとにした考え方である．きこえとはある一定のエネルギー(強さ，高さなど)で発音されたときの音の相対的な大きさである．音がどのくらい遠くまで聞こえるか

8.6. 音　　節

という度合いのことを**きこえ度**という．母音や子音にはそれぞれの音質のほかにそれぞれのきこえ度というものがあり，音声を同じ大きさ　高さ　長さで発音したとき，遠くに届くものほどきこえが大きいという．Jespersen は言語音をきこえ度の小さいものから大きいものへと順位付けて，次のように分類した．

1　無声子音
　　a 閉鎖音 [p] [t] [k]
　　b 摩擦音 [f] [s] [ç] [x]
2　有声閉鎖音 [b] [d] [g]
3　有声摩擦音 [v] [z] [ɣ]
4　鼻音 [m] [n] [ŋ]
5　側面音 [l]
6　ふるえ音：有声の各種 / r / 音
7　狭母音 [y] [u] [i]
8　半狭母音 [ø] [o] [e]
9　広母音 [ɔ] [æ] [ɑ]

なお，Jespersen は鼻音と側面音を同じ段階として八つに分類したが，ここでは説明の便宜上この二つを分けて九つに分類した．

母音は子音よりもきこえ度が大きく，母音の中でも口を大きく開く広母音のほうが狭母音よりもきこえ度は大きい．子音はその調音方式から見ると，呼気の流れがせき止められる閉鎖音はきこえ度が最も小さく，呼気の流出の度合いが増すにつれてきこえ度も大きくなる．言語音のきこえには，呼気の流れが阻害される度合いに反比例して，その度合いが大きくなるという傾向がある．また有声音は声帯の振動を伴う分だけ無声音よりもきこえ度は大きい．たとえば，Kranz [krants] 花輪と Tasche [ˈtaʃə] のきこえ度は，きこえ度の大きさを縦軸にとり図で示すと，次のようになる．

発音・綴字

```
9  広母音
8  半狭母音
7  狭母音
6  ふるえ音
5  側面音
4  鼻音
3  有声摩擦音
2  有声閉鎖音
1  無声子音
```

[k r a n t͡s]   [t a ʃ ə]

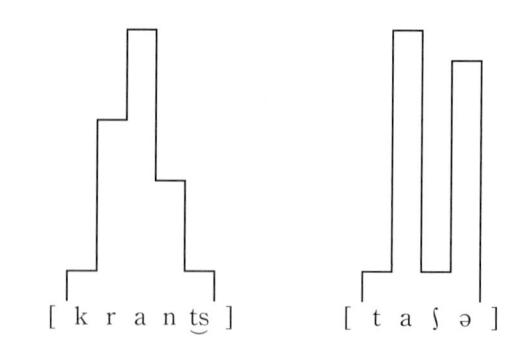

図50　Kranz と Tasche のきこえ度

　音声連鎖での個々の音のきこえ度を比較すると，その連鎖は無秩序なものではなく，小→大→小と一つの山を形成していることがわかる．きこえ度の最も大きいところ，すなわちきこえの頂点が山となり，最も小さいところが谷となる．Jespersen によれば，母音と子音の音連続の中できこえの頂点である山が中心となって，その前後の谷と谷との間が一つの音節を形成して，一つの音声連続はきこえ度の山が示す数の音節からなるという．したがってKranz は山が一つなので一音節，Tasche は山が二つなので二音節となる．

　ところがドイツ語ではこの説ではうまく説明できない場合もある．たとえば，Sport [ʃpɔrt] スポーツ のような語は普通一音節の語とされているが，語頭の [ʃp] では無声摩擦音 [ʃ] のほうが無声閉鎖音 [p] よりもきこえ度が大きいので，図51のように，[ʃ] が小さい山を形成して，その結果山が二つできて二音節となってしまう．

```
9  広母音
8  半狭母音
7  狭母音
6  ふるえ音
5  側面音
4  鼻音
3  有声摩擦音
2  有声閉鎖音
1  無声子音
```

[ʃ p ɔ r t]

図51　Sport のきこえ度

8.6. 音節

さらにドイツ語では beenden [bəˈʔɛndən] 終える のように声門閉鎖音 [ʔ] (→8.5.3.1.4.) や Geldtasche [ˈgɛlttaʃə] 財布 のように語末音硬化 (→8.5.3.1.3.) などが基準となって音節が区切られることもある：[bəˌʔɛnˌdən] [ˈgɛltˌtaˌʃə]．gestern [ˈgɛstɐn] 昨日 はこれまでの正書法ではきこえ度の小さい [st] は区切られることがなく後ろの音節に属すとされた (geˌstern) が，新正書法では区切られて前後の音節に分割されることになった (gesˌtern)．このように音節の区切りはドイツ語固有の規則や語構造 (特に合成語において) に依存することが多い．

きこえ度を基準とした**音声学的音節** (phonetische Silbe) の区切りは，多くの言語で多数の語に有効であるが，この基準では説明がつけられない場合もしばしば起こる．この基準では音節の数はきこえの谷と谷の間によって規定されるが，多音節語では谷となる音が前後どちらの音節に属するかは示されない．さらに，そもそも「きこえ」というものが極めて主観的なもので，これを科学的に厳密に定義すること自体が困難でもある．

そこで，生理的であれ聴覚的であれ，切れ目と切れ目に挟まれた一つのまとまりとして聞こえる音の連続を音節とする音声学的観点とは別に，近年では音韻論的観点から音節を定義する試みがなされるようになった．

8.6.3. 音韻論的音節

すでに述べたように，音声学の観点からは未だにすべての言語に共通するような満足すべき客観的な音節の定義は下されていない．そこで各々の言語の音節構造の記述に適合するように，音韻論 (→1.1.1.2.) の立場から音節を設定しようという試みがなされるようになった．

言語音は音節を構成する際に，その占める位置によって異なる機能を果たしている．すなわち，言語音は，単独で現れるかあるいは単独では現れないが音連続の中心部に立ち音節の核となる音と，単独では現れないで音連続の周辺部に立つ音とに分けられる．前者を**核音** (Nukleus)，後者を**周辺音** (Satellit) と呼ぶ．核音となるのは普通は母音であり，周辺音となるのは子音である．しかし子音の中でも鼻音 側面音 ふるえ音は核音となることがある．核音はそれだけでも音節を形成することができるが，周辺音は常に核音に依存し，核音なしには音節を形成することができない．この核音となる

母音を中心とした子音との結合の型から音節を規定しようとするのが**音韻論的音節**(phonologische Silbe)である．音節を構成する核音と周辺音との組み合わせ，さらに周辺音を構成する子音の数と種類は言語によって異なり，それぞれ固有の組み合わせの方式を持っている．音韻論的音節はそれぞれの言語の音節構造の記述に適合するように設定されるので，音声学的音節とは必ずしも一致しない場合がある．

8.6.4. 音節構造

音節の中心となる核音は**音節主音**(Silbengipfel，Silbenträger，silbisch)とも呼ばれる．言語音のきこえ度の基準からいえば，音節の中で最もきこえ度の大きい音である．これに対して，音節主音の前または後ろにあって音節主音に属する周辺音は**非音節主音**または**音節副音**(unsilbisch)とも呼ばれる．

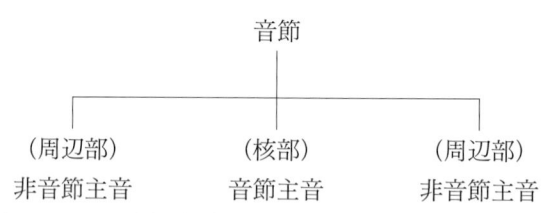

```
            音節
   ┌─────────┼─────────┐
 (周辺部)   (核部)   (周辺部)
 非音節主音  音節主音  非音節主音
```

ここで改めてドイツ語の母音および子音を聴覚上のきこえ度の小さいものから大きいものへと配列すると，以下のようになる．

阻害音	1	無声閉鎖音	[p] [t] [k]
	2	無声摩擦音及び破擦音	[f] [s] [ʃ] [ç] [x] [ts] [tʃ]
	3	有声閉鎖音	[b] [d] [g]
	4	有声摩擦音及び破擦音	[v] [z] [ʒ] [j] [dʒ]
自鳴音	5	鼻音	[m] [n] [ŋ]
	6	側面音	[l]
	7	ふるえ音	[r]
母音	8	狭母音	[i] [y] [u]
	9	半狭母音	[ɪ] [ʏ] [ʊ] [ø] [ɛ] [œ] [ɔ] [ə]
	10	広母音	[a]

8.6. 音　　節

　きこえ度は，阻害音　自鳴音　母音の順に大きくなる．きこえ度の大きさは，音が調音される際の調音器官の開きの度合いに従っている．調音器官の開きが最も大きいのは母音で，きこえの度合いも大きい．これに対して，開きが最も小さいのが無声の障害音である．これは噪音だけによる音なので，きこえの度合いも小さい．音連続できこえ度が漸増することは，調音器官の開きも次第に大きくなることを意味し，反対に漸減することは，開きが次第に小さくなることを意味する．

　一つの音節には音節主音が一つあり，原則として音節主音はきこえ度の大きい母音(二重母音をも含む)で，非音節主音は子音で構成される．いま仮に音節主音をV(okal)，非音節主音をK(onsonant)で表すと，音節には以下のような基本的な構造が考えられる．

　　1) V　　　　ah![a:] ああ！
　　2) KV　　　da [da:] そこに
　　3) VK　　　ab [ap] 離れて
　　4) KVK　　Mann [man] 男

　日本語のほとんどの音節は2)KVの構造であるが，ドイツ語にはすべての語にわたってこれら四つの基本的な構造が見られる．非音節主音のうち2)KVのように音節主音の前の周辺部(**頭部**(Anfangsrand)という)に位置するものを**音節頭音**(Silbenanlaut, Silbenkopf)，3)VKのように音節主音の後ろの周辺部(**尾部**(Endrand)という)に位置するものを**音節末尾音**(Silbenauslaut)と呼ぶ．音節と音節の境目は**音節の区切り**(Silbengrenze)と呼ばれる．

　音節が1)Vと2)KVのように母音で終わるものを**開音節**(offene Silbe)，3)VKと4)KVKのように子音で終わるものを**閉音節**(geschlossene Silbe)という．ドイツ語に比べて日本語の音節には開音節が多く，閉音節となるのは音節末に撥音「ン」と促音「ッ」が来るときだけである．

　一つの音節だけで単語を形成しているものを**単音節語**(Einsilber)，複数の音節で単語を形成しているものを**多音節語**(Mehrsilber)という．

8.6.5.　ドイツ語の音節構造

　ドイツ語の音節は核音の母音を中心としてその前後に配置された周辺音の

子音(群)から構成される．一般には核音である母音が音節主音となり，子音(群)が非音節主音となる．たとえば，Tag [ta:k] 日 では [a:] が音節主音で，[t] と [k] は非音節主音である．ドイツ語では 8.6.4. で挙げられた音節主音と非音節主音とによる四つの基本的な音節構造のすべてが現れるので，ドイツ語の音節は，$K_0V_0K_0$ (K は非音節主音となる子音　V は音節主音となる母音　$_0$ は 0 個以上の意)と表せる．この $K_0V_0K_0$ の組み合わせのうち実際ドイツ語に現れるのはごく一部に限られ，ドイツ語の音節を形成する音連続には規則性が認められる．この固有の規則性にしたがって音節は形成されているのである．

8.6.5.1.　音節主音

　ドイツ語の音節には必ず一つの核音である音節主音があり，それは普通母音によって構成される．ドイツ語の母音はすべて音節を構成するといえる．
　二重母音は単に二つの母音が連続するものではなく，第一要素の母音の調音位置から第二要素の母音の調音位置へと切れ目なく移行しながら発音される母音である．したがって，二つの母音の間には途切れがなく境界も余りはっきりとしない．またきこえの急激な変化もなく二つの母音はともに一つのきこえの山となるので，二つの母音で一つの音節を形成する．ドイツ語の二重母音 [aɪ] [aʊ] [ɔY] では第一要素の母音のほうが第二要素の母音よりもきこえ度が大きいので，第一要素が音節主音となり，第二要素が非音節主音となる．このような音節構造の二重母音を下降二重母音という（→8.2.5.；8.3.4.）．下降二重母音で非音節主音となる母音には，必要があれば，Traum [traʊ̯m] 夢のように IPA 記号の下に補助記号 [̯] が付けられる．
　これに対して，第一要素が非音節主音で第二要素が音節主音となる二重母音は上昇二重母音と呼ばれるが，ドイツ語では外来語にしか現れない．たとえば，sozial [zoˈtsi̯aːl] 社会の の [i̯a]　Linguist [lɪŋˈɡui̯st] 言語学者 の [u̯ɪ] など．下降二重母音とは異なって，上昇二重母音での第一要素の非音節主音は，音声器官がまだ音節核音への開口運動の途中にあるので，後ろに続く第二要素の音節主音となる母音と結びついて二重母音として一つの核音とはみなされない．二つの母音は一つの核音として音節を形成しないので，前後二つの音節に分割される：[zoˌtsiˈaːl] [lɪŋɡuˈɪst]（→8.3.6.1.）．
　音節主音となるのは普通きこえの大きい母音であるが，きこえの比較的小

8.6. 音　　節

　さい子音と大きい子音が連続していて，近くに母音がないときには，きこえの大きい子音が音節主音となることがある．たとえば，reden [ˈreːdən] 語るは日常の発音ではアクセントの置かれない [ə] が脱落してしばしば [ˈreːdn] と発音される．この場合第二音節 [dn] では子音に隣接する母音がないので，それに代わってきこえ度の大きい子音 [n] が音節主音となる．また間投詞の pst ! [pst] しっ！ はもともと母音はないが，[s] が前後の [p] [t] よりもきこえ度が大きいため音節主音とみなされる．日本語でも「ステル」[sɯteɾɯ] 捨てる や「フタ」[ɸɯta] 蓋 などの「ス」と「フ」は母音が通常脱落して，子音 [s] [ɸ] が音節主音となり音節を形成する．音節主音となった子音を**音節主音的子音**あるいは**成節的子音**(silbischer Konsonant)といい，子音記号の下に補助記号 [ˌ] を付けて [n̩] のように示す．

　Vater [ˈfaːtɐ] 父親 のように語末の母音化された [ɐ] も音節主音となり先行する子音とともに音節を形成する．これに対して，Tür [tyːɐ̯] ドア での [ɐ̯] は先行する母音とともにきこえの山となるので，個別に音節を形成しない．すでに述べたように，語末の [əl] [əm] [ən] では [ə] が脱落すると，[l] [m] [n] も音節主音となる．閉鎖音や摩擦音のような噪音子音が音節主音となる例は，ドイツ語では pst ! のような間投詞に限られる．8.6.2.2.で挙げた Sport [ʃpɔrt] では [ʃ] が [p] に対してきこえの山となるが，母音 [ɔ] の山に比べればその大きさは問題とならないほど小さい．[ʃp] は [ɔ] に対してきこえの谷として認められるに過ぎない(→図51)ので，[ʃpɔrt] での音節主音は [ɔ] の一つだけとみなされて，一音節の語となる．

　ドイツ語で最も簡単な音節は，周辺音を伴わずに核音だけで構成される音節(V)である．これを**核音単独音節**という．核音単独音節は開音節となるので，母音は長母音に限られる(8.3.2.の6)．たとえば ah ! [aː] ああ　o ! oh ! [oː] おお　i ! [iː] うへーっ　eh ! [eː] おい．一つの核音単独音節だけ構成される単音節語は間投詞に限られ，ドイツ語ではそれほど頻繁には現れない．さらに核音単独音節は，ahnen [ˈaːˌnən] 予感する　ohne [ˈoːˌnə] 〜なしに ihnen [ˈiːˌnən] 彼らに　Uhland [ˈuːˌlant] (人名) などの第一音節にも見られる．

　ドイツ語の標準発音では母音で始まる語は声門閉鎖音 [ʔ] を伴う(→8.5.3.1.4.)ので，このような音節は音声学的には母音一つからなる純粋な核音単独音節とはいえない．

8.6.5.2. 非音節主音

　ドイツ語では，核音単独音節のように，一つの音節が一つの音だけで形成されることもあるが，それは例外的であって，一般には複数の音によって構成される．ドイツ語の音節を調査してみると，音節の周辺音である頭部は0から3個までの子音，尾部は0から4個までの子音によって構成されていることがわかる．頭部と尾部の子音を母音に近い方から指数を付けて表すと，頭部の子音配列は最大限 $K^3\ K^2\ K^1\ V$ となり，Stroh [ʃtroː] 藁 などがこれにあたる．また尾部の子音配列は最大限 $VK_1\ K_2\ K_3\ K_4$ となり，Ernst [ɛrnst] 真面目 がこれにあたる．以下でアクセントの置かれる単音節語を中心として頭部と尾部における子音配列を観察してみよう．

8.6.5.2.1. 頭部の子音配列

1　∅ V

　これは $K^1 = \emptyset$ (ゼロ)，つまり音節頭音がなく母音から始まる音節である．たとえば，alt [ʔalt] 古い．8.6.5.1.で挙げた核音単独音節もこれに属する．多音節語では sehen [ˈseːən] 見る のようにアクセントの置かれない語末音節 -en [ən] に現れる．このような語末音節は，核音単独音節とは異なり，音声学的に声門閉鎖音 [ʔ] を前に伴って発音されることはない．外来語の多音節語では Poet [poˈeːt] 詩人 のように母音で始まる語末音節にアクセントが置かれることがある．

2　K^1 V

　K^1 の位置は，[ŋ] を除いたすべての子音によって占められる．しかし [ç] [x] [s] [ʒ] [tʃ] [dʒ] は外来語の多音節語(イタリック体)に見られる．

[p]	Paar Pelz Post	[s]	*Cent Centavo Cinerama*
[t]	Tat Tee Tier	[z]	Saft sie Sau
[k]	kalt Kerl Kind	[ʒ]	*Genie genieren Genre*
[b]	Bank Bett Beet	[j]	Jahr Joch jung
[d]	Dach der dick	[pf]	Pfad Pferd Pfund
[g]	Gast gelb Gott	[ts]	Zahl Zelt Zorn
[m]	Mann Mehl Mond	[n]	Nacht nett Nuss
[h]	Haar Heft Heu	[f]	Fall Fest Fuchs
[v]	Wand Weg Wort	[x]	*Chassidim*

8.6. 音　節

[ʃ]	schön Schau Schiff		[dʒ]	*Jeans Job Gin*
[ç]	*Chemie China Chiliade*		[l]	Land Licht Loch
[tʃ]	*Tscheche cheken tschüs !*		[r]	Rat Recht Ruf

　音節主音の母音は開音節となる場合には長母音(Tee sie)あるいは二重母音(Heu Sau)に限られ，閉音節となる場合には長母音(Beet など)も短母音(Bett など)も現れる．

　日本語本来のヤマトコトバではラ行音で始まる語が存在しないことはよく知られているように，語頭の子音(K^1)には言語により特徴が見られる．[j] はドイツ語と英語では K^1 の位置を占めるが，同じゲルマン系の言語でも北欧諸語では決して語頭には現れない：

ド　イ　ツ　語	Jahr	年	Joch	くびき	jung	若い
英　　　　　語	year		yoke		young	
デンマーク語	år		åg		ung	
スウェーデン語	år		ok		ung	
ノルウェー語	år		åk		ung	

　語頭の [s] は中高ドイツ語時代の13世紀半ば頃までは現代のドイツ語の [s] と [ʃ] の中間的な音であったといわれる．しかしこの音はその後 [ʃ] 音に変わってしまった．その結果今日ではドイツ語本来の語では [s] は語頭(K^1)に現れることは決してない．

3　$K^2 K^1 V$

　頭部の二つの子音による K^2 と K^1 の組み合わせを，K^2 を横軸に K^1 を縦軸にとり，表にしてみると，$K^2 K^1$ の子音の組み合わせは，[pr] [pl] [tr] [kr] [kl] [kn] [kv] [br] [bl] [dr] [gr] [gl] [gn] [fr] [fl] [ʃp] [ʃt] [ʃr] [ʃl] [ʃn] [ʃm] [ʃv] [vr] [tsv] [pfr] [pfl] の26種である．K^2 と K^1 の子音の組み合わせは全く自由なものではなく，それには制限があることを表は示している．K^2 の位置は阻害音に限られ，K^1 の位置を無声閉鎖音 [p] と [t] および自鳴音が占める．したがって，二つの子音による頭部の標準的な子音配列は「阻害音(K^2)＋自鳴音(K^1)」および「無声摩擦音(K^2)＋無声閉鎖音(K^1)」であるといえる．しかし後者は [ʃp] と [ʃt] に限られる．K^2 の位置で [ʃ] は K^1 との結合が多様で独特の現れ方をしている．

　K^1 が自鳴音である鼻音　側面音　ふるえ音および有声子音と結合すると，$K^2 < K^1$ ときこえ度が核音へと漸増するので音声学的にみても，また

発音・綴字

K¹\K²	p	t	k	b	d	g	f	ʃ	v	ts	pf
p								Sprache			
t								stehen			
r	Pracht	Tritt	Kraft	Brot	Druck	Grad	Frucht	Schritt	Wrack		Pfropf
l	Platz		Klang	Blick		Glas	Flug	Schlaf			Pflicht
n			Knopf			Gnade		Schnitt			
m								Schmerz			
v			Qual					Schwung		Zwang	

※空欄は該当例なし．

音声器官の開きも次第に大きくなるので生理的にみても自然な音声的配列となる．K¹ が無声閉鎖音である [p] [t] と結合すると，K²＞K¹ ときこえ度が核音へと漸減する非音声生理的な配列を形成する．K² の阻害音と K¹ の自鳴音との結合の可能性も，実際には一部のものに限られている．有声摩擦音 [v] は例外的に K² にも K¹ にも現れるが，それは [v] のきこえの大きさが阻害音と自鳴音との境界に位置しているためである．頭部では [ʃp] [ʃt] [kv] [ʃv] [tsv] のように阻害音が連続することもあるが，自鳴音の連続は許されない．さらに，[ʃl] を除いて同一の音声器官で調音される阻害音と自鳴音とは結合しない．K² の無声および有声の閉鎖音は同じ K¹ の子音と結合する．これは，音節の頭部の子音結合はきこえ度の差異だけではなく，音声学的な実質にも依存していることを示している．

4　K³ K² K¹ V

　　この頭部での最大限の子音配列に該当するのは，[ʃpr] (Spruch [ʃprʊx] 格言)　[ʃpl] (Splitter [ˈʃplɪtɐ] 破片)　[ʃtr] (Strand [ʃtrant] 浜辺) の三つだけである．K² K¹ の組み合わせのうち [pr] [pl] [tr] の前に K³ として [ʃ] が加わったものに限られているのが大きな特徴である．またきこえ度はすべて K³＞K²＜K¹ と小さくなったり大きくなったりする非音声生理的な配列となる．[ʃ] は頭部の K³　K²　K¹ のいずれの位置にも現れる唯一の子音である．

　　外来語ではさらに K² K¹ の組み合わせのうち [kr] [kl] の前に K³ として [s] が加わる：　[skl] (Sklave [ˈskla:və] 奴隷)　[skr] (Skript [skrɪpt] 原稿)．

8.6. 音　　節

8.6.5.2.2. 尾部の子音配列

　尾部における子音配列は頭部におけるそれよりも複雑である．それは子音の組み合わせ自体が多様なうえに，音節尾部の後ろにさらに各種の語形変化語尾が加わるからである．後者はドイツ語の音節尾部の大きな特徴である．

1　V ∅

　これは $K_1 = ∅$（ゼロ），つまり尾部の子音が後ろに続かずに母音で終わる音節である．このような母音を**開放母音**といい，開放母音で終わる音節は開音節となる．たとえば，ja [ja:] はい　da [da:] そこに　nah [na:] 近い　etwa [ˈɛtva] およそ　so [zo:] そのように　wo [vo:] どこに　froh [fro:] 喜んでいる　roh [ro:] 生の　Stroh [ʃtro:] 藁　du [du:] 君　zu [tsu:] 〜の方へ　Kuh [ku:] 雌牛　je [je:] かつて　See [ze:] 海，湖　Schnee [ʃne:] 雪　weh! [ve:] 痛い！　sie [zi:] 彼女 彼ら　wie [vi:] どのように　Knie [kni:] 膝　Vieh [fi:] 家畜　früh [fry:] 早い　Bau [baʊ] 建築　Frau [fraʊ] 女性　blau [blaʊ] 青い　grau [graʊ] 灰色の　schlau [ʃlaʊ] 狡猾な　Tau [taʊ] 露　Ei [aɪ] 卵　bei [baɪ] の近くで　frei [fraɪ] 自由な　Heu [hɔʏ] 干し草　neu [nɔʏ] 新しい　treu [trɔʏ] 忠実な．

　なお，nah froh などの母音の後のhについては，→8.5.3.3.7.．

　多音節語では Auge [ˈaʊɡə] 目のように中舌母音 [ə] で終わる語が非常に多い．[ə] は開放母音で，8.3.3.6.2. で述べたように，常にアクセントの置かれない音節に現れる．ドイツ語の語アクセントの大きな特徴は古来より第一音節が強勢されることである．その結果，後ろに続く音節は相対的に弱く発音されることになる．特に語末の音節は強勢されずに弱く発音され，歴史の推移とともに，Auge (<ahd. ouga) のように [ə] に弱化してしまうか，さらには Zahl [tsa:l] 数 (<ahd. zala) のように発音されずに消失してしまったものが多い．[ə] に弱化してしまったその他の例：Blume [ˈblu:mə] 花 (<ahd. bluoma)　Erde [ˈe:ɐ̯də] 土 (<ahd. erda)　Frage [ˈfra:ɡə] 問い (<ahd. frâga)．この結果ドイツ語の多音節語には [ə] で終わる開音節が多く存在している．

2　V K_1

　尾部の K_1 の位置は，頭部と同様に，非常に多くの子音によって占められる．しかし頭部の K^1 の場合と異なるのは，有声の阻害音 [b] [d] [ɡ] [ʒ] [j] [dʒ] が決して現れないことである．[ŋ] は頭部では K^1 として現れなかった

が，尾部ではそのような制限はない．

[p]	ab Dieb Lob		[ʃ]	Fisch rasch Tausch
[t]	Tat Lied Stadt		[ç]	Pech Stich Honig
[k]	Tag Weg Glück		[x]	Buch Koch Tuch
[m]	Baum Strom Stamm		[pf]	Knopf Kopf Topf
[n]	Ton mein Mann		[ts]	Platz Satz Latz
[ŋ]	jung lang Sprung		[tʃ]	deutsch Klatsch Matsch
[f]	Hof Lauf Stoff		[l]	Tal Fall Zahl
[s]	Gras Maus Fluss		[r]	Tor Narr Uhr

尾部の K_1 に有声の阻害音が現れないのは，古高ドイツ語から中高ドイツ語の時代に起こった語末音硬化(→8.5.3.1.3.)と呼ばれる音韻上の変化に起因している．語末音硬化によって語中音では有声阻害音であるものが語または音節の語末音の位置で無声音化してしまったため，その結果ドイツ語の尾部の子音配列 VK_1　VK_1K_2　$VK_1K_2K_3$　$VK_1K_2K_3K_4$ のそれぞれの末音 K_1，K_2，K_3，K_4 の位置を有声阻害音が占めることは決してない．[i]および[ɪ]の後の[g]は語末音の位置で[k]に無声化するだけではなく，さらに摩擦音化して[ç]となる(→8.5.3.1.3.)．

[s]と[t]は屈折語尾としてもしばしば K_1 の位置に立つ：Schnees [ʃneːs]（2格形）　sieht [ziːt]（命令形）．

3　$V K_1 K_2$

尾部の二つの子音による K_1 と K_2 の組み合わせを，K_1 を横軸に K_2 を縦軸にとり，示したのが次の表である．

K_1K_2 の子音の組み合わせは，[pt] [ps] [pʃ] [kt] [ks] [ft] [st] [çt] [xt] [tst] [mt] [mpf] [nt] [nk] [nf] [ns] [nʃ] [nç] [nts] [ŋs] [lp] [lt] [lk] [lf] [ls] [lʃ] [lç] [lts] [lm] [rp] [rt] [rk] [rf] [rs] [rʃ] [rç] [rts] [rm] [rn] [rl] の40種があり，頭部の26種に比べてはるかに豊富で多様である．

尾部では K_1 の位置は多様な子音によって占められるのが特徴である．この子音結合でも末尾音となる K_2 には有声の阻害音は現れない．尾部における子音の組み合わせにも頭部と同様に全く自由ではなく制限がある．K_1 の位置は主として自鳴音によって，K_2 は多様な阻害音によって占められる．したがって，二つの子音による尾部の標準的な子音配列は「自鳴音(K_1)＋阻害音(K_2)」といえる．これは頭部の標準的な子音配列とは全く

8.6. 音節

K₁＼K₂	p	k	f	s	ç	x	ts	m	n	ŋ	l	r
p											gelb	Korb
t	Haupt	Akt	Luft	Gast	echt	Macht	jetzt	Amt	Kind		alt	Wort
k									Bank		Volk	Park
f									Senf		Wolf	Dorf
s	Krebs	Fuchs							Gans	Dings	Hals	Kurs
ʃ	hübsch								Mensch		falsch	Marsch
ç									manch		Milch	durch
pf							Kampf					
ts									Tanz		Pilz	Herz
m		.									Halm	Arm
n												Zorn
l												Kerl

※空欄は該当例なし．

逆の配列であり，きこえ度の大きさは $K_1 > K_2$ となる．頭部で阻害音が連続したように，尾部でも阻害音の連続が見られる．頭部では K^1 に閉鎖音が来ることはなかったが，尾部では [pt] [kt] のような閉鎖音＋閉鎖音（きこえ度の大きさは $K_1 = K_2$），[ps] [pf] [ks] のような閉鎖音＋摩擦音（きこえ度の大きさは $K_1 < K_2$）という核音からきこえ度が漸減しない音声生理的には自然ではない子音配列が現れる．たとえば，Krebs [kre:ps] ザリガニのきこえ度は次のように表せる．

$$[\text{k} \quad \text{r} \quad \text{e:} \quad \text{p} \quad \text{s}]$$
$$K^2 < K^1 < V > K_1 < K_2$$

頭部では閉鎖音＋摩擦音（きこえ度の大きさは $K^2 < K^1$）という配列はなかったが，尾部では [ft] [st] [çt] [tst] のような摩擦音＋閉鎖音（きこえ度の大きさは $K_1 > K_2$）という音声生理的に自然な音声的な配列も現れる．この場合 K_2 は [t] に限られる．頭部では自鳴音は決して連続して現れなかったが，尾部では [rl] [rm] [rn] のように自鳴音の連続も可能である．この場合にはきこえ度の大きいふるえ音が K_1 となる．

母音に遠い子音よりも近い子音のほうがきこえ度が大きい音節は，生理的に自然な音声的な音節である．これは音節でのきこえの度合いが頭部で

は漸増し，核音でその頂点に達し，尾部では漸減するためである．この場合きこえ度は頭部では $K^2<K^1$，尾部では $K_1>K_2$ となる．ドイツ語にはこの生理的に自然な子音配列が頭部と尾部で互いに鏡像となるような語の対が存在する．たとえば，Klang [klaŋ] 響き と Kalk [kalk] 石灰，fromm [frɔm] 敬虔な と Morph [mɔrf] 素形態 など．

4　V $K_1 K_2 K_3$

　尾部での三つの子音による $K_1 K_2 K_3$ の組み合わせは無条件に行われるのではなく，上述の $K_1 K_2$ の組み合わせのうち特定のものが $K_2 K_3$ となり，その前に K_1 として特定の子音が加わる．$K_2 K_3$ の組み合わせを横軸に，K_1 を縦軸にとり，$K_1 K_2 K_3$ の組み合わせを示したのが次の表である．

K_1 ＼ $K_2 K_3$	kt	ft	st	tst	çt
p			Obst		
k			Text		
n		Zukunft	Kunst		
ŋ	Punkt		Angst		
l			Wulst		
r		Markt	Durst	Arzt	Furcht

※空欄は該当例なし．

　$K_1 K_2 K_3$ の子音の組み合わせは，[ŋkt] [rkt] [nft] [pst] [kst] [nst] [ŋst] [lst] [rst] [rtst] [rçt] の11種である．

　$K_2 K_3$ は，「摩擦音あるいは閉鎖音あるいは破擦音＋閉鎖音」で構成され，K_3 はきこえ度の最も小さい無声閉鎖音 [t] によって占められている．K_1 には主として鼻音や流音のようなきこえ度の大きい子音がきて，その結果きこえ度が $K_1>K_2>K_3$ と漸減する音声生理的に自然な配列となっている．

5　V $K_1 K_2 K_3 K_4$

　尾部での最大限の子音配列は，[rpst] (Herbst [hɛrpst] 秋) と [rnst] (Ernst [ɛrnst] 真面目) の二つである．上記の $K_1 K_2 K_3$ の組み合わせのうち [pst] [nst] の前に K_1 としてきこえ度の大きいふるえ音 [r] が加わったものである．この尾部の最大の子音配列を持つ語は，人名や地名を除いて，

8.6. 音　　節

上に挙げたものに限られるようである．

6　屈折語尾による尾部の拡張

　　ドイツ語は現代のヨーロッパ諸言語の中でも名詞類および動詞の屈折変化が豊富であり多様な言語の一つである．したがって，名詞類および動詞が屈折変化をすると，語末に屈折語尾が加わり，音節構造も影響を受けることになる．

　　ドイツ語には名詞の屈折語尾として男性・中性名詞単数2格語尾の -s 複数3格語尾および一部の男性名詞の単数1格以外の語尾の -en また複数形語尾として -e -er -n があり，さらに形容詞の格変化語尾として -e -es -er -em -en，また比較変化語尾として -er -st がある．動詞には過去形 過去分詞 現在分詞を形成する語尾として -te -t -d，さらに人称変化語尾として -e -st -t -en -n がある．これらの語尾のうち母音だけのものと母音を含むものは，それらの母音を核音（＝音節主音）として新たに独立した音節が構成される：Tag＞Ta｜ge　Kind＞Kin｜der　alt＞äl｜ter　語幹 lern-＞ler｜ne　ler｜nen　lern｜te．その際には先行する音節は開音節になる（[taː-]）か，尾部の子音配列が短縮される（[-nd]＞[-n]　[-lt]＞[-l]　[-rn]＞[-r]）．これに対して，子音だけによる語尾が付加されると音節の尾部が拡張されることになる：Tag＞Tags(VK_1+K_2)　Vater＞Vätern(VK_1+K_2)　reich＞reichst($VK_1+K_2 K_3$)　lern-＞gelernt($VK_1 K_2+K_3$)　lernst($VK_1 K_2+K_3 K_4$)．この結果 lernst のように尾部の最大限の子音配列 $VK_1 K_2 K_3 K_4$ を持つ音節の数が激増することとなる．

　　語幹が [s] [ʃ] [t] [ts] で終わる名詞の2格には語尾 -s ではなく -es が付けられる：Flusses [ˈflʊsəs] 川の　Fisches [ˈfɪʃəs] 魚の．これは授業ではしばしば，語尾 -s を付けると発音がしにくくまた聞き取りにくいので，発音上曖昧母音 [ə] をワタリ音として語尾 -es を付けると説明される．すでに観察したように，尾部の二つの子音による配列 $VK_1 K_2$ には [ss] [ʃs] [ts] [tss] という結合は出現しない．これらの結合ではきこえ度の大きさが [ss] [ʃs] では $K_1=K_2$，[ts] [tss] では $K_1<K_2$ という音声上不自然な変則的配列となるためである．この不自然さを回避するために二つの子音間に [ə] が挿入されて，音節を分割して口調が整えられるのである．動詞の現在人称変化でも尾部におけるきこえ度の大きさが音声生理上不自然な配列になるのを回避するために，語幹が -t　-d　- 子音 +m あるいは n で終わる動詞

では単数2人称と3人称でそれぞれの語尾の前に -e [ə]- が挿入され，音節の分割が行われる．

　屈折語尾の前に挿入されるアクセントのない母音 e [ə] は，歴史的に見れば本来屈折語尾の一部であった．たとえば，古高ドイツ語では名詞 fisc (Fisch 魚) と動詞 neman(nehmen 取る) は次のように語形変化をした．

	fisc		neman
単数1格	fisc	単数1人称	nimu
2格	fisges	2人称	nimis
3格	fisge	3人称	nimit
4格	fisc	複数1人称	nemês, -ên
複数1格	fisga	2人称	nemet
2格	fisgo	3人称	nement
3格	fisgon, -un		
4格	fisga		

　本来は男性名詞単数2格語尾は -es，複数3格語尾は -on あるいは -un であり，動詞の単数2人称語尾は -is，3人称語尾は -it であった．アクセントが第一音節に固定されたため(→8.7.3.2.1.)，相対的に語末音節が弱く発音されるようになった．その結果中高ドイツ語では語尾 -on(-un) -is -it はそれぞれの母音が弱化して(=曖昧母音化して)-en -est -et となり，さらにこれらの弱い母音 e は発音されないで脱落してしまい，現在の -s -n -st -t となった．したがって，現在のドイツ語の語形変化で口調上挿入される e [ə] は，本来の語尾の一部であって，脱落すると音声上不自然な音節が形成されるために落とされずに存続しているものである．初学者のため一般に行われている「発音がしにくいので e [ə] を挿入する」という説明とは語学的には逆の現象なのである．

8.6.5.3. 音節構造のパターン

　ドイツ語のアクセントが置かれる単音節の音節構造は $K^{0-3}VK^{0-4}$ なので，その可能な結合のパターンは以下のようになる．

V	Ei	VK^1	ein
K^1V	sie	K^1VK^1	Tag
K^2K^1V	Schnee	$K^2K^1VK^1$	Stamm

8.6. 音　　節

$K^3K^2K^1V$	Stroh	$K^3K^2K^1VK_1$	Spruch

VK_1K_2	alt	$VK_1K_2K_3$	Obst
$K^1VK_1K_2$	Fest	$K^1VK_1K_2K_3$	Markt
$K^2K^1VK_1K_2$	Kraft	$K^2K^1VK_1K_2K_3$	Brunst
$K^3K^2K^1VK_1K_2$	Strand	$K^3K^2K^1VK_1K_2K_3$	—

$VK_1K_2K_3K_4$	Ernst
$K^1VK_1K_2K_3K_4$	Herbst
$K^2K^1VK_1K_2K_3K_4$	—
$K^3K^2K^1VK_1K_2K_3K_4$	—

　空欄（―）はそのような複雑な構造を持つ単音節語が本来のドイツ語には見出せないものである．これは単なる偶然的な空白ではなく，上述の音節の周辺音の観察で見たように，音声生理的に自然な子音配列には厳しい制約があることを示している．

8.6.5.4.　音節の境界

　これまで主として単音節語における子音連続を観察してきた．二音節以上からなる多音節語では音節間の境界が問題となる．音節の境界は音声上の特別な手段によって示されるのではなく，隣接する音節の構造によって生じる．また語形の内部に形態論上の境界がある場合には，音節の境界は形態論上の境界と一致することもある（→8.6.1.）．
　これまで述べてきたように，ドイツ語の明瞭な標準発音ではどの音節も核音として一つの母音を持つ．したがって，一つの語形で音節主音的な母音が連続して現れると，その母音間に音節の境界が生じる（規則 1）：sehen [ˈzeːˌən] 見る　früher [ˈfryːˌɐ] 以前に　Geäst [ɡəˈɛst] 樹枝．ただし二重母音では二つの母音のうち一つだけが音節主音となるので，この規則には当てはまらない．Reihe [ˈraɪˌə] 列 のように二重母音に単母音が続くと，二重母音と後ろに続く単母音との間に境界が生じる．二つの母音の間に子音が現れると，子音は後ろの音節に属する（規則 2）：Bote [ˈboːˌtə] 使い，ölen [ˈøːˌlən] 油を塗る．8.3.2.で述べたように，短開母音 [ɪ] [ɛ] [ɔ] [ʊ] [ʏ] [œ] は常に閉音節にしか現れなかったので，短開母音を核音とする音節は尾部に少

なくとも一つの子音を持つ(規則3)ことになる：Sinn [zɪn] 感覚．

　二つの母音の間に複数の子音が現れる場合には，第二音節の頭子音がうまく形成できるように境界が引かれる．たとえば，Garten [ˈgartən] では母音間の -rt- という子音結合は頭部の二音による子音配列 $K^2 K^1$ には存在しなかった(→8.6.5.2.1.の3.)が，-t- は単独で K^1 の位置を占めることができる(→8.6.5.2.1.の2)ので，-r- は第一音節に -t- は第二音節に属し，[ˈgarˌtən] と分節される．Mutter [ˈmʊtɐ] 母親 のように母音間に二重子音が現われると，[-t-] は規則3に従えば最初の音節に属する([mʊtˌɐ])が，そうすると後半の音節が規則2に反し，規則2に従えば第二音節に属する([ˈmʊˌtɐ])が，そうすると前半の音節が規則3に反することになる．Duden (Grammatik)はこのような場合，[t] は母音間の唯一の子音なので [t] は同時に前後両方の音節に属し，音節の境界は子音 [t] の中にあるとする．[ˈmʊtɐ] は音節 [mʊt] と [tɐ] からなることになる．そしてこのような二つの音節に同時に属する子音を**音節わたり音**(Silbengelenk)と呼んでいる．一つの子音内に境界を求めることは理論上のことであり実際的ではないので，短開母音を閉音節に限らなければ，規則2に従い [ˈmʊˌtɐ] と分節される．分綴法では音節の境界とは異なり子音間で分綴されて，Mut-ter となる．

8.7. アクセント

8.7.1. アクセントとは

　一連の発話においては文や語などの構成部分がすべて同じ伝達価値を持っているわけではなく，その特定の一部分に伝達の力点（これを**プロミネンス**(Prominenz)という）が置かれて強調されることが多い．このような強調は日常の発話行為では音声の強弱や高低や長短によって行われる．音声連続においてある音が他の音より強調される場合，この音に**アクセント**(Akzent / Betonung)があるという．アクセントを実現する手段としては音の強さ　高さ　長さがある．音の強さによるものは**強さアクセント**(dynamischer Akzent, Druckakzent, Stärkeakzent)，音の高さによるものは**高さアクセント**(musikalischer, melodischer Akzent)，音の長さによるものは**長さアクセント**(temporaler Akzent)と呼ばれる．これらの手段のうちどれを主として用いるかは言語によって異なる．

　文のレベルでのアクセントを**文アクセント**(Satzakzent)といい，文のある事柄（これをテーマ(Thema)という→1.1.4.）について述べる部分（これをレーマ(Rhema)という→1.1.4.）を強調する．これに対して，語のレベルでのアクセントを**語アクセント**(Wortakzent)という．

8.7.2. 語アクセント

　ドイツ語の文ではそれぞれの単語が同じ強さや高さで発音されているわけではなく，一連の音声連続のうちのある部分が他の部分より特に際立って聞こえることが多い．この場合際立って聞こえるのは単語全体でもなく，一つの単音でもなく，単語を構成している音節である．ドイツ語では音節の強めは，音の高低や持続時間も関係しているが，とりわけ音の強さ（強勢ともいう）によって行われる．ある音節が強勢によって際立って聞こえるとき，そ

の音節に強さアクセントがあるという．アクセントの置かれた音節の音は，他の音節の音よりも強い呼気圧で強くしっかりと発音される．したがって「きこえ」が大きい．しかしある音節が強く発音されるというのは相対的な強さであって，何倍強いという絶対的な尺度ではない．ドイツ語ではアクセントの置かれた（＝強勢された）音節と置かれない（＝無強勢の）音節との音の強さの違いはかなりはっきりとしている．さらにその中間の段階として副次的なアクセントを認めることがある．もっとも強く発音される主要なアクセントを**第一アクセント**（Hauptakzent / Primärakzent）と呼び，副次的なアクセントを**第二アクセント**（Nebenakzent / Sekundärakzent）と呼ぶ．IPA記号では第一アクセントには補助記号 [ˈ] を，第二アクセントには補助記号 [ˌ] をそれぞれ該当する音節の直前に付ける．たとえば **Dampf**schiff**fahrt** [ˈdampfʃɪfˌfaːɐt] 汽船の運航 では最初の音節 [dampf] に第一アクセントが置かれ，二番目の音節 [ʃɪf] にはアクセントが置かれず，三番目の音節 [faːɐt] に第二アクセントが置かれる．第二アクセントは複合語に見られる．しかし重要なのは第一アクセントであって，特に注意すべき場合のほかは，第二アクセントは普通表記されない．以下では第一アクセントを単にアクセントと呼ぶ．

　なお，本章では第一アクセントの所在をはっきりと明示するために，補助記号 [ˈ] に加えて，該当する音節の綴字を太字で示す．

　ドイツ語ではすべての語が本来第一アクセントを持っている．したがって単独で発音される単音節語（→8.6.4.）は常にアクセントが置かれる．しかし冠詞や代名詞や前置詞などの単音節語は，強調されない限り，前後の強勢の置かれた音節と一体となって発音されて，そのアクセントが失われてしまうことがしばしばある．多音節語（→8.6.4.）ではどの音節に第一アクセントが置かれるかが問題となる．フランス語では ciga**rette** [sigaˈrɛt] タバコ のように常に最終の音節にアクセントが置かれ，アクセントの位置は固定している．これに対して英語ではアクセントの位置は，**mor**ning [ˈmɔːrnɪŋ] 朝 to**day** [təˈdei] 今日 のように語ごとに定まっている．さらにアクセントの位置の違いが，**im**port [ˈɪmpɔːt] 輸入 と im**port** [ɪmˈpɔːt] 輸入する のように，品詞を区別している．フランス語のように特定の位置にアクセントが固定されている言語を**固定アクセント**（fester Akzent）の言語といい，英語のように特定の位置にアクセントが固定されないで，語の意味を区別するはたらき

8.7. アクセント

のある場合を**自由アクセント**(freier, beweglicher Akzent)の言語という．ドイツ語では第一アクセントは通常第一音節に置かれるが，たとえば **über**setzen [ˈyːbɐzɛtsn̩](船で)向こう岸に渡す と über**setzen** [yːbɐˈzɛtsn̩] 翻訳する　**Au**gust [ˈaʊɡʊst](男名)と Au**gust** [aʊˈɡʊst] 八月 のようにアクセントの位置によって語の意味が区別されることがあるので，自由アクセントの言語ともみなされている(→8.7.3.2.1.)．

　固定アクセントの言語としては，チェコ語　ハンガリー語　フィンランド語　ポーランド語などが挙げられる．これに対してスペイン語やロシア語ではアクセントの位置はきわめて自由で，屈折形によってもさまざまに変わり，形態的にも意味的にもアクセントの置かれる位置の違いが用いられている．

8.7.3. ドイツ語のアクセント

8.7.3.1. 単音節語のアクセント

　ドイツ語ではすべての語が本来(第一)アクセントをもって発音される．Kind [kɪnt] 子供 は単独では強く発音されて，**kind**lich [ˈkɪntlɪç] の第一音節と同じ程度の強さが認められるので，単音節語にも第一アクセントがあるといえる．しかしアクセントの置かれる位置は自明なので，通常アクセントの位置を示すアクセント記号 [ˈ] は省略され，表示されない．

8.7.3.2. 多音節語のアクセント

　ドイツ語の多くの語は(第一)アクセントの置かれる音節を一つしか持たない．曖昧母音 [ə] を含む音節にはアクセントが置かれない(→8.3.3.6.2.)が，それ以外の音節はすべてアクセントを持つことができる．しかし多音節語のアクセントが置かれる音節の位置には規則性が見出される．次項以下で，二つ以上の多音節からなる単一語　派生語　合接語のアクセントの置かれる位置について述べる．

8.7.3.2.1. 単一語のアクセント

　本来のドイツ語の**単一語**(Simplex)では普通第一音節にアクセントが置かれる．したがって単純な単語ではアクセントは語頭の語幹音節に置かれる．

この**語幹音節アクセント**(Stammsilbenakzent)はドイツ語の語アクセントの大きな特徴である。8.7.2.でドイツ語のアクセントは自由アクセントでもあると述べたが，アクセントの位置による語の意味上の区別はごく一部の単一語と派生語にしか認められず，語ごとにアクセントの位置を覚えなければならない場合もごく限られているので，ドイツ語は固定アクセントの言語とみなしても差し支えないだろう。

　ここでドイツ語の語幹音節アクセントについて，歴史的な説明をしておく。ドイツ語は系統的にはインドヨーロッパ語族に属する。インドヨーロッパ語族での語のアクセントは本来抑揚による高低アクセントで，その位置を自由に移動することのできる自由アクセントであったとみなされている。このインドヨーロッパ語のアクセントの本来的な特徴は古代インドのリグヴェーダーの言語や古典ギリシャ語に見ることができる。たとえば古典ギリシャ語の **mêtêr** 母親 は主格(＝1格)では第一音節にアクセントが置かれ，対格(＝4格)**mêtéra** ではアクセントは後ろに移動して第二音節に置かれた。また与格(＝3格)形 **mêtrí** のように屈折語尾にもアクセントが置かれるのが大きな特徴であった。年代的には，異説もあるが，紀元前5世紀頃までにゲルマン諸言語ではアクセントが抑揚ではなく強弱によるものへと質的に変化し，語頭の語幹音節に固定されるようになった。これを**アクセント固定**(Festakzentierung)という。この語アクセントの質的および位置的変化によってゲルマン諸言語は他のインドヨーロッパ諸言語とは異なる独自の言語的性格を発展させることとなった。アクセントの変化により語における発音のエネルギーが語の意味内容を担う語幹音節に集中するようになり，アクセントの置かれない音節，特に屈折語尾音節が相対的に弱く発音されるようになった。その結果インドヨーロッパ語本来の屈折語尾の母音は弱く発音されて曖昧母音化し，さらに語末の曖昧母音の多くは発音されないで消失してしまった。ゲルマン諸語では屈折語尾音節の弱化・消失が，それまで保持されてきたインドヨーロッパ語の豊富な屈折語尾体系を衰退させてしまうこととなった。変化体系に拠っていたさまざまな文法機能が弱まったために，格変化体系に代わる前置詞，動詞の時制・態の変化体系に代わる助動詞や主語人称代名詞の義務化などを発展させて，屈折語尾による総合的な言語構造から屈折に代わる他の言語手段を用いる分析的な言語構造へとその言語的性格が

8.7. アクセント

大きく変化してしまった(→2.1.2., 2.2.2.).

　単一語の例：**Mo**nat [ˈmoːnat] (暦の)月　**ge**stern [ˈgɛstɐn] 昨日　**Blu**me [ˈbluːmə] 花　**Flü**gel [ˈflyːgl̩] 翼　**sa**gen [ˈzaːgn̩]．曖昧母音 [ə] を含む音節 (Schwasilbe) にはアクセントは決して置かれない．単一語が屈折して音節が一つ加わっても強勢の位置は変わらない：**Mo**nat → **Mo**nate [ˈmoːnatə] (複数形)．

　外来語の場合は原語でのアクセント位置の影響もあるが，後ろから二番目の音節にアクセントが置かれることが多い：E**po**che [eˈpɔxə] 時代　Gram**ma**tik [graˈmatɪk] 文法．フランス語系外来語では最後の音節にアクセントが置かれる：Bü**ro** [byˈroː] 事務室　Bal**kon** [balˈkɔ̃ː] バルコニー．

8.7.3.2.2. 派生語のアクセント

　接辞(Affix)が付加された**派生語**(Ableitung / Derivatum →7.2.1.2.2.) では，単一語と同様に，普通は第一音節にアクセントが置かれる．しかし接頭辞(Präfix)や接尾辞(Suffix)の中にはアクセントが置かれるものがあるので，一般的な規則を立てることはできない．

8.7.3.2.2.1. 接頭辞による派生語のアクセント

1　名詞　形容詞の接頭辞

　本来のドイツ語での名詞と形容詞に付加される接頭辞には erz-　ge-　miss-　un-　ur- がある．これらの接頭辞はもっぱら元の語の意味に変更を加える．これらの派生語ではアクセントは，曖昧母音を含む ge- を除いて，常に第一音節の接頭辞に置かれる．

　　Erzbischof [ˈɛrtsbɪʃɔf] 大司教　　　　**erz**böse [ˈɛrtsˌbøːzə] 極悪の
　　Ge**tränk** [gəˈtrɛŋk] 飲み物　　　　　ge**treu** [gəˈtrɔʏ] 忠実な
　　Missgunst [ˈmɪsɡʊnst] ねたみ　　　　**miss**vergnügt [ˈmɪsfɛɐ̯gnyːkt] 不快な

　　Unrecht [ˈʊnrɛçt] 不正　　　　　　　**un**bekannt [ˈʊnbəkant] 未知の
　　Ursprung [ˈuːɐ̯ʃprʊŋ] 起源　　　　　**ur**alt [ˈuːɐ̯ʔalt] 非常にふるい

　形容詞に付加して否定や反義を表す**接頭辞 un-** はアクセントが置かれる場合と置かれない場合があり，かなり流動的である．接尾辞を伴わない形容詞は un- にアクセントが置かれる：**un**fair [ˈʊnfɛːɐ̯] フェアでない

unklar [ˈʊnklaːɐ̯] 不明瞭な　**un**schön [ˈʊnʃøːn] 美しくない　**un**sicher [ˈʊnzɪçɐ] 安全でない．過去分詞に付加した un- も通常アクセントが置かれる：**un**benutzt [ˈʊnbənʊtst] 未使用の　**un**genannt [ˈʊnɡənant] 匿名の．接尾辞 -lich　-ig　-sam　-haft　-bar の付加によって動詞から派生した形容詞ではアクセントの位置は一定してなく動揺を示し，接頭辞 un- に置かれる例もあるし，動詞語幹に置かれる例もある．意味の上から動詞派生が強く感じられるときには動詞語幹にアクセントが置かれる傾向が強いが，リズムに影響されることもあり一定していない．ドイツでは好んで動詞語幹にアクセントが置かれるが，オーストリアとスイスでは un- にアクセントが置かれることが多い．un**denk**lich [ʊnˈdɛŋklɪç] およそ考えられない は un- に決してアクセントが置かれない．かつては un**denk**bar [ʊnˈdɛŋkbaːɐ̯] と un**sag**bar [ʊnˈzaːkbaːɐ̯] 言葉では言い表せない も動詞語幹にアクセントが置かれたが，今日では un- にもアクセントが置かれる．un**end**lich [ʊnˈɛntlɪç] 限りない も un- にアクセントは置かれない．同一の語でもアクセントの位置の違いにより意味の異なることがある．形容詞の意味内容を否定するときには un- にアクセントが置かれ，形容詞の意味内容を強めるときには形容詞の語幹にアクセントが置かれる．たとえば，unersetzlich は「償いえない」の意味では [ˈʊnɛɐ̯zɛtslɪç] であるが，「致命的な」の意味では [ʊnɛɐ̯ˈzɛtslɪç] であり，unschätzbar は「価値のない」の意味では [ˈʊnʃɛtsbaːɐ̯] であり，「評価できないほど価値のある」の意味では [ʊnˈʃɛtsbaːɐ̯] である．unerhört は「聞き届けられない」の意味では [ˈʊnɛɐ̯høːɐ̯t] と un- にアクセントが置かれるが，「(今まで聞いたこともない＞)途方もない」の意味では [ˈʊnɛɐ̯ˈhøːɐ̯t] と un- と語幹の両方にアクセントが置かれる．

2　動詞の接頭辞

　本来のドイツ語では単純動詞に付加される接頭辞には二つの種類がある．一般に**非分離の前綴**(untrennbare Vorsilbe)と呼ばれ単独では現れない接頭辞 be-　ent-(emp-)　er-　ge-　miss-　ver-　zer- と，いわゆる**分離・非分離の前綴**と呼ばれ，あるときは複合動詞をあるときは派生動詞を形成する接頭辞 durch-　um-　über-　unter-　wider-　wieder- である．

8.7. アクセント

(1) 非分離の接頭辞

　非分離の接頭辞は単語としての独立性を欠くので，アクセントは置かれない．アクセントは動詞部の第一音節に置かれる．

　　be**such**en [bəˈzuːxn̩] 訪れる
　　ent**neh**men [ɛntˈneːmən] 〜を取り出す
　　em**pfeh**len [ɛmˈp̬feːlən] 推薦する
　　er**laub**en [ɛɐ̯ˈlaʊbn̩] 許可する
　　ge**steh**en [ɡəˈʃteːən] 告白する
　　miss**han**deln [mɪsˈhandl̩n] 虐待する
　　ver**steh**en [fɛɐ̯ˈʃteːən] 理解する
　　zer**stö**ren [tsɛɐ̯ˈʃtøːrən] 破壊する

　接頭辞 miss- を伴う missachten 無視する は動詞部にアクセントが置かれることもある([mɪsˈaxtn̩])が，接頭辞にアクセントが置かれることもある([ˈmɪsaxtn̩])．miss- は，他の非分離接頭辞を伴う動詞にさらに付加されることがある．この場合には接頭辞 miss- がアクセントを担う： **miss**verstehen [ˈmɪsfɛɐ̯ʃteːən] 誤解する 　　**miss**behagen [ˈmɪsbəhaːɡn̩] 不快感を与える．

　非分離の接頭辞はそれぞれ古高ドイツ語の bi-　int-/ant-　ur-/ar-/ir-　gi-/ga-　zur-/zar-/zir- に由来する．アクセントが語幹音節に置かれるようになったために，接頭辞の母音は一様に弱化してしまった．しかし ent-(emp-)　er-　ver-　zer- の e は非円唇前舌母音 [ɛ] (→8.3.3.3.4.) であり，be- ge- の e は中舌母音 [ə] (→8.3.3.6.2.) であって，互いに異なる母音なので注意しなければならない．

　これらの非分離動詞から名詞的接尾辞の付加や母音交替 (Ablaut) などによって派生した名詞も，動詞のときと同様に，アクセントは語幹音節に置かれる．

　　Be**such** [bəˈzuːx] 訪問
　　Ent**nah**me [ɛntˈnaːmə] 取り出すこと
　　Em**pfeh**lung [ɛmˈp̬feːlʊŋ] 推薦
　　Er**laub**nis [ɛɐ̯ˈlaʊpnɪs] 許可
　　Ge**ständ**nis [ɡəˈʃtɛntnɪs] 告白
　　Miss**hand**lung [mɪsˈhandlʊŋ] 虐待

Ver**stand** [fɛɐ̯ˈʃtant] 知力

Zer**störung** [tsɛɐ̯ˈʃtøːrʊŋ] 破壊

　接頭辞 miss- を伴う非分離動詞からの派生名詞は，Misshandlung を除いて，アクセントは接頭辞 miss- に置かれる：**Miss**brauch [ˈmɪsbraʊx] 悪用（＜miss-**brau**chen [mɪsˈbraʊxn̩] 悪用する）。上に挙げた missachten からの派生名詞 **Miss**achtung [ˈmɪsaxtʊŋ] 無視 は接頭辞 miss- にアクセントが置かれる。動詞派生名詞に付加する接頭辞 miss- のアクセントの位置はきわめて流動的であるので注意しなければならない。

（２）分離・非分離の接頭辞

　分離・非分離の接頭辞は分離動詞のときにはアクセントが置かれるが，非分離動詞のときにはアクセントが置かれない。

分離動詞

durch|dringen [ˈdʊrçdrɪŋən] 貫いて入る

um|geben [ˈʊmgeːbn̩] 着せ掛ける

über|fallen [ˈyːbɐfalən] 垂れ下がる

unter|halten [ˈʊntɐhaltn̩] 下に当てがう

wider|hallen [ˈviːdɐhalən] 反響する

wieder|holen [ˈviːdɐhoːlən] 取り返す

非分離動詞

durch**drin**gen [dʊrçˈdrɪŋən] 浸透する

um**ge**ben [ʊmˈgeːbn̩] 囲う

über**fal**len [yːbɐˈfalən] 奇襲する

unter**hal**ten [ʊntɐˈhaltn̩] 養う

wider**le**gen [viːdɐˈleːgn̩] 論駁する

wieder**ho**len [viːdɐˈhoːlən] 繰り返す

　接頭辞 wieder- は分離動詞の前に付加したときはアクセントを持たず，アクセントは後ろに続く分離動詞の前綴に置かれる：wieder**auf**-nehmen [viːdɐˈaʊfneːmən] 再開する。接頭辞 unter- は他の接頭辞を伴う非分離動詞に付加するとアクセントが置かれる：**un**terbewerten [ˈʊntɐbəveːɐ̯tən] 過小評価する。

　非分離動詞から派生した名詞も，同様にアクセントは語幹音節に置か

れる．
 Durch**drin**gung [dʊrçˈdrɪŋʊŋ] 浸透
 Um**ge**bung [ʊmˈgeːbʊŋ] 周囲
 Über**fall** [yːbɐˈfal] 奇襲
 Unter**such**ung [ʊntɐˈzuːxʊŋ] 調査
 Wider**leg**ung [viːdɐˈleːgʊŋ] 論駁
 Wieder**hol**ung [viːdɐˈhoːlʊŋ] 反復

非分離動詞 unter**schei**den [ʊntɐˈʃaɪdn̩] 区別する からの派生名詞 Unter**schei**dung [ʊntɐˈʃaɪdʊŋ] 区別 は語幹音節にアクセントが置かれるが，本来名詞として造語された **Un**terschied [ˈʊntɐʃiːt] 相違 ではアクセントは接頭辞 unter- に置かれる．非分離動詞 unter**rich**ten [ʊntɐˈrɪçtn̩] 教える unter**schrei**ben [ʊntɐˈʃraɪbn̩] 署名する と，本来名詞として造語された **Un**terricht [ˈʊntɐrɪçt] 授業 **Un**terschrift [ˈʊntɐʃrɪft] 署名 とのアクセントの位置の相違に注意しなければならない．

8.7.3.2.2.2. 接尾辞による派生語のアクセント
1 名詞の接尾辞
本来のドイツ語で名詞に付加される接尾辞には -e -el -er -ei -heit/-keit -ler -ling -ner -nis -sal -sel -schaft -tum -ung -chen がある．これらの接尾辞のうち -ei だけがアクセントを持ち，他の接尾辞には決してアクセントは置かれない．-ei は中世ドイツ語の時代に動詞接尾辞の -ieren 形容詞接尾辞の -lei とともにフランス語から入ってきた接尾辞である．そのために他のドイツ語本来の接尾辞とは異なり語末でアクセントが置かれる：Bäcke**rei** [bɛkəˈraɪ] パン屋 Male**rei** [maːləˈraɪ] 絵画．

2 形容詞の接尾辞
-lich や -bar のような形容詞に付加されるドイツ語本来の接尾辞には決してアクセントは置かれない．しかし中世ドイツ語の時代にフランス語から入ってきた種数を表す接尾辞 -lei はアクセントを持つ．しかし最近ではフランス語系接尾辞の意識が薄れてしまい，語頭にアクセントが置かれて発音されることが多い：zweier**lei** [tsvaɪɐˈlaɪ] 二種の aller**lei** [alɐˈlaɪ] あ

らゆる種類の．

3　動詞の接尾辞

　ドイツ語本来の動詞の不定詞語尾 -en [ən] にはアクセントは置かれない．接尾辞 -ieren は，元来は tur**nie**ren [tʊrˈniːrən] 試合する（＜ fr. tournoyer）のようにフランス語の動詞に -en をつけたものであった．後に stu**die**ren [ʃtuˈdiːrən] 研究する（＜ lat. studêre）のようにラテン語起源の語にも付加され，さらに本来のドイツ語にも及ぶようになった：hau**sie**ren [hau̯ˈziːrən] 行商する．アクセントはラテン語式に最後から二番目の音節 -ie- に置かれる．さらに外来語動詞から派生させられた prophe**zei**en [profeˈtsaɪən] 予言する（＜ lat. profiteor）と inter**view**en [ɪntɐˈvjuːən] インタビューする（＜ engl. interview）も第一音節にアクセントが置かれない．

4　接尾辞の付加によるアクセントの移動

　接尾辞が付加されると，アクセントの位置が移動することがある．たとえば，**Ja**pan [ˈjaːpan] 日本 → Ja**pa**ner [jaˈpaːnɐ] 日本人 → japa**nisch** [jaˈpaːnɪʃ] 日本の　Eu**ro**pa [ɔyˈroːpa] ヨーロッパ → Euro**pä**er [ɔyroˈpɛːɐ] ヨーロッパ人 → euro**pä**isch [ɔyroˈpɛːɪʃ] ヨーロッパの　I**ta**lien [iˈtaːliən] イタリア → Itali**e**ner [itaˈliːenɐ] イタリア人 → itali**e**nisch [itaˈliːenɪʃ] イタリアの　**Le**ben [ˈleːbn̩] 生 → le**ben**dig [leˈbɛndɪç] 生きている　**Na**tion [naˈtsi̯oːn] 国民 → natio**nal** [natsi̯oˈnaːl] 国民の．アクセントの位置が移動すると，母音の量（＝長短）に変化が生じるので注意しなければならない．接尾辞 -or に終わる名詞は複数の語尾が付加するとアクセントの位置を変える：Pro**fes**sor [proˈfɛsoːɐ̯] 教授 → Profes**so**ren [profɛˈsoːrən]．

8.7.3.2.3.　複合語のアクセント

　それぞれに意味が独立した複数の語（＝構成要素）を組み合わせて作られる**複合語**（Zusammensetzung / Kompositum）では，アクセントはそれぞれの構成要素間の意味的関係によっていくらか規則立てることができる．構成要素間には，1）「規定と被規定」　2）「対等」　3）「その他」の三つの関係が大別される（→7.2.1.2.1.）．1）「規定と被規定」の関係では通常語頭の第一要素に立ち規定をする構成要素にアクセントが置かれる．しかもその構成要素が単独で現れたときに強勢される音節に置かれる．たと

8.7. アクセント

えば，**Kin**derzimmer [ˈkɪndɐtsɪmɐ] 子供(の)部屋　**ab**|fahren [ˈapfaːrən]（離れて行く＞）出発する．2)「対等」，すなわち並列の関係ではそれぞれの構成要素にアクセントが置かれる．最後の構成要素にアクセントが置かれることもある．たとえば，**schwarzweiß** [ˈʃvartsˈvaɪs] あるいは [ʃvartsˈvaɪs] 黒と白の．3)「その他」の関係のうち，先行する構成要素が後続の構成要素を強調している場合(**steinalt** [ˈʃtaɪnˈalt] 非常に古い)と，一方の構成要素が他方の構成要素の比喩になっている場合(**schneeweiß** [ˈʃneːˈvaɪs] 雪のように白い)は，それぞれの構成要素にアクセントが置かれる．これに対して，先行する構成要素が後続する構成要素の意味を明確化している場合(**Schä**delknochen [ˈʃɛdl̩knɔxn̩] 頭蓋骨)は，最初の構成要素にアクセントが置かれる．

なお，複合語のアクセントの位置については，本シリーズ第7巻「語彙・造語」にアクセントの位置を明示した例語が豊富に示されている(→ 7.2.以下)．

三つの構成要素(ABC)からなる複合語ではいくつかの場合が区別される．1)複合語がA＋(B＋C)という構造ならば，二番目の構成要素Bにアクセントが置かれる：Bundes**auß**enminister [bʊndəsˈaʊsn̩mɪnɪstɐ] 連邦外務大臣．2)主要素(B＋C)が固定した結合になっているときは，一番目の要素Aに第一アクセントが置かれ，二番目の要素Bに第二アクセントが置かれる：**Haupt**bahnhof [ˈhaʊpt.baːnhoːf] 中央駅．3)複合語が(A＋B)＋Cという構造ならば，常に一番目の要素Aにアクセントが置かれ，三番目の要素Cに第二アクセントが置かれる：**Bahn**hofsvorplatz [ˈbaːnhoːfs.foːɐ̯plats] 駅前広場．複合語の構成要素の関係が一義的に解釈されない場合もしばしばある．たとえば，Einfamilienhaus は A＋(B＋C)と解されれば，二番目の構成要素 -fa**mi**lien- にアクセントが置かれて([aɪnfaˈmiːli̯ənhaʊs])「一戸建ての家族住宅」を意味し，(A＋B)＋C と解されれば，一番目の構成要素 **Ein**- にアクセントが置かれて([ˈaɪnfamiːli̯ənhaʊs])「一世帯用の家族の住宅」を意味する．

三つ以上の構成要素からなる複合語では上述の規則の組み合わせによってアクセントの位置は決められる．たとえば，**Bahn**hofgaststätte 駅構内の食堂の構造は(A＋B)＋(C＋D)であり，二番目の(C＋D)は固定した結合として語彙化している(Gaststätte 飲食店)．したがってこの語ではア

クセントは最初の（A＋B）にあり，かつAに置かれる[ˈbaːnhoːfgastʃtɛtə]．
　不変化詞や名詞などの独立して用いられる語が接頭辞化して動詞と結びついた複合動詞（いわゆる**分離動詞**）では，普通第一要素である接頭辞にアクセントが置かれる．たとえば，**aus**|gehen [ˈaʊsgeːən] 外出する **heim**|bringen [ˈhaɪmbrɪŋən] 家まで送っていく．

8.7.3.2.4. 合接語のアクセント

　複数の語が語順や屈折語尾などの統語的特徴を保持したまま一語化することを**合接**（Zusammenrückung / Amalgamierung →7.2.1.2.4.）という．合接による複合名詞では普通最初の語にアクセントが置かれる．たとえば，Ver**giss**meinnicht [fɛɐˈgɪsmaɪnnɪçt] 忘れな草（命令文 Vergiss mein nicht! から）**Ha**benichts [ˈhaːbənɪçts] 一文無し（(Ich) habe nichts. から）**sei**nerzeit [ˈzaɪnɐtsaɪt] その当時は（seiner Zeit から）．

8.7.3.2.4.1. 合接された副詞のアクセント

　合接は副詞の造語に多く見られる．前置詞句が合接して形成された副詞ではアクセントは目的語の部分に置かれる．たとえば über**haupt** [yːbɐˈhaʊpt] 総じて　zu**wei**len [tsuˈvaɪlən] ときおり　mitei**nan**der [mɪtaɪˈnandɐ] 連れ立って．しかし **durch**weg [ˈdʊrçvɛk] 一貫して　**au**ßerdem [ˈaʊsɐdeːm] それに加えては最初の前置詞の部分にアクセントが置かれることもある：**dur**chweg　**au**ßerdem. 同じように本来前置詞＋名詞の合接語から形成された前置詞 an**statt** [anˈʃtat] ～の代わりに　in**fol**ge [ɪnˈfɔlgə] ～の結果としても後ろの名詞部分にアクセントが置かれる．前置詞が目的語である指示代名詞の後ろに置かれて形成された合接語ではアクセントは両方の部分に置かれる：**des**halb [ˈdɛshalp] それゆえに　**des**we**gen** [ˈdɛsveːgn̩] それゆえに **dem**nach [ˈdeːmnaːx] したがって．前置詞と形容詞から形成された合接語ではアクセントの位置は一定していない．**bei**nahe [ˈbaɪnaːə] ほとんど **vor**erst [ˈfoːɐ̯ɛɐ̯st] 最初には前置詞にアクセントが置かれるが，zu**erst** [tsuˈeːɐ̯st] 最初に　zu**gleich** [tsuˈglaɪç] 同時には形容詞にアクセントが置かれる．名詞と後置された副詞からなる合接語では後ろの副詞にアクセントが置かれる：berg**ab** [bɛrkˈap] 山を下って　berg**auf** [bɛrkˈaʊf] 山を登って fluss**ab** [flʊsˈap] 川を下って．さらに -wärts が付加されても，アクセント

は副詞に置かれる：fluss**auf**wärts [flʊsˈaʊfvɛrts] 上流へ．本来前置詞と人称代名詞あるいは関係代名詞との融合した da / wo と前置詞との合接語ではアクセントは前置詞に置かれる：da**mit** [daˈmɪt]　da**von** [daˈfɔn]　da**ran** [daˈran]　wo**rin** [voˈrɪn]　wo**zu** [voˈtsuː]（→2.3.2.3.3.）．しかし da との合接語が副詞化して指示的意味が強いときには da にアクセントが置かれ，[daː] と長母音化される：**da**von [ˈdaːfɔn] それによって（→2.3.5.2.1.）．

　合接された副詞に対して，二つの副詞が複合された副詞ではアクセントの位置について規則立てることは難しい．前に位置する構成要素にアクセントが置かれるとき：**e**benso [ˈeːbn̩zoː] 全く同じように　**wie**derum [ˈviːdərʊm] またもや．後ろに位置する構成要素にアクセントが置かれるとき：durch-**aus** [dʊrçˈaʊs] 全く　gerade**aus** [gəraːdəˈaʊs] まっすぐに　so**fort** [zoˈfɔrt] すぐさま　viel**leicht** [fiˈlaɪçt] ひょっとして．二つの構成要素の双方にアクセントが置かれるとき：**dorthin** [ˈdɔrtˈhɪn] そこへ　**hierher** [ˈhiːɐ̯ˈheːɐ̯] こちらへ　**im**mer**zu** [ˈɪmɐˈtsuː] いつも．

8.7.3.3.　固有名詞のアクセント

　人名や地名などの固有名詞はしばしば第一音節にアクセントの置かれない逸脱したアクセントを持つ．特に北ドイツと南ドイツのバイエルン地方に見られる複合された地名は第二要素にアクセントが置かれる：Bremer**ha**ven [breːmɐˈhaːfn̩]　Osna**brück** [ɔsnaˈbrʏk]　Gern**ro**de [gɛrnˈroːdə]　Pader**born** [paːdɐˈbɔrn]　Hohen**stau**fen [hoːənˈʃtaʊfn̩]　Heil**bronn** [haɪlˈbrɔn]　Bay**reuth** [baɪˈrɔyt]　Saar**brück**en [zaːɐ̯ˈbrʏkn̩]．スラブ語に由来する -in に終わる地名は語末にアクセントが置かれる：Ber**lin** [bɛrˈliːn]　Schwe**rin** [ʃveˈriːn]　Ste**ttin** [ʃtɛˈtiːn]．Ha**nno**ver [haˈnoːfɐ] は第二音節にアクセントが置かれる．

　二つの地名が連結されたときは，後ろの地名に強いアクセントが置かれる：Schleswig-**Hol**stein [ˌʃleːsvɪç-ˈhɔlʃtaɪn]．

　キリスト教の聖人に因んだ名前にはアクセントが語頭に置かれないものがある：Jo**hann**es [joˈhanəs]　Se**bas**tian [zeˈbastjan]　Christi**a**ne [krɪsˈtiaːnə]　Eli**sa**beth [eˈliːzabɛt]　Jo**hann**a [joˈhana]　Katha**ri**na [kataˈriːna]　So**fie** [zoˈfiː]　Su**sa**nne [zuˈzanə]．女性の名前でラテン語またはフランス語を模した語尾をとるものではアクセントは後ろから二番目の音節に置かれる：

Annette [aˈnɛtə]　Ludwiga [luːtˈviːga]　Roswitha [rɔsˈviːta]　Fontane [fɔnˈtaːnə]　Friederike [friːdəˈriːkə]　Luise [luˈiːzə]　Charlotte [ʃarˈlɔtə]　Wilhelmine [vɪlhɛlˈmiːnə]．本来ドイツ語の人名が語尾 -e（＜lat. -is）をとって，アクセントの位置を変えたものがある：Brunhilde [bruːnˈhɪldə]＜Brünhild [ˈbryːnhɪlt]　Mathilde [maˈtɪldə]＜Mechthild [ˈmɛçtɪlt]．

8.7.3.4.　外来語のアクセント

　外来語は一般に原語のアクセントを保持するので，語頭にアクセントが置かれないものが多い．たとえば，フランス語からの多くの語は最終の音節にアクセントが置かれる：Roman [roˈmaːn] 長編小説．ただし，Nuance [nyˈãːsə] ニュアンス．

　外来語（系）の接尾辞には，1）語末の音節にアクセントが置かれるもの　2）語末から二番目の音節にアクセントが置かれるもの　3）語末から三番目の音節にアクセントが置かれるもの　4）アクセントの位置の一定していないものの四種がある．

1）　語末の音節にアクセントのあるもの：

　　　-akt（Extrakt [ɛksˈtrakt] エッセンス）　-al（Material [mateˈri̯aːl] 原料，しかし Karneval [ˈkarnəval] 謝肉祭）　-all（Metall [meˈtal] 金属）　-an（Organ [ɔrˈgaːn] 器官）　-än（Kapitän [kapiˈtɛːn] 船長）　-ant（Elefant [eleˈfant] 象）　-anz（Substanz [zʊpˈstants] 実質）　-ar（elementar [elemɛnˈtaːɐ̯] 基本的な）　-är（Sekretär [zekreˈtɛːɐ̯] 秘書）　-ast（Kontrast [kɔnˈtrast] コントラスト）　-at（Apparat [apaˈraːt] 器械）　-ee（Idee [iˈdeː] 理念）　-ek（Bibliothek [biblioˈteːk] 図書館）　-ekt（Architekt [arçiˈtɛkt] 建築家）　-ell（kulturell [kʊltuˈrɛl] 文化の）　-em（System [zysˈteːm] システム）　-en（Phänomen [fɛnoˈmeːn] 現象，しかし Hymen [ˈhyːmən] 婚礼の神ヒュメーン）　-ent（Akzent [akˈtsɛnt] アクセント，しかし Orient [oˈri̯ɛnt] あるいは [ˈoːri̯ɛnt] オリエント）　-enz（Existenz [ɛksɪsˈtɛnts] 存在）　-ept（Konzept [kɔnˈtsɛpt] 構想）　-ert（Konzert [kɔnˈtsɛrt] コンサート）　-esk（grotesk [groˈtɛsk] グロテスクな）　-eß（Prozeß [proˈtsɛs] 経過）　-est（Protest [proˈtɛst] 抗議）　-ett（Tabulett [tabuˈlɛt] 盆）　-gramm（Programm [proˈgram] プログラム）　-graph（Geograph [geoˈgraːf] 地理学者）　-id（hybrid [hyˈbriːt]

8.7. アクセント

雑種の) -ikt(Kon**flikt** [kɔnˈflɪkt] 衝突) -il(mo**bil** [moˈbiːl] 動かせる) -in(Medi**zin** [mediˈtsiːn] 医学) -ist(Ju**rist** [juˈrɪst] 法律家) -ix (**Präfix** [prɛˈfɪks] 接頭辞) -iz(No**tiz** [noˈtiːts] メモ) -og(Dia**log** [diaˈloːk] 対話) -ol(Sym**bol** [zʏmˈboːl] 象徴, しかし **Al**kohol [ˈalkohoːl] アルコール) -oll(Proto**koll** [protoˈkɔl] 会議録) -om (**Atom** [aˈtoːm] 原子) -oph(Philo**soph** [filoˈzoːf] 哲学者) -ös(ner**vös** [nɛrˈvøːs] 神経質の) -ott(Boy**kott** [bɔyˈkɔt] ボイコット) -phon (Tele**phon** [teleˈfoːn] 電話, ドイツ語化とともに **Te**lefon [ˈteːləfoːn] も) -tät(Universi**tät** [univɛrziˈtɛːt] 大学) -ukt(Pro**dukt** [proˈdʊkt] 生産物) -un(Tai**fun** [taɪˈfuːn] 台風) -ur(Na**tur** [naˈtuːɐ] 自然) -ut (Sta**tut** [ʃtaˈtuːt] 定款) -yd(O**xyd** [ɔˈksyːt] 酸化物) -ym(Syno**nym** [zynoˈnyːm] 同義語)

2) 語末から二番目の音節にアクセントのあるもの．二音節語では語頭に置かれる：

-abel(transpor**ta**bel [transpɔrˈtaːbl̩] ポータブルの) -ase(Em**pha**se [ɛmˈfaːzə] 強調) -asse(Te**rras**se [tɛˈrasə] テラス) -atte(Kra**wat**te [kraˈvatə] ネクタイ) -ese(Syn**the**se [zʏnˈteːzə] 総合) -esse(A**dres**se [aˈdrɛsə] 住所) -ette(Toi**let**te [tɔaˈlɛtə] トイレ) -ibel(fle**xi**bel [flɛˈksiːbl̩] しなやかな) -ikel(Ar**ti**kel [arˈtiːkl̩] 記事) -ismus(Mecha**nis**mus [meçaˈnɪsmʊs] メカニズム) -ma(**The**ma [ˈteːma] テーマ) -o(**Tem**po [ˈtɛmpo] テンポ) -ode(Epi**so**de [epiˈzoːdə] エピソード) -oge(Bio**lo**ge [bioˈloːgə] 生物学者) -or(**Fak**tor [ˈfaktoːɐ] 要因, ただし複数形においてはアクセントの位置が変わる Fak**to**ren [fakˈtoːrən]. しかし Humor は体液の意味では [ˈhuːmoːɐ] であるが, ユーモアの意味では [huˈmoːɐ]) -otte(Mas**kot**te [masˈkɔtə] マスコット) -ü(Tri**bü**ne [triˈbyːnə] 演壇) -yse(Ana**ly**se [anaˈlyːzə] 分析)

3) 語末から三番目の音節にアクセントのあるもの：

-um(**Stu**dium [ˈʃtuːdi̯ʊm] 研究, しかし Mu**se**um [muˈzeːʊm] 博物館) -us(**Ra**dius [ˈraːdi̯ʊs] 半径)

4) アクセントの位置の一定していないもの：

アクセントの位置に動揺を示す接尾辞がある：-iv(ak**tiv** [akˈtiːf] あるいは [ˈaktiːf] 積極的な)(nega**tiv** [negaˈtiːf] あるいは [ˈneːgatiːf] 否定

な）．

　同じ接尾辞が異なって発音されると，アクセントの位置を変えるものがある．-ie が長母音 [iː] で発音されるときは，語末の音節にアクセントが置かれる：Che**mie** [çeˈmiː] 化学　Ener**gie** [enɛrˈgiː] エネルギー．しかし二重母音 [i̯ə] で発音されるときは，語末から二番目の音節にアクセントが置かれる：Fa**mi**lie [faˈmiːli̯ə] 家族　Kas**ta**nie [kasˈtaːni̯ə] 栗（の実）．-ik は [iːk] のときは語末の接尾辞にアクセントが置かれる：Kri**tik** [kriˈtiːk] 批評　Poli**tik** [poliˈtiːk] 政治．しかし [ɪk] のときは語末から二番目の音節にアクセントが置かれる：**Lo**gik [ˈloːgɪk] 論理(学)　**Tech**nik [ˈtɛçnɪk] 技術．

8.7.3.5．略語のアクセント

　アルファベット文字による略語がアルファベット文字の名称で読まれるときは，最後の文字の読みにアクセントが置かれる．たとえば BRD [beːɛrˈdeː] (Bundesrepublik Deutschland ドイツ連邦共和国の略)　USA [uːɛsˈaː] (United States of America アメリカ合衆国の略)　EU [eˈuː] (Europa-Union ヨーロッパ連合の略)　SPD [ɛspeˈdeː] (Sozialdemokratische Partei ドイツ社会民主党の略)　ZDF [tsɛtdeˈɛf] (Zweites Deutsches Fernsehen ドイツ第二テレビ放送の略)　LKW [ɛlkaˈveː] (Lastkraftwagen 貨物自動車の略)．しかし最初の文字にアクセントを置いて発音されることもしばしばある：LKW [ˈɛlkaveː]．

8.8. 文　　字

8.8.1. 音声と文字

　音声は発生されるとたちまちに消え去ってしまう．後に残るのはわずかな聴覚上の印象だけである．そしてわれわれの音声言語によるメッセージは時間の中においてのみ一次元的に展開し，瞬間，瞬間に消え去ってしまう．後には何も残らないので，音声言語による伝達は同じ場面に参加している者に限られ，参加していない者に対しては果たされない．このような音声言語の持つ時間性と空間性を克服するために，人々は音声を写すことを思いつき，視覚による伝達手段として**文字**(Schrift)というものを考案した．

　音声言語は線状的に連続して展開するが，音声を文字化するには音声連続から区切られた形象として視覚に訴えるものでなければならない．まず原始的な段階でとられた方法は音声によって指し示されるものを模写し図形化した**絵文字**(Piktographie)と呼ばれるものであった．絵文字は次第に抽象的な記号へと発展し，物ばかりではなく次第に観念をも表すようになった．しかし物の形を表す文字では音声言語を十分に写し取ることができなかったので，それに代わって話し言葉の音を表す文字が考案されるようになった．すでに聖刻文字(＝ヒエログリフ)を用いていた古代エジプトや楔形文字を発達させていた古代オリエントでは，それらの文字が本来表した語の意味を捨象して，その音形を表す記号として使うことが始まっていた．これらが機縁となって，紀元前2000年前半頃にシリア・パレスチナ地方のセム人の間で単子音を表すアルファベットが生まれ，これがやがてセム族の一派である地中海東岸のフェニキア人を経て，紀元前8〜9世紀頃にギリシア人に伝えられた．フェニキア文字には母音を表す文字がなかったのでギリシア人はアラム語から記号を借りてきて母音の表記にあて，A(アルファ) E(エプシロン) O(オミクロン) Y(ユプシロン) I(イオーター)を作って修正を加えて，今日ヨーロッパで広く用いられている**アルファベット**(Alphabet)の母胎となる

文字体系を完成させた．このギリシア語アルファベットはエトルリア人を経てローマ人に伝えられ，ラテン語をも表すようになった．ラテン語ではFを加え，さらに[k]と[g]を区別するためにCからGを作り，後にギリシア語からの借用語のためにYとZを加えて，ABCDEFGHIKLMNOPQRSTVXYZの23文字からなる**ラテン語アルファベット**(lateinisches Alphabet)が作られた．さらに文字の読み方も文字が表す音価によって呼ばれるようになった．すなわち母音文字は音価通りに読まれ，子音文字は，閉鎖音は子音の音価に[eː]を加えて読まれ(KとQは例外)，摩擦音や鼻音や流音は音価の前に[ɛ]を付けて読まれた．古典期には大文字しかなく，小文字は中世になって生まれた．

　アルファベット文字(Alphabetenschrift)や日本語のカナ文字のように一つ一つの文字が原則として何の意味を表さず，ただ音だけを表す文字を**表音文字**(Phonogramm)という．表音文字のうち音節を単位とするものを**音節文字**(Silbenschrift)といい，日本語のカナ文字はその典型的な例である．これに対して単音を単位として一字が一音を表すものを**単音文字**あるいは**音素文字**(Phonemschrift)という．一つ(または複数)の文字で言語音を表すアルファベットは単音文字である．注意しなければならないのは，表音文字といっても音を精密に表すものではないということである．音を正確に記述するためにはIPA記号のような音声記号(→8.1.3.)が用いられる．

8.8.2. ドイツ語のアルファベート

　キリスト教がゲルマン民族の間に伝播されるのに従い，キリスト教と緊密な関係にあったラテン文字が，これまでゲルマン民族の間で使用されてきた**ルーネ文字**(Rune，Runenschrift)に代わり使用されるようになった．これはラテン文字の導入以前に，あるいはそれと併行して広くゲルマン諸部族の間で用いられていた文字である．この文字の起源については諸説があるが，ギリシア文字およびラテン文字(大文字)を模してギリシア・ローマ式アルファベットをゲルマン土着の形に変えたものである．アルファベットと同じく表音文字であり，木片や石に鋭く尖ったもので彫り付けられたためか書体が大体において直線的なのが特徴である．この筆記方法から英語のwriteは本来ドイツ語のreißen　ritzenと同語源で「搔き傷を付ける」を意味した．

8.8. 文　　字

最も古くは24文字から成っていた．最初の六文字をとってフサルク(Fuþark)と呼ぶことがある(→7.1.2.4.)．

```
ᚠ ᚢ ᚦ ᚨ ᚱ ᚲ ᚷ ᚹ ᚺ ᚾ ᛁ ᛃ ᛈ
(f  u  þ  a  r  k  g  w  h  n  i  j  p)

ᛇ ᛉ ᛊ ᛏ ᛒ ᛖ ᛗ ᛚ ᛜ ᛞ ᛟ
(y  R  s  t  b  e  m  l  ŋ  d  o)
```

図52　ルーネ文字

ドイツ語の**アルファベート**(Alphabet)はラテン語のアルファベットに由来する．8世紀の終わりに VV の文字結合から W が追加され，10世紀には U と V が分化し，15世紀になると ia iu io として用いられていた i を母音文字 i と区別するために I から J が生まれて，現在と同じ26文字のドイツ語のアルファベットが成立した．文字の名称はラテン語での名称がもとになっているが，新たに追加された文字も音価に基づいて呼ばれている．Y は例外的にギリシア語の名称で「ユプシロン」という．

8.8.3.　文字の字体

今日のような様式の小文字は，中世になりカロリンガー王朝の時代に広く使用されるようになったもので**カロリング(小文字)体**(Karoringische Minuskel)と呼ばれる．これに対して大文字は Majuskel という．カロリング体は円く曲線的であるが，12世紀になるとこれとは異なる直線的で鋭角的な書体が生まれた．これは15世紀頃からもっぱらドイツで用いられてきたために**ドイツ文字**(屈折体ともいう)(Fraktur)と呼ばれ，日本では「**亀の甲文字**」とも称されている．14世紀にルネッサンスの影響で再び円い字体へ復帰する運動が起こり，ドイツ以外の国々では次第に勢いを得て，円い字体がもっぱら使用されるようになった．これは**ラテン文字**(古体ともいう)(Antiqua)と呼ばれる．その後この両書体は印刷において共に使用されてきたが，第二次大戦後はドイツ文字はほとんど使用されなくなってしまった．

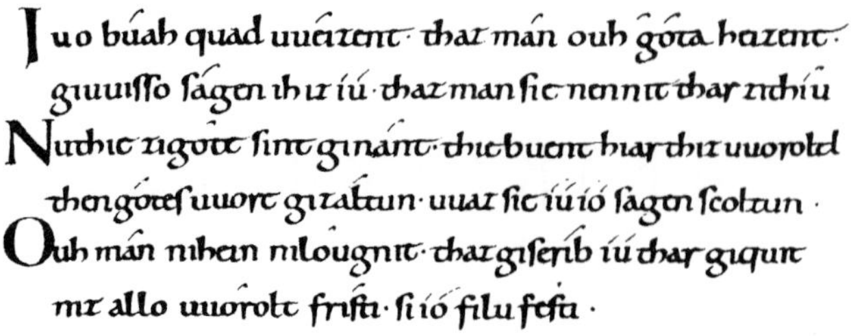

発音・綴字

Iuo buah quad uueitent that man ouh gota hatent
giuuisso sagen thiz iu that man sic nennit thar zthiu
Nuthic zigoit sint ginant thie buene hiar thiz uuorold
thon gotes uuort gizaltun uuaz sic iu io sagen scoltun
Ouh man nihein nilougnit that giscrib iu thar gizuit
mit allo uuorolt frista si io filu fesa.

図53　カロリング体

A B C D E F G H I
J K L M N O P Q R
S T U V W X Y Z
a b c d e f g h i
j k l m n o p q r
ſ,s t u v w x y z

𝒜 𝐵 𝒞 𝒟 𝐸 𝐹 𝒢 𝐻 𝐼
𝒥 𝒦 𝐿 𝑀 𝑁 𝒪 𝒫 𝒬 𝑅
𝒮 𝒯 𝒰 𝒱 𝒲 𝒳 𝒴 𝒵
𝑎 𝑏 𝑐 𝑑 𝑒 𝑓 𝑔 𝒽
𝒿 𝓀 𝓁 𝓂 𝓃 𝑜 𝓅 𝓆 𝓇
ſ,𝓈 𝓉 𝓊 𝓋 𝓌 𝓍 𝓎 𝓏

図54　ドイツ文字

　ドイツ文字はラテン文字に比べて読みにくい点がある．たとえば，ℑはIとJの大文字として使用される．これはℑ(I)の後には子音を伴い，ℑ(J)の

後には母音がくることで区別される．ſ(f)とſ(s)は文字の横の線に注意して区別しなければならない．S(S)の小文字にはſとsの二種類がある．長いſは綴りの初めや中間に用いられ，短いsは綴りの末尾に用いられる：ſingen (singen) Weſten (Westen) Maus (Maus)．ドイツ文字の活字体には二つの文字が合体した**合字**(Ligatur)があり，ドイツ語固有の文字ßはsとzとが合体して一つになった合字である．したがって [ˈɛsˈtsɛt] と呼ばれる．合字は語頭で用いられることがないので大文字がない．ßの音価は [s] であり，本来はſsの代わりに用いられるものであるので，ss と書き換えられる．

8.8.4. 大文字書き

　現在のドイツ語では文頭と名詞および2人称単数・複数の人称代名詞 Sie の語頭の文字は普通大文字で書かれる．中世のドイツ語までは大文字の用法は統一されていなかった．文中で重要と思われる語を強調するために，あるいは装飾のために，あるいは個人の主観によって大文字書きが用いられていた．

　文頭の文字の大文字書きはかなり早い時期から詩節などで用いられて，新しく語り始める箇所を明示していた．新しい文の始まりを示すための文頭の大文字書きが定着したのは16世紀である．同時に，文中で特別に強調されるべき語を際立たせるために，語頭の大文字書きが行われるようになった．最初は固有名詞やそれに近い Kaiser (皇帝) や Papst (教皇) が，次いで Christ (キリスト) や Apostel (使徒) のような特定の人物が大文字で書き出された．さらに語頭の大文字書きは Gott (神) Herr (主イエス) Evangelium (福音) などの敬われるものや Mensch (人間) Welt (世界) などの集合概念へと広まっていった．17世紀半ばには情報伝達の上で名詞が文中で最も重要な語であるという考えから，名詞の語頭文字を大文字書きする習慣が定着した．1948年にデンマーク語が名詞の大文字書きを廃止してからは，ヨーロッパの諸言語の中でこの習慣をもっているのはドイツ語だけである．名詞の大文字書きの習慣は単に慣習的なものにすぎないので，現在では一部の人々によって強く反対されてもいるが，文の理解を大いに助けるものとして，今日までこの習慣は保持されている (→2.2.1.)．

　人称代名詞 Sie は本来2人称の敬称として17世紀の後半に3人称複数の人

称代名詞 sie から転用されたものである(→2.3.2.3.1.)．この3人称複数代名詞 sie と区別するために，2人称代名詞 Sie は文頭に限らず常に頭文字を大文字書きする．Sie に対する所有代名詞 Ihr も頭文字を大文字書きする．さらに手紙などでは2人称代名詞 du と ihr を大文字で書く習慣もある(→8.8.7.3.)．

8.8.5. 綴字法

　言語音と文字とは必ずしも一対一の関係にあるのではない．たとえばドイツ語の子音の説明(→8.5.2.)で見てきたように，p：[p]　t：[t]　k：[k] などは一対一の関係にあるが，b：[b][p]　s：[s][z][ʃ]　ch：[x][ç][k] などは一対多の関係にある．また一つの言語音である [ç][x] を表すために ch の二文字が，[ʃ] を表すために sch の三文字が，[tʃ] を表すために tsch の四文字が使われる．このように言語音とそれを表す文字数の不統一も見られる．文字による表現では，一つ一つの文字を読んで語を喚起するのではなく，文字の結びつき全体の視覚的形象が語と結びつくのである．したがって文字表現では語を単位とした分かち書きが行われる，たとえば，ichbingesund ではなく ich bin gesund のように．文字はあくまでも語を表すためのものであって，もとの言語音の姿を忠実に写し出すものではなく，語の音形を髣髴とさせるためのものである．文字の目的は語を表すことであって，音を表すのは語を表すための一手段に過ぎないのである．

　文字の一定の結びつきが視覚的形象として語を喚起しなければならないが，重要なのは，その場合の文字の結合の仕方は慣習的に決められていることである．たとえば Seite 面と Saite 弦はともに [ˈzaɪtə] と発音されるが，文字の結合の違いによって語が識別される．このような慣習的な文字の結合の仕方を**綴字法**(Buchstabierung)という．文字表現では綴りの仕方が大切なのである．

8.8.6. 発音と綴りの乖離

　本来綴りは語の音形に即したものであって，綴りと発音とは一致したものである．しかし文字は書かれたら固定的で恒久性があるのに対して，発音は

変化を被りやすい．ある時期が経ても文字は固定したままであるが，発音は音韻変化などを受けて変遷しやすい．その結果両者の間に大きなずれが生じてしまう．たとえば，bieten [ˈbiːtən] 提供するの母音は中高ドイツ語 bieten では文字通りに二重母音 [i̯ə] であったが，新高ドイツ語になると単母音 [iː] に変化した (これを新高ドイツ語の単母音化 (neuhochdeutsche Monophthongierung) という)．また Jammer [ˈjamər] 悲嘆の母音は中高ドイツ語 jâmer では長母音 [aː] であったが，新高ドイツ語では短母音化 (Kürzung) してしまい，長母音が短母音になったので母音の音量の減少を補うために子音 m を重ねて音量のバランスがとられた．このような綴りと発音との離反は，特に印刷術の発明により綴りが一層固定するようになってからは，いずれの言語にも見られる現象である．特に英語は中世時代に種々の音韻変化を受けた上，さらにフランス語の大きな影響により英語本来の語もフランス語流に綴られるようになったので，発音と綴りとのずれが大きくなってしまった．綴りと実際の発音が食い違ってしまっても，多くの場合伝来の綴りが使用され続けるのは，文字が音よりも語を表すことを目的としているからである．しかし，綴字法と発音があまりにかけ離れていくと，綴字法を実際の発音の方に合わせる改革が行われるようになる．これが正書法の改革である．

8.8.7. 正書法

　言語を文字で書き表すときに，このように書こうという取り決め，すなわち正しい綴字法を**正書法** (Rechtschreibung / Orthographie) という．ドイツ語の表記法は時代とともに変遷をしてきたので，ドイツ語の正書法について説明する前に，正書法が成立するまでの歴史を概観しておこう．

8.8.7.1. 表記法の変遷

　中世の時代までは発音どおりに綴るのが原則であった．たとえば Kleid 衣服は語末音硬化 (→8.5.3.1.3.) によって語末音が無声音 [t] で発音されたので kleit [kleit] と綴られ，2格形は硬化しないので kleides と綴られた．したがって同一の語であっても実際の発音が反映されて地方の方言によっても綴り方が異なっていた．言語音と文字との関係も不規則であった．たとえば綴り o は o ô ö œ (ö の長音) の音を表し，ü の長音には最初は綴り ui

が，後になってiuが用いられた．また同じ音であっても語における位置によって異なる文字が綴られることもあった．たとえば，[k]音は語頭ではkunst(Kunst 知識)のようにkで，語末ではdanc(Dank 感謝)のようにcで綴られた．[f]音も語頭ではvröude(Freude 喜び)，語末ではhof(Hof 宮廷)のようにvとfで書き分けられていた．

新高ドイツ語の時代になっても表記の仕方は不統一であった．たとえば，ihmをjmのようにiの代わりにjと綴ったり，vun(und) beuolgt(befolgt)のようにvとuが区別なく用いられていた．そこで印刷業者や出版業者の間でどこでも誰にでも通用する表記法を作り出そうとする努力が行われ，方言的な要素が徐々に取り除かれるようになった．

18世紀の啓蒙主義時代になるとJohann Christoph Gottschedらによって，発音どおりに正確に綴り，語源関係を重んじて，特に派生語ではその本源となる語の綴字を基準として綴ることが提唱された．語源関係を重んじようとする態度から，語幹の同じ語についてはそれらが相互に同系であることが表記の上でも示されるようになった．たとえば，Tag 日―Tage(複数形)(＜mhd. tac―tage) Leid 悲しみ―leiden 苦しむ(＜mhd. leit―leiden)．また古高ドイツ語時代にaが変母音化して生じたeと中高ドイツ語時代に生じたäの区別が不必要になったために，aの変音をeで表記されることが廃されて，もっぱらäが使用されるようになった：elter＞älter(alt 古いの比較級) Geste＞Gäste(Gast 客の複数形)．

なお，ウムラウトの現象は英語でも5～6世紀頃に起こったが，英語では変母音化した母音が独立した音素としてとらえられなかったので，たとえばドイツ語でのäのような特別な文字による表記は行われなかった：man―men old―elder．

他方，同じ発音であるがそれぞれ異なった意味を持つ語を綴りによって区別しようという識別的な表記法が提案された．たとえば，Leib 身体―Laib パンの塊 Lerche ひばり―Lärche から松 Moor 沼地―Mohr ムーア人 leeren 空にする―lehren 教える malen 描く―mahlen 穀物を挽く Waise 孤児―weise 賢い wieder 再び―wider～に対して das(定冠詞)―daß(接続詞)．この結果，綴りが異なりながら発音が同じであり，しかも異なった語源と意味を持つ**異形同音異義語**(Homophon)が多く生じることとなった．

異形同音異義語に対して，同じ綴り，あるいは同じ発音でありながら，そ

8.8. 文　　字

れぞれ異なった意味を持つ語を**同音同形異義語**(Homograph)という．これらを区別するために，しばしばアクセントの位置や母音の長短を変えて発音される：August [ˈaʊɡʊst] 人名—August [aʊˈɡʊst] 八月　Tenor [ˈteːnoːɐ̯] 要旨—Tenor [teˈnoːɐ̯] テノール　übersetzen [ˈyːbɐzɛtsn̩] 向こう岸へ渡す—übersetzen [yːbɐˈzɛtsn̩] 翻訳する（→8.7.3.2.1.）．

8.8.7.2.　正書法の成立

　19世紀の初めにはまだ全ドイツ語圏に共通して適用される統一された書き方の規範がなく，Hilfe 救助を Hülfe　Ernte 収穫を Erndte　ergötzen 楽しませるを ergetzen　tot 死んだを tod　todt と書くなど，表記法上の混乱が見られた．同世紀の後半には Rudolf von Raumer によって音声を基準にした表記を重視する音声学的正書法が主張されて，この原則がその後の正書法を支配するようになった．1871年にドイツ帝国が成立すると，統一的な正書法を求める気運が高まり，1876年にベルリンで初めての正書法会議が開かれて，ドイツ語正書法の統一が目指された．しかしその後もドイツ各州では独自の正書法が行われていた．1901年に再び開催された正書法会議でプロイセンの学校正書法を基礎にした正書法規則が制定され，ドイツ帝国全域にまたがる統一的な正書法上の一応の規範が成立した．その後オーストリアとスイスがこの規則を受け入れて，ドイツ語圏のドイツ語正書法に統一がもたらされた．この規則は1902年に刊行された Konrad Duden の「決定版ドイツ語正書法辞典 *Vollständiges orthographisches Wörterbuch der deutschen Sprache*」に採用されて，急速に広まって行った．この1901年の正書法は本質的な変更のないまま，1998年に新しい正書法が施行されるまで用いられてきた．

　1901年の正書法は，それまでの懸案であった母音の長さの表記や名詞の大文字書きの廃止に関する問題を棚上げにしたため，その規則自体にもさまざまな矛盾を含んでいた．正書法の基礎となった音声学的原則も首尾一貫して守られているわけでは決してなかった．たとえば，[e][ɛ]に e が [ç][x][k][ʃ] に ch が用いられるように，二つ以上の異なる言語音を表す文字が多く存在している．母音の長短が文字によってまったく区別されない場合もあれば，母音字を重ねるか母音字の後に h を置いたり子音字を重ねることによって区別される場合もある．名詞の大文字書きについても，同じ名詞が，あ

るときは大文字で書かれたり，あるときは小文字で書かれたりする．たとえば，「私は自転車に乗る」のときは Ich fahre Rad. と名詞 Rad（自転車）は大文字で書かれるのに対して，「私は自転車に乗っていく」のときは Ich fahre rad. のように名詞の意味が希薄になっているとして，名詞を動詞の前綴りとみなして小文字で書かれる．さらに Dank 名詞「感謝」と dank 前置詞「～のおかげで」のように，同じ語が大文字と小文字の違いによって複数の文法的カテゴリーに分類されることもしばしばある．このような矛盾から正書法に対する批判や改善の要求が絶えなかった．

　第二次大戦後，従来の正書法に対する改革の提案がたびたび行われ，また数度にわたり正書法会議がもたれて，正書法に関する論議が行われてきた．1994年11月に主要なドイツ語圏であるドイツ　オーストリア　スイスのほか，ルクセンブルク　リヒテンシュタイン　イタリア　ハンガリーのようなドイツ語人口を抱える国々も参加して，正書法改正についての国際会議がウィーンで開催され，新しい正書法が採択された．オーストリアとスイスはこの改正案を直ちに受け入れたが，ドイツでは国内での全面的な賛成が得られなかったために，新正書法施行までの猶予期間の延長が提案された．1996年7月にウィーンでドイツ　オーストリア　スイスおよびリヒテンシュタインによって「新正書法（ドイツ語正書法の新基準）のための共同声明」が調印されて，今回の正書法改正案が正式に決定され，1998年8月1日より施行，ただし2005年7月31日までを猶予期間とすることが決められた．

8.8.7.3. 新正書法の概要

　新正書法には，1）音と文字（綴り）の関係についての規則　2）分かち書きと一語書きについての規則　3）大文字書きと小文字書きについての規則　4）行末での分綴についての規則　5）ハイフン（連字符）の用法についての規則　6）句読点についての規則の六つが含まれている．発音と綴字に関して，新正書法での主要な改正点についてその概要を以下に説明する．例語は矢印（→）の左が「従来の正書法」，右が「新正書法」によるものである．

　なお，本シリーズの第1巻でも新正書法の大綱が説明されている（→1.2.1.7.）．

1　音声の文字表記

　音声の文字表記では「語幹保持の原則」がとられ，語源が同じ語にはこ

8.8. 文　　字

れまで以上に同じ綴りが当てられるようになった：behende(敏捷な)→behände(＜bei Hand)　numerieren(番号を付ける)→nummerieren(＜Nummer)．合成語で同じ子音字が三つ連続する場合にも，もとの語の綴りはそのまま保持される：Schiffahrt(航行)→Schifffahrt　Ballettänzerin(バレリーナ)→Balletttänzerin．外来語の表記では，ドイツ語式の綴りに一致させるために，ghをgに　phをfに　thをtに　tをzにする変更が行われて，できるだけドイツ語化することが目指された．しかし多くの外来語では原語に基づく綴りも従来どおりに認められ，その結果二様の表記が行われる語もある：Spaghetti(スパゲティ)→Spagetti / Spaghetti　Phon(ホン)→Fon / Phon　Thunfisch(マグロ)→Tunfisch / Thunfisch　potentiell(可能性のある)→potenziell / potentiell．Analyse(分析)　Baby(赤ん坊)　Phänomen(現象)　Philosophie(哲学)　Restaurant(レストラン)のように頻繁に用いられる語のなかには，従来の綴りがそのまま認められたものも多い．ß / ss の書き分けは従来の正書法よりも単純になり，長母音または二重母音の後でのみßと綴られることとなった：daß(接続詞)→dass　Kuß(キス)→Kuss．ただし，語形変化によって母音の長短が異なる場合にはßとssが並存することになり，綴りの統一性が失われることになった：lassen(させる)　er(läßt→)lässt(現在形)　er ließ(過去形)．

2　分かち書き

分かち書きについては，これまでの規則が複雑で分かりにくかったので，名詞の大文字書きの問題とともに今回の改正案の作成に当たってもっとも大きな比重を占めた問題であった．改正案では分かち書きを基本として，一語書きを例外とすることが基本原則である．一語書きは，結合する構成要素に形式的，意味的な自立性が認められない場合に限られる．すなわち第一構成要素が語形変化をしない，独立して現れない場合である．したがって，動詞(不定詞および過去分詞)＋動詞　名詞＋動詞　複合的副詞＋動詞　副詞＋seinの結合は，必ず分かち書きされる：kennen|lernen(知り合いになる)→kennen lernen　verloren|gehen(なくなる)→verloren gehen　maß|nehmen(節度を守る)→Maß nehmen　auseinander|gehen(別れる)→auseinander gehen　da|sein(存在する)→da sein．形容詞＋動詞では，形容詞が比較変化をするものや程度の副詞によって修飾される

ものの場合には，分かち書きする：nahe|bringen（近づける）→ nahe bringen　gut|gehen（調子がよい）→ gut gehen．この結果，いわゆる分離動詞が大幅に減ることになる．形容詞　副詞　前置詞については特に以下の点が変更される．形容詞　副詞と結合する so　zu　wie は，分かち書きする：soviel（そんなに多くの）→ so viel　zuwenig（少なすぎる）→ zu wenig　wieviel（どれだけ）→ wie viel．前置詞句が形容詞化あるいは副詞化したものおよび複合的前置詞は，従来の一語書きと分かち書きの二様が認められ，分かち書きされる場合には，名詞は大文字で書かれる：imstande sein（できる）→ im Stande sein / imstande sein　aufgrund（〜に基づいて）→ auf Grund / aufgrund．しかし anstatt　infolge などは従来どおり一語書きされる．複合的接続詞は，sodass（その結果）のみが一語書きと分かち書きの二様が認められる：→ so dass / sodass．

3　大文字書き

　大文字書きの問題はそのほとんどが名詞に関する問題であり，これまでも盛んに論議されてきた．新正書法では従来のように「名詞は大文字書き」の原則が尊重された．名詞かどうかの判断基準が，冠詞　前置詞　付加語などとの結合という形式的なものになったために，従来よりも大文字書きの範囲を拡大することになった．熟語的表現の目的語としての名詞は，大文字書きされる：recht haben（正しい）→ Recht haben　in bezug auf（〜に関して）→ in Bezug auf．時間表示の名詞は gestern　heute morgen などと結びつく場合は，大文字書きされる：heute morgen（今朝）→ heute Morgen．名詞化された形容詞は大文字書きされる．たとえば言語名：auf deutsch（ドイツ語で）→ auf Deutsch．接続詞で結ばれて対句を作る名詞化された変化語尾のない形容詞：jung und alt（老いも若きも）→ Jung und Alt．名詞化された序数詞：der nächste（次の人）→ der Nächste．不定数詞などと用いられる形容詞：alles mögliche（できるすべてのこと）→ alles Mögliche．

　これに対して，「名詞以外は小文字書き」も尊重された．形容詞が名詞に付加して一種の熟語となっている場合，形容詞は小文字書きされる：die Erste Hilfe（応急処置）→ die erste Hilfe．手紙文での第 2 人称代名詞 du　ihr の大文字書きは廃止される．

ドイツ語の標準発音について

　ドイツ語の**標準発音**(Standardlautung)は，ドイツ語圏の特定の地域の話し手による実際の発音に基づくものではない．統一的な標準発音は，18世紀末から20世紀にかけてドイツ**標準語**(Standardsprache)が達成されるとともに，実現されるようになったものである．
　18世紀半ばには中部ドイツ語を中核とする**文章語**(Schriftsprache)が確立して，次第に話しことばの共通語としても用いられるようになったが，それぞれの方言に影響された発音で話されていた．フランスやイギリスとは異なり，ドイツでは政治的分裂が長く続いたために，強力な文化的中心が欠け，標準語として認められていくような中心的な方言が存在していなかった．また18世紀の半ばまではドイツ語発音の規範を確定することのできる中央集権的な国家組織というものも存在していなかった．しかし1871年にドイツ帝国が成立すると，発音の統一と全ドイツ語圏に共通して拘束力を持つ発音の規範を求める動きが活発になった．先ず統一的な標準発音の規範を確立する動きが出てきたのは，特に北の低地ドイツ語地域であった．自分たちの方言とは全く異なる高地ドイツ語に基づく文章語を受け入れた北ドイツでは，文章語は日常使用している自らの方言と隔たりが大きかった．そのために低地ドイツ地方の人々は文章語を日常語とはっきり区別して，まるで外国語を習得するかのように，書かれたドイツ語を「字面(Schriftbild)どおりに」発音しなければならなかった．この「文字に忠実な発音」は以後の標準発音を確立する際の基準となった．Preußenの急激な膨張とともに首都であるBerlinの人口も急激に増加した．コミュニケーションの必要から次第に住民間の方言色が払拭されて，発音も互いに理解ができるように歩み寄りが見られるようになり，北ドイツ一帯にわたって発音の統一を促進する土壌が形成されていった．
　当時のドイツでは劇団が国内各地を巡る機会が多く，舞台上の俳優にはできるだけ方言的な特徴を脱した発音を行う必要があった．俳優たちに方言の混じらない純粋な発音，すなわち一定の規則に基づいた一律の発音を求めるため，1898年に舞台関係者と国語学者との協力によって舞台演劇のための発音規範が作成された．この規範はTheodor Siebsによって「ドイツ語舞台

発音 *Deutsche Bühnenaussprache*」(1898)としてまとめられた．Siebs の舞台発音は多くの点で北ドイツで普通に行われていた明瞭な発音に準拠していた．この**舞台発音**(Bühnenaussprache)はやがて洗練された標準発音(Hochlautung)としての性格を持つようになった．しかし舞台発音は方言の混じらない純粋な発音を目指したいわば人工的な発音であり，実際の日常語で行われている**日常発音**(Umgangslautung)との間には隔たりがあった．Wilhelm Viëtor は正しい発音の基準を日常発音で一般的に使われている慣用的な発音に求め，これを標準発音とみなして，1912年に「ドイツ語発音辞典 *Deutsches Aussprachewörterbuch*」を著した．Siebs の発音辞典も後に慣用的な発音を受け入れるようになり，1969年の第19版では舞台発音にあたる**純粋標準発音**(reine Hochlautung)のほかに，一般的な慣用発音にあたる**緩和標準発音**(gemäßigte Hochlautung)も取り入れられ，この両者を標準発音とみなしている．慣用発音が受け入れられたことで，それまで語のどの位置であろうとも子音として発音されなければならなかったrの発音で，たとえば Uhr などの語に見られるような，先行する母音に同化して，母音化して発音することも標準発音として許容されるようになった．

　1962年の Max Mangold の「発音辞典 *Aussprachewörterbuch*」(Der große Duden. Bd. 6)をはじめとして，現在では標準発音の基準を一般的な慣用発音に求める傾向が強い．統一的な標準発音の担い手もこの数十年来(特に古典的な)演劇からラジオやテレビに取って代わられた．1974年の「Duden 発音辞典」第2版では，訓練をつんだラジオとテレビのアナウンサーの発音を再現した新しい統一的な発音が標準発音として記述されている．1970年以降旧西ドイツでは標準語には英語の standard language にならって Standardsprache が一般に用いられるようになった．これとともに標準発音にはそれまでの「洗練された(規範的な)発音」を意味する Hochlautung に代わり，Standardaussprache / Standardlautung が使用されるようになった．この変更は，標準発音の基準が舞台発音から一般的に用いられている慣用発音へと変わったことを意味している．

　Duden 発音辞典第4新訂版(2000)では標準発音は，実際の発話に近い使用規範であり，典型的な地方方言の発音を含まない超地域的なものであり，統一的で異形を含まず，文字に忠実であり，明瞭に発音されるものであると特徴付けられている．

参 考 文 献

Duden：*Aussprachewörterbuch. Wörterbuch der deutschen Standardaussprache.* (Duden Bd. 6) 4., neu bearbeitete und aktualisierte Aufl. bearb. von M. Mangold in Zusammenarbeit mit der Dudenredaktion. Mannheim 2000.

Duden：*Die deutsche Rechtschreibung.* (Duden Bd. 1) 22., völlig neu bearbeitete und erweiterte Aufl. Auf der Grundlage der neuen amtlichen Rechtschreibregeln. Mannheim 2000.

Duden：*Grammatik der deutschen Gegenwartssprache.* (Duden Bd. 4) 3., neu bearbeitete und erweiterte Aufl. bearb. von P. Grebe u. a.. Mannheim 1973.

Duden：*Informationen zur neuen deutschen Rechtschreibung.* Nach den letzten Beschlüssen vom Februar 1996. 2., aktualisierte und erweiterte Aufl.. Mannheim 1996.

Fiukowski, H.：*Sprecherzieherisches Elementarbuch.* Leipzig 1978.

Hakkarainen, H. J.：*Phonetik des Deutschen.* München 1995.

International Phonetic Association：*Handbook of the International Phonetic Association. A Guide to the Use of the International Phonetic Alphabet.* 1999 Cambridge.
邦訳　国際音声学会編：『国際音声記号ガイドブック―国際音声学会案内―』（竹林滋・神山孝夫訳）大修館書店　2003．

Kohler, K. J.：*Einführung in die Phonetik des Deutschen.* Berlin 1977.

Malmberg, B.：*La Phonétique.* Paris 1970.
邦訳　マルンベリ：『音声学』改訂新版（大橋保夫訳）白水社　1972．

Meinhold, G. / Stock, E.：*Phonologie der deutschen Gegenwartssprache.* 2., durchgesehene Aufl.. Leipzig 1982.

Moulton G. W.：*The Sounds of English and German.* Chicago 1962.

Pompino-Marschall：*Einführung in die Phonetik.* Berlin 1995.

Schubiger, M.：*Einführung in die Phonetik.* Berlin 1970.
邦訳　シュービゲル：『音声学入門』（小泉保訳）大修館書店　1973．

Siebs, T.：*Deutsche Hochsprache. Bühnenaussprache.* 18., durchgesehene Aufl. hrsg. von H. de Boor und P. Diels. Berlin 1961.

Viëtor, W.：*Die Aussprache des Schriftdeutschen.* Leipzig 1925.

Wängler, H. -H.：*Atlas deutscher Sprachlaute.* 6., berichtigte Aufl.. Berlin 1976.

日本音聲學會編：『音聲學大辭典』第 3 版　三修社　1976．

亀井孝・河野六郎・千野栄一編：『言語学大辞典』第 6 巻『術語編』三省堂　1996．

倉石五郎：『ドイツ語発音綴字』第 8 版　第三書房　1970．

参 考 文 献

川島淳夫他編：『ドイツ言語学辞典』紀伊国屋書店　1994.
相良守峯：『ドイツ語学概論』博友社　1965.
塩谷　饒：『ドイツ語の諸相』大学書林　1988.
塩谷　饒：『ドイツ語発音の研究』三修社　1959.
内藤好文：『ドイツ語発音入門』大学書林　1952.
内藤好文：『ドイツ語音声学序説』大学書林　1958.
服部四郎：『音聲学』岩波全書　第21刷　岩波書店　1971.

事項の索引

ア

IPA 記号→国際音声記号
明るい [l] 118
明るい感じの [a] 54
曖昧母音 Murmelvokal 56
あきま Lücke im System 104
アクセント Akzent / Betonung 155
   語— Wortakzent 155
   語幹音節— Stammsilbenakzent 158
   固定— fester Akzent 156
   自由— freier, beweglicher Akzent 157
   第一— Hauptakzent / Primärakzent 156
   第二— Nebenakzent / Sekundärakzent 156
   高さ— musikalischer, melodischer Akzent 155
   強さ— dynamischer Akzent / Druckakzent 155
   長さ— temporaler Akzent 155
   文— Satzakzent 155
アクセント固定 Festakzentierung 158
アッハの音 Ach-Laut 109
アルファベット Alphabet 171
   ラテン語— lateinisches Alphabet 172
アルファベット文字 Alphabetenschrift 172
暗音 21

イ

異形同音異義語 Homophon 178
イッヒの音 Ich-Laut 108
入りわたり Anglitt 74
咽頭 Rachen / Pharynx 7
咽頭音 Pharyngal 80
咽頭壁 Rachenwand 7
咽頭摩擦音 pharyngaler Frikativ 80

ウ

ウムラウト→変母音化

エ

円唇化→唇音化

オ

オシログラフ Oszillograph 18
音
   —の大きさ Lautheit / Lautstärke 10
   —の高さ Tonhöhe 10
   —の音質 Qualität 10
音声 Laut 1
音声記号 Lautzeichen 11
音声器官 Sprachorgane, Sprechwerkzeuge 1
音声表記
   簡略— weite Transkription 14
   精密— enge Transkription 14
音節 Silbe 135

音韻論的— phonologische Silbe 140
音声学的— phonetische Silbe 139
音節主音 Silbengipfel, silbisch 140
音節頭音 Silbenanlaut, Silbenkopf 141
音節の区切り Silbengrenze 141
音節副音→非音節主音
音節末尾音 Silbenauslaut 141
音節わたり音 Silbengelenk 154
音節主音的子音→成節的子音
音波 Lautwelle 10

カ

開音節 offene Silbe 141
外破 Explosion 75
外破音 Explosiv 75
開放母音 147
核音 Nukleus 139
核音単独音節 143
楽音 Klang, musikalischer Ton 18
カナ表記 15
亀の甲文字 173
カロリング(小文字)体 Karoringische Minuskel 173
関節音 Gelenklaut 16

キ

気管 Luftröhre 3
気管支 Bronchien 3
きこえ Sonorität 136
きこえ度 137
吸気 Einatmung / Inspiration 3
吸気音 inspiratorischer Laut 3

狭窄 Verengung / Konstriktion 73
強勢→アクセント
気流 Luftstrom 2
気音 Hauchlaut / Aspiration 83

ク

唇 Lippen / Labia 9
区分的発音符→補助記号
暗い [l] 118
暗い感じの [ɑ] 54

ケ

言語音 Sprachlaut 1
懸壅垂→口蓋垂

コ

口音 Oral 7
硬音 Fortis 79
口蓋 Gaumen 7
口蓋化 Palatalisierung 123
口蓋垂 Zäpfchen / Uvula 8
口蓋垂音 Zäpfchenlaut / Uvular 80
口蓋垂摩擦音 uvularer Frikativ 111
口蓋帆 Gaumensegel 7
口腔 Mundraum, Mundhöhle 7
硬口蓋 harter Gaumen / Palatum 7
硬口蓋音 Vordergaumenlaut / Palatal 81
硬口蓋化→口蓋化
硬口蓋歯茎音 Palatoalveolar 81
硬口蓋接近音 palatale Approximant 77
合字 Ligatur 175
合接 Zusammenrückung / Amalgamierung 166

事項の索引

後舌面　Hinterzunge	8
喉頭　Kehlkopf / Larynx	3
喉頭音　Kehlkopflaut / Laryngal	80
喉頭調音　Kehlkopfartikulation	7
後部歯茎音　Postdental	84
声　Stimme	5
声立て　Stimmeinsatz	34
堅い—　fester Stimmeinsatz	34
呼気　Exspiration	3
呼気音　exspiratorischer Laut	3
国際音声記号　Internationales Phonetisches Alphabet	12
国際音声学会　Weltlautschriftverein / International Phonetic Association	12
国際音声字母→国際音声記号	
語末 -er の母音化	66
語末音硬化　Auslautverhärtung	93

サ

ささやき音　flüsternde Stimme, Flüsterstimme	5

シ

子音　Konsonant	73
二重—　Doppelkonsonant	87
歯音　Zahnlaut / Dental	81
歯裏閉鎖音	89
歯間音　Zwischenzahnlaut / Interdental	82
歯茎　Zahndamm / Alveolen	9
歯茎音　Alveolar	81
歯擦音　Zischlaut / Sibilant	105
持続音　Dauerlaut	76
持続部　Haltung, Stellung	74

舌　Zunge	8
舌先	8
歯摩擦音　dentaler Frikativ	104
自鳴音　Sonant	79
周期音　periodischer Laut	10
周波数　Frequenz	10
周辺音　Satellit	139
シュワー　Schwa-Laut	56
純音　einfacher Ton	10
瞬間音　Momentanlaut	76
障害音→阻害音	
シラブル→音節	
唇音　Lippenlaut / Labial	82
唇音化　Labialisierung	123
唇歯音　Lippenzahnlaut / Labiodental	82
振幅　Amplitude	10

セ

正書法　Rechtschreibung / Orthographie	177
成節的子音　silbischer Konsonant	143
成節的な l m n	57
声帯　Stimmbänder, Stimmlippen	4
声道　Ansatzrohr, Vokaltrakt	6
声道摩擦音	111
成分音	10
声門　Stimmritze / Glottis	4
声門音　Stimmritzenlaut / Glottal(laut)	80
声門閉鎖　Kehlverschluss	29
声門閉鎖音　Stimmritzenverschlusslaut / glottaler Verschlusslaut	94

接近音	Approximant	77		mant		77
舌根	Zungenwurzel	9		中舌面 Mittelzunge		9
舌尖	Zungenspitze / Apex	8		調音 Artikulation		6
舌端	Zungenblatt	8		調音位置 Artikulationsort		73
舌頂音	Koronal	74		調音器官 Artikulationsorgan		6
接頭辞	un-	159		調音体 Artikulator		73
舌背	Zungenrücken / Dorsum	9		受動的—		74
舌背音	Dorsal	74		能動的—		74
狭め→狭窄				調音点 Artikulationsstelle		73
前舌面	Vorderzunge	8		調音方式 Artikulationsart		73
顫動音→ふるえ音				調音者→調音体		

ソ

				長母音化 Dehnung		113
噪音 Geräusch		18		**ツ**		
摩擦的— Reibegeräusch		76		綴字 -ig		93
破裂的—		75		綴字 ss		103
阻害音 Obstruent		79		**テ**		
側音→側面音				綴字法 Buchstabierung		176
側面音 Seitenlaut / Lateral		77		出わたり Abglitt		75
側面接近音 lateraler Approximant		77		**ト**		
側面摩擦音 lateraler Frikativ		85		同音異義語 Homonym		114
そり舌音 Retroflex		81		同音同形異義語 Homograph		179

タ

閉じた e　41

代償延長 Ersatzdehnung		113		頭部 Anfangsrand		141
第二次(子)音推移 Zweite Lautverschiebung, hochdeutsche Konsonantverschiebung		104		**ナ**		
				内破 Implosion		74
				内破音 Implosiv		74
多音節語 Mehrsilber		141		軟音 Lenis		79
たたき音→弾き音				軟口蓋 weicher Gaumen / Velum		7
単音節語 Einsilber		141		軟口蓋音 Hintergaumenlaut / Velar		80
単音文字→音素文字				軟口蓋化 Velarisierung		123

チ

ニ

中央音 median		78		二次的調音 sekundäre Artikulation		
中央的接近音 medialer Approxi-						

事項の索引

		122
二重子音	Doppelkonsonant / Geminata	87
二重調音	Doppelartikulation	123
日常発音	Umgangslautung	184

ハ

歯	Zähne / Dentes	9
肺	Lungen	3
破擦音	Affrikata	76
破擦化		76
弾き音	geschlagener Laut / Flap	78
派生語	Ableitung / Derivatum	159
発音	Aussprache	2
発声	Phonation	5
発声器官	Sprechorgane	1
破裂音	Sprenglaut / Explosivlaut, Plosiv	75
半母音	Halbvokal	77

ヒ

非音節主音	unsilbisch	140
披裂軟骨	Stellknorpel	4
鼻音	Nasenlaut / Nasal	75
口蓋垂―	uvularer Nasal	96
唇歯―	labiodentaler Nasal	95
鼻音化	Nasalierung	29
鼻音化母音	nasalierter Vokal	30
鼻腔	Nasenraum, Nasenhöhle	9
非言語音		1
非周期音		10
尾部	Endrand	141
標準発音	Standardlautung, Hochlautung	184
純粋―	reine Hochlautung	184
緩和―	gemäßigte Hochlautung	184
開いた e		43

フ

複合音	zusammengesetzter Laut	10
フォルマント	Formant	19
付随音	Mitlaut	73
複合語	Zusammensetzung / Kompositum	164
舞台発音	Bühnenaussprache	184
ふるえ音	Zitterlaut, Schwinglaut / Vibrant	78
プロミネンス	Prominenz	155
文章語	Schriftsprache	183

ヘ

閉音節	geschlossene Silbe	141
閉鎖	Okklusion	74
閉鎖音	Verschlusslaut	74
変母音		45
変母音化	Umlaut	45

ホ

母音	Vokal, Selbstlaut	17
円唇―	gerundeter / labialer Vokal	23
開―	offener Vokal	23
開放―		147
口―	Mundvokal, Oralvokal	29
高―	hoher Vokal	23
後舌―	Hinterzungenvokal, hinterer Vokal	22
基本―	Kardinalvokal	24
狭―	enger Vokal	23

事項の索引

重― Doppelvokal	35	
弛唇―	23	
前舌― Vorderzungenvokal, vorderer Vokal	22	
そり舌― retroflexer Vokal	33	
単― Monophthong	28	
短― kurzer Vokal	20	
短開母音	32	
中舌― Mittelzungenvokal, mittlerer Vokal	22	
張唇―	23	
長― langer Vokal	20	
長閉母音	32	
低― niedriger Vokal	23	
二重― Diphthong	28	
下降― fallender Diphthong	29	
上昇― steigender Diphthong	29	
鼻― Nasalvokal, Nasenvokal	30	
はり― gespannter Vokal	34	
非円唇― ungerundeter / illabialer Vokal	23	
非成節的― unsilbischer Vokal	65	
広― offener Vokal	23	
閉― geschlossener Vokal	23	
ゆるみ― ungespannter Vokal	34	
母音字	34	
母音四角形 Vokalviereck	25	
母音接続 Hiatus	29	
妨害音 Hemmlaut	73	
補助記号 diakritisches Zeichen	13	

マ
巻き舌の [r]　119
摩擦音　Reibelaut / Frikativ　76

ム
無気音　unaspirierter Laut　83
無声音　stimmloser Laut　5
無摩擦継続音　reibungsloser Dauerlaut　77

メ
明音　21
鳴音→自鳴音

モ
黙字　stummer Buchstabe　113
文字　Schrift　171
　絵― Piktographie　171
　音節― Silbenschrift　172
　音素― Phonemschrift　172
　ドイツ― Fraktur　173
　表音― Phonogramm　172
　ラテン― Antiqua　173
　ルーネ― Rune, Runenschrift　172

ユ
有気音　aspirierter Laut　83
有声音　stimmhafter Laut　5

リ
流音　Fließlaut / Liquida　78
両唇音　Bilabial　82

レ
連音　94
連鎖的音韻変化　104

ワ
わたり音　Gleitlaut　28

音声記号の索引

ドイツ語での音声記号

記号	説明	頁	記号	説明	頁
[a]	(非円唇中舌広母音)	54	[m]	(両唇鼻音)	95
[aː]	([a] の長音)	55	[m̩]	(成節的な [m])	143
[ɐ]	(母音化された /r/)	58	[n]	(歯茎鼻音)	96
[ɐ̯]	(非成節的な [ɐ])	143	[n̩]	(成節的な [n])	143
[ã]	(非円唇中舌広鼻母音)	62	[ŋ]	(軟口蓋鼻音)	98
[ãː]	([ã] の長音)	63	[o]	(円唇後舌半狭母音)	51
[aɪ]	(二重母音)	60	[oː]	([o] の長音)	51
[au̯]	(二重母音)	60	[õ]	(円唇後舌半狭鼻母音)	64
[b]	(有声両唇閉鎖音)	88	[õː]	([õ] の長音)	64
[ç]	(無声硬口蓋摩擦音)	107	[ɔ]	(円唇後舌半広母音)	53
[d]	(有声歯茎閉鎖音)	89	[ø]	(円唇前舌半狭母音)	47
[dʒ]	(有声硬口蓋歯茎破擦音)	116	[øː]	([ø] の長音)	48
[e]	(非円唇前舌半狭母音)	41	[œ]	(円唇前舌半広母音)	48
[eː]	([e] の長音)	42	[œ̃]	(円唇前舌半広鼻母音)	64
[ɛ]	(非円唇前舌半広母音)	43	[œ̃ː]	([œ̃] の長音)	64
[ɛː]	([ɛ] の長音)	43	[ɔy]	(二重母音)	61
[ɛ̃]	(非円唇前舌半広鼻母音)	63	[p]	(無声両唇閉鎖音)	88
[ɛ̃ː]	([ɛ̃] の長音)	63	[pf]	(無声唇歯破擦音)	114
[ə]	(中舌半狭母音)	56	[r]	(舌尖歯茎ふるえ音)	119
[f]	(無声唇歯摩擦音)	100	[ʀ]	(後舌面口蓋垂ふるえ音)	120
[g]	(有声軟口蓋閉鎖音)	91	[s]	(無声歯茎摩擦音)	102
[h]	(無声声門摩擦音)	111	[ʃ]	(無声硬口蓋歯茎摩擦音)	105
[i]	(非円唇前舌狭母音)	38	[t]	(無声歯茎閉鎖音)	89
[iː]	([i] の長音)	39	[ts]	(無声歯茎破擦音)	115
[ɪ]	(非円唇前舌半狭母音)	40	[tʃ]	(無声硬口蓋歯茎破擦音)	116
[j]	(有声硬口蓋摩擦音)	107	[u]	(円唇後舌狭母音)	49
[k]	(無声軟口蓋閉鎖音)	91	[uː]	([u] の長音)	50
[l]	(歯茎側面音)	118	[ʊ]	(円唇後舌半狭母音)	51
[l̩]	(成節的な [l])	143	[u̯ɪ]	(二重母音)	62

[v]（有声唇歯摩擦音）	100	
[x]（無声軟口蓋摩擦音）	109	
[y]（円唇前舌狭母音）	45	
[y:]（[y]の長音）	45	

[Y]（円唇前舌半狭母音）	46
[z]（有声歯茎摩擦音）	102
[ʒ]（有声硬口蓋歯茎摩擦音）	105
[ʔ]（無声声門閉鎖音）	94

外国語での音声記号

[ɚ]（中舌そり舌母音）	33		[β]（有声両唇摩擦音）	99
[ɯ]（非円唇後舌狭母音）	49		[θ]（無声歯摩擦音）	104
[ɑ]（非円唇後舌広母音）	53		[ð]（有声歯摩擦音）	104
[ɒ]（円唇後舌広母音）	53		[ɾ]（弾き音）	78
[æ]（非円唇前舌半広母音）	54		[ʁ]（有声口蓋垂摩擦音）	111
[ʌ]（非円唇後舌半広母音）	56		[ɹ]（後部歯茎接近音）	122
[j]（硬口蓋接近音）	77		[ɕ]（無声歯茎硬口蓋摩擦音）	102
[ɱ]（唇歯鼻音）	95		[ɣ]（有声軟口蓋摩擦音）	109
[N]（口蓋垂鼻音）	96		[χ]（無声口蓋垂摩擦音）	111
[ɲ]（舌背硬口蓋鼻音）	98		[ɦ]（有声声門摩擦音）	111
[ɸ]（無声両唇摩擦音）	99			

目録進呈　落丁本・乱丁本はお取替えいたします。

平成18年7月10日　　Ⓒ第1版発行

〈ドイツ語文法シリーズ〉8 発音・綴字	著　者　枡田 義一

発行者　佐藤 政人

発行所
株式会社　大学書林
東京都文京区小石川4丁目7番4号
振替口座　　00120-8-43740
電話　(03) 3812-6281〜3番
郵便番号112-0002

ISBN4-475-01497-2　　　写研・横山印刷・精光堂

浜崎長寿・乙政　潤・野入逸彦編集

「ドイツ語文法シリーズ」

第Ⅰ期10巻内容（※は既刊）

第1巻
※「ドイツ語文法研究概論」　　　浜崎長寿・乙政　潤・野入逸彦

第2巻
※「名詞・代名詞・形容詞」　　　浜崎長寿・橋本政義

第3巻
※「冠詞・前置詞・格」　　　　　成田　節・中村俊子

第4巻
「動詞」　　　　　　　　　　浜崎長寿・野入逸彦・八本木　薫

第5巻
※「副詞」　　　　　　　　　　　井口　靖

第6巻
※「接続詞」　　　　　　　　　　村上重子

第7巻
※「語彙・造語」　　　　　　　　野入逸彦・太城桂子

第8巻
※「発音・綴字」　　　　　　　　枡田義一

第9巻
※「副文・関係代名詞・関係副詞」　乙政　潤・橋本政義

第10巻
※「表現・文体」　　　　　　　　乙政　潤

乙政　　潤 著	入門ドイツ語学研究	A5判	200頁
乙政　　潤 著	日独比較表現論序説	A5判	202頁
鈴木康志 著	体　験　話　法	A5判	224頁
乙政　　潤 ヴォルデリング 著	ドイツ語ことわざ用法辞典	B6判	376頁
浜崎長寿 乙政　　潤 編 野入逸彦	日独語対照研究	A5判	248頁

― 目 録 進 呈 ―